STUDY ON CONTEMPORARY OVERSEAS MARXIST PHILOSOPHY

当代国外
马克思主义哲学研究丛书
张一兵 主编

南京大学
建设世界一流大学一流学科工程项目

国家出版基金项目

Postrevolutionary Aura
and Global Capitalism
On Dirlik's Marxist Narrative of the Era of
Flexible Production

后革命氛围与
全球资本主义

德里克"弹性生产时代的马克思主义"研究

胡大平 著

北京师范大学出版集团
BEIJING NORMAL UNIVERSITY PUBLISHING GROUP
北京师范大学出版社

总　序

今天中国的改革开放创造了一个前所未有的华夏讲文明的时代，中国人文社会科学学术研究领域中那种单向的"去西方取经"一边倒的情形，已经转换为世界各国的科学家和思想家纷纷来到中国这块火热的大地上，了解这里发生的一切，与中国的学者进行面对面的交流。在作为中国马克思主义哲学研究重镇的南京大学，德里达来了，齐泽克①

---

① 斯拉沃热·齐泽克(Slavoj Žižek，1949—)：当代斯洛文尼亚著名思想家，欧洲后马克思思潮主要代表人物之一。1949 年 3 月 21 日生于斯洛文尼亚的卢布尔雅那市，当时，该市还是南斯拉夫西北部的一个城市。1971 年在卢布尔雅那大学文学院哲学系获文科(哲学和社会学)学士，1975 年在该系获文科(哲学)硕士，1981 年在该系获文科(哲学)博士。1985 年在巴黎第八大学获文科(精神分析学)博士。从 1979 年起，在卢布尔雅那大学社会学和哲学研究所任研究员(该所从 1992 年开始更名为卢布尔雅那大学社会科学院社会科学研究所)。主要著作：《意识形态的崇高对象——悖论与颠覆》(1989)、《斜视》(1991)、《延迟的否定——康德、黑格尔与意识形态批判》(1993)、《快感大转移——妇女和因果性六论》(1994)、《难缠的主体——政治本体论的缺席中心》(1999)、《易碎的绝对——基督教遗产为何值得奋斗?》(2000)、《视差之见》(2006)、《捍卫失败的事业》(2008)、《比无更少》(2012)等。

来了，德里克①来了，凯文·安德森②来了，凯尔纳③来了，阿格里塔④来了，巴加图利亚⑤来了，郑文吉⑥来了，望月清司⑦来了，奈格里⑧

---

① 阿里夫·德里克(Arif Dirlik, 1940—2017)：土耳其裔历史学者，美国著名左派学者，美国杜克大学、俄勒冈大学教授。代表作：《革命与历史——中国马克思主义历史学的起源，1919—1937》(1978)、《中国革命中的无政府主义》(2006)、《后革命时代的中国》(2015)等。

② 凯文·安德森(Kevin B. Anderson, 1948—)：美国当代西方列宁学家，社会学家，加利福尼亚大学圣塔芭芭拉分校教授。代表作：《列宁、黑格尔和西方马克思主义：一种批判性研究》(1995)等。

③ 道格拉斯·凯尔纳(Douglas Kellner，1943—)：马克思主义批判理论家，美国加利福尼亚大学洛杉矶分校教授，乔治·奈勒教育哲学讲座教授。代表作：《后现代转折》(1997)、《后现代理论——批判性的质疑》(1991)、《媒体奇观：当代美国社会文化透视》(2001)等。

④ 米歇尔·阿格里塔(Michel Aglietta，1938—)：法国调节学派理论家，法国巴黎第五大学国际经济学教授，法国巴黎大学荣誉教授。代表作：《调节与资本主义危机》(1976)等。

⑤ 巴加图利亚(G. A. Bagaturija，1929—)：俄罗斯著名马克思主义文献学家和哲学家。

⑥ 郑文吉(Chung, Moon-Gil，1941—2017)：当代韩国著名马克思学家。1941年11月20日出生于韩国庆尚北道大邱市；1960—1964年就读于大邱大学(现岭南大学)政治系，1964—1970年为首尔大学政治学研究生，获博士学位；1971年起，任教于高丽大学，1975年任副教授，1978年任教授；2007年，从高丽大学的教职上退休。1998—2000年间，郑文吉任高丽大学政治科学与经济学院院长。代表作：《异化理论研究》(1978)、《青年黑格尔派与马克思》(1987)、《马克思的早期论著及思想生成》(1994)、《韩国的马克思学视域》(2004)等。

⑦ 望月清司(Mochizuki Seiji, 1929—)：日本当代新马克思主义思想家。1929年生于日本东京，1951年就读于日本专修大学商学部经济学科，1956年就任该大学商学部助手，1969年晋升为该大学经济学部教授。1975年获得专修大学经济学博士，并从1989年开始连任专修大学校长9年，直至退休为止。代表作：《马克思历史理论的研究》(1973)等。

⑧ 安东尼·奈格里 (Antonio Negri，1933—)：意大利当代著名马克思主义哲学家。1956年毕业于帕多瓦大学哲学系，获得哲学学士学位。同年加入意大利工人社会党。20世纪60年代曾参与组织意大利工人“自治运动”(Autonomia Operaia)。1967年获得教授资格。1978年春季，他应阿尔都塞的邀请在巴黎高师举办了一系列关于马克思《政治经济学批判大纲》的讲座，其书稿于1979年分别在法国和意大利出版，即《〈大纲〉：超越马克思的马克思》。1979年，奈格里因受到红色旅杀害时任意大利总理阿尔多·莫罗事件的牵连而被捕。释放后流亡法国14年，在法国文森大学(巴黎第八大学)和国际哲学学院任教。1997年，在刑期从30年缩短到13年后，奈格里回到意大利服刑。在狱中奈格里出版了一批有影响的著作。1994年，奈格里与哈特合作出版了《酒神：国家形式的批判》。之后，二人又相继合作出版了批判资本主义全球化的三部曲：《帝国》(2000)、《诸众》(2004)、《大同世界》(2011)等。

和普舒同①来了，斯蒂格勒②和大卫·哈维③这些当代的哲学大师都多次来到南京大学，为老师和学生开设课程，就共同关心的学术前沿问题与我们开展系列研讨与合作。曾几何时，由于历史性和地理性的时空相隔，语言系统迥异，不同文化和不同的政治话语语境，我们对国外马克思主义哲学的研究，只能从多重时空和多次语言转换之后的汉译文本，生发出抽象的理论省思。现在，这一切都在改变。我们已经获得足够完整的第一手文献，也培养了一批批熟练掌握不同语种的年轻学者，并且，我们已经可以直接与今天仍然在现实布尔乔亚世界中执着抗争的欧美亚等左派学者面对

---

①　穆伊什·普舒同（Moishe Postone，1942—2018），当代加拿大马克思主义历史学家、哲学家和政治经济学家。1983 年获德国法兰克福大学博士学位，代表作《时间、劳动和社会支配：对马克思批判理论的再解释》在国际马克思主义学界产生了很大影响。普舒同教授曾于 2012 年和 2017 年两次访问南京大学马克思主义社会理论研究中心，为师生作精彩的学术演讲，并与中心学者和学生进行深入的研讨与交流。

②　贝尔纳·斯蒂格勒（Bernard Stiegler，1952—　）：当代法国哲学家，解构理论大师德里达的得意门生。早年曾因持械行劫而入狱，后来在狱中自学哲学，并得到德里达的赏识。1992 年在德里达的指导下于社会科学高级研究院获博士学位（博士论文：《技术与时间》）。于 2006 年开始担任法国蓬皮杜中心文化发展部主任。代表作：《技术与时间》（三卷，1994—2001）、《象征的贫困》（二卷，2004—2005）、《怀疑和失信》（三卷，2004—2006）、《构成欧洲》（二卷，2005）、《新政治经济学批判》（2009）等。

③　大卫·哈维（David Harvey，1935—　）：当代美国著名马克思主义思想家。1935 年出生于英国肯特郡，1957 年获剑桥大学地理系文学学士，1961 年以《论肯特郡 1800—1900 年农业和乡村的变迁》一文获该校哲学博士学位。随后即赴瑞典乌普萨拉大学访问进修一年，回国后任布里斯托大学地理系讲师。1969 年后移居美国，任约翰·霍普金斯大学地理学与环境工程系教授，1994—1995 年曾回到英国在牛津大学任教。2001 年起，任教于纽约市立大学研究生中心和伦敦经济学院。哈维是当今世界最重要的马克思主义思想家，提出地理—历史唯物主义，是空间理论的代表人物。其主要著作有《地理学中的解释》（1969）、《资本的界限》（1982）、《后现代的状况——对文化变迁之缘起的探究》（1989）、《正义、自然与差异地理学》（1996）、《希望的空间》（2000）、《新自由主义简史》（2005）、《跟大卫·哈维读〈资本论〉》（第一卷，2010；第二卷，2013）、《资本社会的 17 个矛盾》（2014）、《世界之道》（2016）等。

面地讨论、合作与研究，情况确实与以前大不相同了。

2017 年 5 月，我们在南京召开了"第四届当代资本主义研究暨纪念《资本论》出版 150 周年国际学术研讨会"和"《政治经济学批判大纲》专题讨论会"。在这两个会议上，我们与来到南京大学的国外马克思主义哲学研究者们，不仅共同讨论基于原文的马克思《1857—1858 年经济学手稿》中的"机器论片断"，也一同进一步思考当代数字资本主义社会出现的所谓自动化生产与"非物质劳动"问题。真是今非昔比，这一切变化都应该归因于正在崛起的伟大的社会主义中国。

2001 年，哲学大师德里达在南京大学的讲坛上讨论解构理论与当代资本主义批判之间的关系，他申辩自己不是打碎一切的"后现代主义者"，而只是通过消解各种固守逻辑等级结构的中心论，为世界范围内的文化、性别平等创造一种新的思维方式。如今，这位左派大师已经驾鹤西去，但他的批判性思想的锐利锋芒，尤其是谦逊宽宏的学术胸怀令人永远难忘。

2003 年以来，我们跟日本学界合办的"广松涉与马克思主义哲学国际学术研讨会"已经举行了六届，从南京到东京，多次与广松涉①夫人及

---

① 广松涉(Hiromatsu Wataru，1933—1994)：当代日本著名的新马克思主义哲学家和思想大师。广松涉 1933 年 8 月 11 日生于日本的福冈柳川。1954 年，广松涉考入东京大学，1959 年，在东京大学哲学系毕业。1964 年，广松涉在东京大学哲学系继续博士课程的学习。1965 年以后，广松涉先后任名古屋工业大学讲师(德文)、副教授(哲学和思想史)，1966 年，他又出任名古屋大学文化学院讲师和副教授(哲学与伦理学)。1976 年以后，广松涉出任东京大学副教授、教授直至 1994 年退休。同年 5 月，任东京大学名誉教授。同月，广松涉因患癌症去世。代表作：《唯物史观的原像》(1971)、《世界的交互主体性的结构(1972)、《文献学语境中的〈德意志意识形态〉》(1974)、《资本论的哲学》(1974)、《物象化论的构图》(1983)、《存在与意义》(全二卷，1982—1983)等。

学生们深入交流，每每谈及广松先生从 20 世纪 60 年代就开始直接投入左翼学生运动狂潮的激情，尤其是每当聊到广松先生对马克思主义哲学的痴迷和以民族文化为根基，以马克思主义哲学为中轴，创立独具东方特色的"广松哲学"的艰辛历程时，广松夫人总是热泪盈眶、情不能已。

2005 年，卡弗①访问了南京大学马克思主义社会理论研究中心，每当谈起马克思恩格斯的《德意志意识形态》等经典哲学文本时，这位严谨的欧洲人认真得近乎固执的治学态度和恭敬于学术的痴迷神情总是会深深打动在场的所有人。2018 年，卡弗再一次来到南京大学时，已经带来了我们共同关心的《德意志意识形态》手稿版和政治传播史的新书。2006 年，雅索普②在我们共同主办的"当代资本主义国际研讨会"上受邀致闭幕词，其间他自豪地展示了特意早起拍摄的一组清晨的照片，并辅以激情洋溢的抒怀，他对中国社会和中国文化的欣赏与热情展露无遗，令与会者尽皆动容。

令我记忆深刻的还有 2007 年造访南京大学的哲学家齐泽克。在我

---

①　特雷尔·卡弗（Terrell Carver，1946—　）：英国布里斯托大学政治学系教授，当代著名西方马克思学学者。1974 年在牛津大学贝列尔学院获得政治学博士学位，1995 年 8 月至今任英国布里斯托大学政治学系教授。代表作：《卡尔·马克思：文本与方法》（1975）、《马克思的社会理论》（1982）、《弗里德里希·恩格斯：他的生活及思想》（1989）、《后现代的马克思》（1998）、《政治理论中的人》（2004）、《〈德意志意识形态〉手稿》（2016）等。

②　鲍勃·雅索普（Bob Jessop，1946—　）：当代重要的西方马克思主义理论家。毕业于英国兰卡斯特大学，从事社会学研究并获得学士学位。在英国剑桥大学获得博士学位后，任剑桥大学唐宁学院的社会与政治科学研究员。1975 年他来到艾塞克斯大学政府学院，开始教国家理论、政治经济学、政治社会学和历史社会学，现为英国兰卡斯特大学社会学教授。代表作：《国家理论：让资本主义国家归位》（1990）、《国家的过去、现在与未来》（2016）等。

与他的对话中，齐泽克与我提到资本主义全球化中的那一双"童真之眼"，他说，我们应该为芸芸众生打开一个视界，让人们看到资本的逻辑令我们看不到的东西。在他看来，这，就是来自马克思主义批判的质性追问。也是在这一年，德里克访问南京大学，作为当代中国现代史研究的左翼大家，他在学术报告中提出后革命时代中马克思主义的不可或缺的意义。不久之后，在我的《回到马克思》英文版的匿名评审中，德里克给予了此书极高的学术评价，而这一切他从来都没有提及。

2008 年，苏联马克思主义研究院的那位编译专家巴加图利亚，为我们带来了自己多年以前写作的关于《德意志意识形态》的哲学博士论文和俄文文献。也是这一年，韩国著名马克思文献学学者郑文吉应邀来南京大学访问，他在为南京大学学生作的报告中告诉我们，他的学术研究生涯是"孤独的 30 年"，但是，在他退休之后，他的研究成果却在中国这样一个伟大的国家得到承认，他觉得过去艰难而孤独的一切都是值得的。2011 年，日本新马克思主义思想家望月清司访问南京大学，他将这里作为 40 年前的一个约定的实现地，此约定即谁要是能查到马克思在《资本论》中唯一一次使用的"资本主义"（Kapitalismus）一词，就请谁喝啤酒。已经初步建成《马克思恩格斯全集》电子化全文数据库的我们都喝到了他的啤酒。

最令我感动的是年过八旬的奈格里，他是怀中放着心脏病的急救药，来参加我们 2017 年"第四届当代资本主义研究暨纪念《资本论》出版 150 周年国际学术研讨会"的，曾经坐过十几年资产阶级政府大牢的他，一讲起意大利"1977 运动"的现场，就像一个小伙子那样充满激情。同样是参加这次会议的八旬老翁普舒同，当看到他一生研究的马克思《资本论》手稿的高清扫描件时，激动得眼泪都要流出来了。不幸的是，普舒同教授离开中国不久就因病离世，在南京大学的会议发言和访谈竟然成了他留给世界最后的学术声音。

2015—2018 年，斯蒂格勒四次访问南京大学，他连续三年为我们的老师和学生开设了三门不同的课程，我先后与他进行了四次学术对话，也正是与他的直接相遇和学术叠境，导引出一本我关于《技术与时间》的研究性论著。[①] 2016—2018 年，哈维三次来到南京大学，他和斯蒂格勒都签约成为刚刚成立的南京大学国际马克思主义研究院的兼职教授，他不仅为学生开设了不同的课程，而且每一次都带来了自己的最新研究成果。我与他的哲学学术对话经常会持续整整一天，当我问他是否可以休息一下时，他总是笑着说："我到这里来，不是为了休息的。"哪怕在吃饭的时候，他还会问我："马克思的异化概念到底是什么时候形成的？"

对我来说，这些当代国外马克思主义哲学家和左派学者真的让人肃然起敬。他们的旨趣和追求是真与当年马克思、恩格斯的理想一脉相承的，在当前这个物质已经极度富足丰裕的资本主义现实里，身处资本主义体制之中，他们依然坚执地秉持知识分子的高尚使命，在努力透视繁华世界中理直气壮的形式平等背后深藏的无处控诉的不公和血泪，依然理想化地高举着抗拒全球化资本统治逻辑的大旗，发出阵阵发自肺腑、激奋人心的激情呐喊。无法否认，相对于对手的庞大势

[①]　张一兵：《斯蒂格勒〈技术与时间〉构境论解读》，上海，上海人民出版社，2018。

力而言，他们显得实在弱小，然而正如传说中美丽的天堂鸟①一般，时时处处，他们总是那么不屈不挠。我为有这样一批革命的朋友感到自豪和骄傲。

其实，自 20 世纪 80 年代以来，中国马克思主义理论界接触、介绍和研究国外马克思主义哲学已经有 30 多个年头了。我们对国外马克思主义哲学家的态度和研究方法也都有了全面的理解。早期的贴标签式的为了批判而批判的研究方式早已经淡出了年轻一代的主流话语，并逐渐形成了以文本和思想专题为对象的各类更为科学的具体研究，正在形成一个遍及中国的较高的学术探讨和教学平台。研究的领域也由原来对欧美马克思主义哲学的关注，扩展到对全球马克思主义哲学研究的全景式研究。在研究的思考逻辑上，国内研究由原来零星的个人、流派的引介和复述，深入到对国外马克思主义哲学的整体理论逻辑的把握，并正在形成一批高质量的研究成果。各种国外马克思主义论坛和学术研讨活动，已经成为广受青年学者关注和积极参与的重要载体和展示平台，正在产生重要的学术影响。可以说，我们的国外马克思主义哲学学科建设取得了喜人的进展，从无到有，从引进到深入研究，走过的是一条脚踏实地的道路。

从这几十年的研究来看，国外马克思主义哲学研究对于我国的马克思主义学术理论建设，对于了解西方当代资本主义社会的变迁具有极为

---

① 传说中的天堂鸟有很多版本。辞书上能查到的天堂鸟是鸟，也是一种花。据统计，全世界共有 40 余种天堂鸟，在巴布亚新几内亚就有 30 多种。天堂鸟花是一种生有尖尖的利剑状叶片的美丽的花。但是我最喜欢的传说，还是作为极乐鸟的天堂鸟，在阿拉伯古代传说中是不死之鸟，相传每隔五六百年就会自焚成灰，在灰中获得重生。

重要的意义。首先，国内的马克思主义哲学研究由于长期受到苏联教条主义教科书的影响，在取得了重大历史成就的同时也存在着一些较为严重的缺陷，对这些理论缺陷的反思，在某种意义上是依托对国外马克思主义哲学的研究和比较而呈现出来的。因而，在很大的意义上，国外马克思主义哲学的研究推动了国内马克思主义研究在理论和方法上的变革。甚至可以说，国外马克思主义哲学研究和国内马克思主义哲学研究是互为比照，互相促进的。其次，我们对国外马克思主义哲学的研究同时也深化了对西方左翼理论的认识，并通过这种研究加深了我们对于当代资本主义现实的理解，进而也让我们获得了中国特色社会主义道路自信最重要的共时性参照。

当然，随着当代资本主义的发展，国外马克思主义哲学理论逻辑也发生了重大变化，比如，到 20 世纪 60 年代，以阿多诺的《否定的辩证法》和 1968 年"红色五月风暴"学生运动的失败为标志，在欧洲以学术为理论中轴的"西方马克思主义"在哲学理论逻辑和实践层面上都走到了终结，欧洲的马克思主义哲学研究出现了"后马克思"转向，并逐渐形成了"后马克思思潮"、"后现代马克思主义"、"晚期马克思主义"等哲学流派。这些流派或坚持马克思的立场和方法，或认为时代已经变了，马克思的理论和方法已经过时，或把马克思的理论方法在新的时代条件下加以运用和发展。总的来说，"后马克思"理论倾向呈现出一幅繁杂的景象。它们的理论渊源和理论方法各异，理论立场和态度也各异，进而对当代资本主义的认识和分析也相去甚远。还应该说明的是，自意大利"1977 运动"失败之后，意大利的马克思主义理论研究开始在欧洲学术界华丽亮相，出现了我们并没有很好关注的所谓"意大利激进思潮"①。在 20 世纪 60 年代曾经达到学术高峰的日本马克思主义哲学研究界，昔日的辉煌不再，青年一代的马克思追随者还在孕育之中；而久被压制的韩国马克思主义哲学研究，才刚刚进入它的成长初期；我们对印度、伊朗等第三世界国家的马克思主义哲学研究还处于关注不够、了解不深的状况之中。这些，都是我们在今后的国外马克思主义哲学研究中需要努力的方向。

本丛书是关于国外马克思主义哲学研究的专题性丛书，算是比较完整地收录了近年来我所领导的南京大学马克思主义哲学研究学术团队和学生们在这个领域中陆续完成的一批重要成果。其中，有少量原先已经出版过的重要论著的修订版，更多的是新近写作完成的前沿性成果。将这一丛书作为南京大学"双一流"建设工程的重要成果之一，献礼于马克思诞辰 200 周年，我深感荣幸。

张一兵

2018 年 5 月 5 日于南京大学

---

① 意大利激进理论的提出者主要是 20 世纪六七十年代意大利新左派运动中涌现出来的以工人自治活动为核心的"工人主义"和"自治主义"的一批左翼思想家。工人运动缘起于南部反抗福特主义流水线生产的工会运动，他们 1961 年创刊《红色笔记》，1964 年出版《工人阶级》，提出"拒绝工作"的战略口号。1969 年，他们组织"工人运动"，1975 年，新成立的"自治运动"取代前者，成为当时意大利学生、妇女和失业者反抗斗争的大型组织。1977 年，因一名自治主义学生在罗马被法西斯分子杀害，引发"1977 运动"的爆发。因为受红色旅的暗杀事件牵连，自治运动的主要领导人于 1979 年 4 月全部被政府逮捕入狱，运动进入低潮。这一运动的思想领袖，除去奈格里，还有马里奥·特洪迪（Mario Tronti）、伦涅罗·潘兹尔瑞（Raniero Panzieri）、布罗那（Sergio Bologna）以及马西莫·卡西亚里（Massimo Cacciari）、维尔诺（Paolo Virno）、拉扎拉托（Maurizio Lazzarato）等。其中，维尔诺和拉扎拉托在理论研究上有较多著述，这些应该也属于广义上的意大利激进理论。这一理论近期开始受到欧美学术界的广泛关注。

目　录

导　论

这是一个被标注为"全球化"的时代，一个"全球思考、地方行动"的时代，全球社会经历着激剧而复杂的变化。在这个时代，如何穿透物质环境坚硬的外壳和暧昧性，使隐藏其中的可能性未来凸显出来，已经成为每个人都必须思考的问题。在思考的过程中，我们发现环境的暧昧性塑造了激进理论的暧昧性：曾经唤醒了 20 世纪革命力量的马克思主义不再被知识分子当作一种面向解放的实践，作为《共产党宣言》和《资本论》的作者，马克思一下子变成资本主义全球化的预言者和市场经济建设的正面论证者。①

---

① 在《意识形态狼藉图》中，如贝克所描述的那样：马克思如今不再是自由作家和批判的批判家，而是成了世界银行的雇员、全球化了的资本市场上的金融掮客或（转下页注）

虽然有学者反复强调，马克思仍然构成我们今天激进地思考未来的绝对视域，但是由于马克思可以"缺席"或"不在场"，马克思主义就成了个体知识分子生存体验的一种公开表达。在这种背景下，革命和社会主义逐步被某些"新激进主义"视为异己的甚至从来都不曾在历史上在场过的东西。例如，"第三条道路"精神领袖和理论中坚吉登斯宣称，那个搅扰了欧洲资产阶级美梦的共产主义"幽灵"，虽然在过去70年中获得了坚实的存在，但是已经被送回了它的地下世界，激进主义者对马克思所说的人类可以实现的"真正自由"的社会的期望似乎已经落空。①

如果说吉登斯的"告别革命"表达了一种新自由主义的情绪，那么它是容易被人们理解的。不过，作为一种历史的宣告，隐藏在其中的某种私下利益却并不容易为人们接受。因为，全球化并没有终结历史，自由主义许诺给世界的"自由与繁荣"也远远没有到来，相反，以"第三条道路"重新纠合起来的"北约"虽然把自己打扮成黑格尔意义上的那个"普遍

（接上页注）经济记者，用不同的笔名在《金融时报》《纽约时报》或《明镜》上发表文章；《资本论》第四卷将作为看不到结尾的系列丛书以世界各种语言出版："动荡的国际金融市场""由盛而衰的东南亚""我们将变得富裕、越来越富裕"……在东西方冲突时期，曾经为"马克思主义的分析"和"阶级斗争的口号"在德国被纳入宪法保卫机关的管辖范围，并受到职业禁令的威胁的东西，今天在全世界各主要报刊中都可以看到——无任何不良后果。马克思主义的分析的失败与胜利——在《共产党宣言》出版150周年以后——变得难以分辨。甚至可以说，失败被当作胜利：马克思已变得多余，因为尽人皆知他已失去马克思的本来意义。全球化也成了没有马克思的资本马克思主义的另一种说法（［德］乌·贝克等：《全球化与政治》，王学东等译，3—4页，北京，中央编译出版社，2000）。如果这说得还不够通俗的话，那我们可以进一步说，在"《共产党宣言》成为华尔街金融家抢手读物"这样的报道出来以后，在马克思成为自由主义意识形态专家正面引用的作者之后，马克思也就被人们解读为"布尔乔亚的"意识形态，他也就与作为对资本主义批判的马克思主义创始人没有关系了。

① 参见［英］吉登斯：《超越左与右——激进政治的未来》，杨雪冬等译，1页，北京，社会科学文献出版社，2000。

国家"或者"绝对理性",但它却很吝啬,鲜花只留给自己,而扔给别人的则是炸弹。正是在这种全球化语境中,新的矛盾重新激发了人们对马克思主义的期待,基于马克思主义立场"重新发明革命"的口号在西方左派或激进主义阵营中也并不鲜见。换句话说,作为激进主义立场的马克思主义并没有因为全球化而进入休眠状态甚至被送回它由以诞生的地下,应该说它仍然在听从时代的召唤。本书评论美国历史学家阿里夫·德里克的"新激进政见",作为对当前资本主义全球化的一种左派反应,它强调全球资本主义条件下新形式的控制或支配问题(即霸权问题),在解放政治意义上主张对资本主义生产方式进行替代。在广义的西方马克思主义范围内,他以其独特的对时代的体验和灵活的政治视角有说服力地强调了在当代复杂的历史环境中任何对于时代的激进思考都不能脱离马克思主义,从而为全球资本主义时代的整体解放诉求提供了一种参照、一种借鉴。

一、德里克其人:学术和政治

阿里夫·德里克(Arif Dirlik,1940—　),著名汉学家、左派学者,现任美国杜克大学历史学教授。他出生于土耳其,曾立志成为一名核物理学家,以工程专业完成大学学习,后赴美研究科学。但是,到达美国后,他很快就抛弃科学研究而全身心转向历史,选择中国历史作为自己的专攻领域,在罗彻斯特大学(University of Rochester)完成有关中国马克思主义史学起源专题的博士论文,并于1978年发表《革命和历史:中国马克思主义史学的起源 (1919—1937)》(*Revolution and History：The Origins of Marxist Historiography in China*，1919-1937)。在相当长时间内，他对中国政治思想，特别是激进运动中的社会革命和无政府主义进行了深入的研究，公开出版了《中国共产主义的起源》(*The Origins of Chinese Communism*)、《中国革命中的无政府主义》(*Anarchism in the Chinese Revolution*)、《深入田野和工厂的学校：无政府主义者、国民党和上海国家劳动大学 (1927—1932)》(合作出版，*Schools into Fields and Factories：Anarchists，the Guomindang，and the National Labor University in Shanghai*，1927-1932)等大量论著，20 世纪 80 年代，他在这一领域产生了广泛的影响。可以说，关于中国，他情有独钟，近年来，他不仅发表了大量有关中国的研究成果，而且同他人合作编辑了不少有影响的论著，如《马克思主义与中国经验》(*Marxism and the Chinese Experience：Issues in Contemporary Chinese Sciolism*)、《后现代主义与中国》(*Postmodernism and China*)、《关于毛泽东思想的批判视角》(*Critical Perspectives on Mao Zedong's Thought*)等。20 世纪 90 年代，他以独特的历史视角介入文化研究，在"全球化与地域"这个专题中发表了大量的激进论见，这些著作包括他独立撰写的《革命之后：警觉全球资本主义》(*After the Revolution：Waking to Global Capitalism*)、《后殖民氛围：全球资本主义时代的第三世界批评》(*The Postcolonial Aura：Third World Criticism in the Age of Global Capitalism*)以及与他人合作编撰的《作为文化产物空间的亚洲/太平洋》(*Asia/Pacific As Space of Cultural Production*)、《边界之上是什么?：关于太平洋地区思想的批评视角》(*What Is in a Rim?：Critical Perspectives on the Pa-*

cific Region Idea)、《后现代性的历史》(*Postmodernity's History*)、《第三世界之后的历史》(*History After the Three Worlds*)、《地方和全球化时代的政治学》(*Places and Politics in an Age of Globalization*)等，凭借这些著作，他在国际学术界产生了较大的影响。

从其学术路径看，德里克大致经历两个阶段：在 20 世纪 80 年代作为一个被广泛引述的历史学家，其主攻领域是中国近现代史；特别是 90 年代以来，他以《后殖民氛围：全球资本主义时代的第三世界批评》（首发于《批评探索》第 20 卷第 2 期，1994 年冬季号）为重要代表作跻身第三世界（文学）批评领域，并成为这一领域的先锋，其关于"全球化""后革命"和"后社会主义"的论见引发了学界的广泛兴趣，并因此被一些学者视为"后殖民批评"(postcolonial criticism)的代表人物，[①] 他的有关论著也被列为许多大学文学系的参考文献。

从其政治立场看，德里克是一位左翼知识分子，很大程度上来说，他也算是一位"西方马克思主义"理论批评家。[②] 诚然，我们可以从德里克大量的激进论见中直接感觉到这一点。或许因为这一点，以"新型的

---

① 值得注意的是，"后殖民批评"(post-colonial criticism)和"后殖民主义"(post-co-lonialism)等都是含义并不确定的术语，它们包含了诸多立场相左、风格迥异的理论家的洞见。就德里克而言，"后殖民主义"是其理论的批评对象，他本人就使用了"后殖民论"(post-colonial argument)来界定自己的讨论对象。（参见[美]德里克：《后殖民还是后革命？后殖民批评中的历史问题》，见[美]德里克：《后革命氛围》，王宁等译，北京，中国社会科学出版社，1999。）在《后殖民理论》中，巴特·穆尔-吉尔伯特区分了"后殖民理论"(postcolonial theory)和"后殖民批评"，在他区分的意义上，德里克是一位"后殖民批评"家，而不是"后殖民理论"家。（参见[美]巴特·穆尔-吉尔伯特：《后殖民理论》，陈仲丹译，南京，南京大学出版社，2001。）

② 参见王宁为德里克中文文集《后革命氛围》所作的编者前言，[美]德里克：《后革命氛围》，王宁等译，5 页，北京，中国社会科学出版社，1999。

未来可能性想象"为基调的"革命"，不仅是其理论研究的核心对象之一，而且也是其所持的左翼激进主义立场。不过，仅仅这样判断也是不够的。因为，在 20 世纪，由于历史语境的变迁，"左翼知识分子"和"西方马克思主义"的含义并非是确定的。例如，肇始于 20 世纪 20 年代卢卡奇等人的"西方马克思主义"作为一个狭义的政治思潮在 60 年代末就终结了，而由 1968 年"五月风暴"直接催生的"新左派"显然不仅与正统的马克思主义而且与早期"西方马克思主义"都有着很大的距离。随着"人道主义"这个资产阶级式梦想的破灭，在左派那里"主体"也开始死亡，福柯式的史学操作终结了过去的时代，后结构主义理论开启了后现代主义思潮。在这种思想背景下，关于"差异"和"少数族群"的权利也随着对资本主义宏大叙事和欧洲中心主义的质疑而成为左派的话语。更有甚者在 20 世纪 90 年代，随着资本主义的全球化操作，地方性知识与革命的关系也在新的层面上展开，呈现了与先前历史不同的整合特征。

德里克的理论研究无疑受上述左派运动的主题变换和形式转移的影响，这正是其"后革命激进政见"得以出台的思想史背景。正是从这个背景出发，我们将看到，他的"后革命"观不仅是对全球化话语中的"反革命"思潮的一种讥讽，而且实际包含对社会主义革命的"历史清算"，从而他实际地导向一种以"历史想象力"为基础的对资本主义进行替代的解放议程。作为与资本主义弹性生产相对的一种左派激进主义（或弹性生产时代的马克思主义）的弹性政治，"后革命"深刻地反映了德里克冲破当前"左"的和右的意识形态对立的意图。或许正是在这一点上，他遭遇了当代中国社会主义的实际境遇，并更进一步把中国的"文化大革命"作为社会主义革命历史之中的"深刻暧昧性"(profound ambiguity)，并视其为一种后现代式的"爱恨交织的品质"(the virtues of ambivalence)，从这一点出发把"中国特色的社会主义"视为"弹性生产时代的马克思主义"之理论启示和实际范式(paradigm)。①

二、新激进主义："后 68 传统"

如果以一句话来概括德里克的理论旨趣，那就是：全球资本主义批判。从资本主义批判史来看，"全球资本主义"可以意味着资本主义新的历史阶段，但它也可能是一种新的批判视角。而"批判"作为一种形式，在 20 世纪的学术与政治进程中，也并非具有确定的含义。为此，我们必须从德里克的理论特质入手来揭示其形式特征。

德里克曾说自己的工作主要受到了三个人的影响：马克思、毛泽东和陀思妥耶夫斯基。我们目前还没有更多的资料来说明这种影响是如何发生作用的，最直接的可能会使人想起 1968 年的"红五月"，因为在那时，巴黎街头飘扬的旗帜上写着三个"M"(即马克思、毛泽东和马尔库塞)。当然，我们不能以这种文学式的想象替代严肃的研究，不过把德里克归入"后 68"时代的新史学传统孕育出来的激进历史学家却是可能的。不仅因为他对学术与政治的关系的论述深刻地带有这个传统的痕

---

① Arif Dirlik, *After the Revolution*：*Waking to Global Capitalism*，Hanover and London：Wesleyan University Press，1994，Chapter 4.

迹，而且他对这个问题本身也有着自觉的认识。事实上，他的激进立场的来源与风格，他对历史本体论的关怀以及历史言说的方式与后现代之曲折关系，还有他对革命和社会主义的理解等问题，只有在这个传统中才能够得到清晰的再现。

后殖民理论的研究者吉尔伯特（Bart Moore-Gilbert）认为，德里克的"后殖民氛围"是在艾哈迈德（Aijaz Ahamad）等人的激发下形成的，此言不虚。如果考虑到"后殖民主义"是在"西方马克思主义"总体逻辑失败之后由活跃于第一世界的第三世界出身（of third world origin）的西方知识分子群体所操持的一种批判话语，那么我们将看到德里克似乎与这一话语具有天然的亲和性。德里克本人亦承认这一点。不过，如果说由于自己的出身，德里克就必然选择与萨义德（A. Said）等人同样的知识视角的话，那也过于简单了。因为，我们必须看到，德里克在强调资产阶级意识形态在价值上真实地影响了那些非资本主义地区（这是后殖民理论的核心论点之一）的同时，他也认为，全球资本主义的形成是通过与第三世界知识分子、专业人士、国家共谋来实现的，因此他更强调必须对第三世界知识分子参与全球资本主义和欧洲中心主义的扩散这一事实进行批判。这一点恰恰不仅是后殖民理论达不到的深度，而且是德里克批评其理论的实际根据。这种差别应该是有原因的。

应该说，德里克声张的激进主义并非简单地源自第三世界身份而对革命的天然同情，而是 20 世纪 60 年代以来激进理想的某种延续。毫无疑问，德里克的历史认识属于 60 年代以降的美国激进史学新传统，特别是在他所擅长的中国近现代史领域内，与柯文（Paul Cohn）所言的"中国中心史观"（China-centered approach 或 China-centered history）趋势具有内在的一致性，这便是要求摒弃历史研究之帝国主义、欧洲中心主义意识形态所内含的历史目的论，^①但是，在历史研究上，他本人实际持有的立场并不直接导向"中国中心"，因此与弗兰克在20世纪90年代所言的对世界史的再定位或扭转（reorient）并非一致，虽然二者在反对欧洲中心主义问题上具有同样的立场。按照德里克的观点，二者实际立场可能正好与中文含义相反。前者要求在中国史研究中激活中国的独特性，而后者则要求把世界史的中心转向东方。德里克认为，弗兰克借排除欧洲中心主义之名，以与经典经济学十分相似的方式来使资本主义的发展普遍化。^②我们看到，激进史学理论的背景也正是60年代的新左派运动，在这一运动中妇女解放、种族问题以及生态问题等进入历史学的视野，德里克对此有着自觉的意识。在讨论"后现代主义与中国历史"的论文中，他强调："1968"不仅是普通的一年，而且是一种时间性的象征，在不同的地方表现出不同的持续和边界。最重要的是它标志了一种与以往的历史思维方式的决裂的要求。^③事实上，这一解释也说明了他

---

　　①　20世纪70年代，在有关中国历史的评论中，德里克表达了这样的立场："中国历史，拥有它自己的过去，也应该成为其未来的仲裁者。"他认为柯文的"中国中心史观"与这种情感是交迭的。（参见"Reverals，Ironies，Hegemonies：Note in the contemporary Historigraphy of Modern China，"*Modern China*，Vol. 22 No. 3，July 1996。）事实上，这个观点，在90年代研究中，德里克也以不同的方式作为一种历史意识运用于地域政治学中。

　　②　参见［美］德里克：《后革命氛围》，王宁等译，33页，北京，中国社会科学出版社，1999。弗兰克的文献参见《白银资本》，刘北成译，北京，中央编译出版社，2000）。

　　③　参见［美］德里克：《后现代主义与中国历史》，载《中国学术》，总第5辑，2001年第1期。

自己在历史研究中采取包容后现代主义立场的缘由。[①] 更进一步，在这个激进传统中，就反对帝国主义与欧洲中心主义而言，依附论和世界体系理论同样做出了自己的贡献，而把世界体系分析的成果实际地注入这一传统同样是德里克的理论旨趣。[②] 当然，更为深层的是，他关于社会主义和革命等重大问题的立场都与马克思主义直接相关，或许这是他通过对中国现代史研究所得到的最大收获。虽然德里克对马克思主义的实际理解可能与马克思本人的思想已经相去甚远，但不管怎样，他"对当代资本主义（和社会主义在其中的命运）的分析，受益于马克思主义对资本主义的分析"[③]。正是以上几个方面的原因，使得他在 90 年代不仅拉近了中国历史研究和"后殖民批评"之间的距离，而且对整个现代思想都提出了极为独特的看法。

---

① 正是在《后现代主义与中国历史》这一关于新的历史认知的文献中，德里克非常明确地强调，在 1968 年之后的历史中，人们发现"新的历史起因是现代性而不是后现代性，但是通过对在现代主义历史叙事中它们被压抑的方式的质问，它们本身在历史中促生了后现代主义"。由此，后现代主义作为一种历史提问方式成为可能。事实上，"与过去激进断裂的同时宣告了激进主义本身的终结。1968 年的那些激进想象的失败让历史失去了指南针，那些新的历史——它们不是重新展望历史——在对渗透于现代激进主义的大前提的质问中走向终结，而这种激进主义则是由它本身反对的作为一种支配结构的普遍主义的假定促成的"。（[美]德里克：《后现代主义与中国历史》，载《中国学术》，总第 5 辑，2001 年第 1 期。）正是在这一意义上，我们把德里克的激进史学纳入"后 68 传统"进行讨论，"后 68 传统"这个术语除了指有别于 1968 年之前的激进主义的新型传统外没有别的含义。关于这种命名方式的矛盾性，参见本书第三章有关"后殖民"与"后革命"等术语的分析。

② 其 20 世纪 70 年代的历史研究明显地反映了世界体系取向的影响。参见[美]柯文：《在中国发现历史》，林同奇译，202 页注 47，北京，中华书局，1989。

③ Arif Dirlik, *After the Revolution: Waking to Global Capitalism*, Hanover and London: Wesleyan University Press, 1994, p. 6.

　　德里克虽然也称自己的理论是从马克思主义立场出发的，但他似乎更愿意使用"新激进政见"来表达自己的观点。① 这其中具有复杂的原因，而最为重要的无非是 20 世纪 60 年代之后在现代性问题上围绕"革命"的争论，以及 80 年代社会主义国家改革所引起的国际学者对社会主义问题看法的变化。这些争论随着 90 年代苏联解体和东欧剧变引起了大规模地对"革命"进行否定的思潮。在一些学者看来，苏联和东欧社会主义的不复存在引发了对马克思历史理论的深刻怀疑。在表达总体性的解放立场上，德里克是内承马克思主义基本思路的，但在强调与历史条件一致的手段和方式时，他也强调时代环境的变化脱离了马克思的预见，因此必须超出 20 世纪马克思主义实践的局限性。这导致其对马克思主义的批评，他认为在当前的时代，过去革命的前提和实践不再有效了。不过，由于"告别革命"是对历史的否定因而也是对解放思想的剔除，因此，他强调革命作为一种新的议程必须重新设计。② 这便是其解放议程的内在理论冲动。也由于这一点，德里克不再属于那些以政治革命为中心的激进主义，而是声称社会批判的新左派，其中心议题是抵制或反抗。这就使得他把自己的视角转向在日常生活水平上发生的，而被大的劳动组织和共产主义运动排除在外的社会运动，他要求使这些社会运动所追求的平等和正义的社会目标概念化，这些运动包括女性主义、

---

　　① 需要说明的是，考虑到当前西方激进主义（包括马克思主义）思潮受后现代话语的影响，为更切合评论对象的性质和语境，在本文讨论中，我们较多地使用了"政见"和"声称"来指认一种立场，而较少地用"主义"来描述它们。

　　② 参见《后殖民还是后革命？后殖民批评中的历史问题》，见［美］德里克：《后革命氛围》，王宁等译，北京，中国社会科学出版社，1999。

生态主义等。这些运动在某种程度上直接满足西方左派知识分子超越资本主义现代性的诉求，这种诉求阿兰·图尔纳（Alain Touraine）明确地强调："我们应当着手发现新的行动者和在我们眼皮底下为社会成型而进行的新斗争。"①特别是在全球化背景下，由于整体反抗资本主义的不可能性，西方左派知识分子对这些运动更具有某种偏爱。

三、全球化：新时代的政治课题

按照马克思的观点，人们只能提出自己时代可能完成的任务，也就是说我们不能简单地用理想来规范现实，必须从对时代的分析中领会历史展开的真实可能性。这意味着：第一，那些真正有效地推动历史进步的行动依赖于对时代的把握，也因此必须包含对时代的分析；第二，随着时代的变迁，那种形式也必须变化，即不可能存在适应于一切时代的普遍的革命模式。这样看，就马克思主义而言，它的当代性就不是如何使一个本真的马克思运用于今天的历史环境，而是如何坚持马克思对现代社会的分析和批判实质性地发展出相应的新的批判形式。暂且不论德里克是否有志于发展出一种新型的马克思主义形式，他至少对当代西方激进主义左派中讨论的"马克思主义往何处去？"（whither Marxism?）这

---

① Alain Touraine，*The Voice and the Eye*，Cambridge：Cambridge University Press，1981，p. 2.

个问题很感兴趣。① 而这个问题本身必须变换为"我们的时代需要什么样的马克思主义"才能被正确回答，因为只有后者才能够使问题的回答置于"我们究竟处于什么样的时代中"这个前提上。

我们究竟处于什么样的时代？这个时代给我们提出了什么任务？这个问题恰恰是《资本论》之后马克思主义者面临的核心问题，在马克思主义传播和发展史上，伯恩施坦作为第一个叛逆以《社会主义的前提和社会民主党的任务》做了离开马克思立场的回答，而列宁则以"帝国主义"论反驳了这种"修正主义"和"改良主义"。在其后的历史中，1973 年曼德尔以"晚期资本主义"为题发表重要论见从而使早期名不经传的"晚期资本主义"这个术语成为一种分析范式的代名词。②

仅从术语看，左派学者们已经意识到资本主义在"帝国主义"之后再次发生了变化，但他们也都没有超出资本主义来分析自己的时代。在时

① 事实上，德里克的《革命之后》的第一章标题就是"马克思主义往何处去"，而这个问句又是 1993 年在加州河滨分校召开的一次左派学术讨论会的主题，这次讨论会形成两个具有广泛影响的文本，一是德里达的《马克思的幽灵》(中译本，何一译，北京，中国人民大学出版社，1999)，其二是《马克思主义往何处去》(Bernd Magnus and Stephen Cullenberg(eds)，*Whither Marxism*？London：Routledge，1995.)，其中包括凯尔纳、斯皮伐克等著名学者的发言。

② 值得注意的是"晚期资本主义"并非是曼德尔首次提出来的。桑巴特曾经指出：资本主义的最高阶段已经过去；资本主义已进入了它的后期。第一次明确地表达了 Late Capitalism 这一术语的内涵，并使用了这一术语，后来希法亭在 1927 年发表的《社会民主党在共和国中的任务》一文中批判了它的含糊性。20 世纪 30 年代法兰克福学派的霍克海默也使用它来指称时代的资本主义(参见《批判理论》)，在这之后，莫茨科夫斯基在 1943 年出版的《资本主义的动力》一书中也用它作为分析当代资本主义的主要概念之一。曼德尔的《晚期资本主义》(1972)这一名著使之更为广泛的传播，并为后来的詹明信所承继用以分析资本主义当前的文化势态。而差不多同时，哈贝马斯修正了韦伯方案，用"晚期资本主义"来指称具有新型"合法性"问题结构的当下资本主义。

代命名方面，由于"晚期资本主义"在某种意义上只是指证了变化而缺乏对变化性质的指认，它带有不可避免的含糊性。也就是说，我们不能以它来完成对时代性质的分析。在文化分析领域，20 世纪 80 年代的詹明信接过曼德尔的"晚期资本主义"来指认其作为深度文化批判的当前时代的资本主义经济构架，他又称这个资本主义为"消费的或跨国的资本主义"①。

事实上，上述马克思主义理论线索所提出的关于时代的命名，在确定的意义上也只是对资产阶级主流意识形态的一种对抗。后者基于资本主义的变化自 20 世纪 60 年代开始也进行了复杂、多元的命名。从"经理(也称管理)资本主义"(钱德勒)、"电子社会"(布热津斯基)、"信息社会"、"后工业——后现代社会"(丹尼尔·贝尔)一直到当代所谓"无摩擦资本主义"(比尔·盖茨)、后资本主义或后资本社会(德鲁克)等，为资本主义进行辩护的思潮从未中断过。

当前，"全球化"似乎成为一种共识，一种无论左中右都能接受的命名。这个术语自 20 世纪 80 年代兴起，到被普遍地用来描述当代的国际关系和世界状态，仅仅 20 年左右的历史。然而它所产生的实际影响却与它的历史远远不相称，这是因为，它所包含的非意识形态化学术要求恰恰符合 80 年代之后"冷战"铁幕逐步熔化的需要，而又能够成为 90 年代没有对手的资本主义的意识形态。

"全球化"，作为一种时空经验是可以接受的。但是，它仍然回避了时代的性质这个根本问题。按照马克思主义立场，这个条件的性质必须

---

① 参见[美]詹明信：《晚期资本主义的文化逻辑》，陈清侨等译，418、426 页，北京，生活·读书·新知三联书店，1997。

从处于主导地位的资本主义生产方式的内在矛盾中分析出来。因此，无论是否使用"全球化"这个名称，马克思主义关于时代的分析都是从属于对资本主义进行分析这个根本的目的。如果当前的资本主义是其历史发展中表现出的与前一阶段的断裂，那么我们就必须把当代视为资本主义的一个特殊阶段，这是马克思主义分析的一个基本立场。

　　关于"全球化"话语，德里克有着十分的警觉，他对这种新型的历史理解范式所内含的意识形态内容进行了深入的揭示。他以职业历史学家对历史的敏感性强调：全球化最好历史地来理解，当然，它也提供了观察历史的新型方法。正因如此，他一方面批判全球化话语与早期现代化意识形态的共谋；另一方面，他本人也把全球化作为理解当前世界秩序的视角。他从当前世界秩序的组织原则之资本主义特征（a world order of which capitalism is the organizing principle）出发，在 20 世纪 80 年代末就明确强调过资本主义的世界秩序（the capitalist world order）已经构成包括社会主义在内主要民族国家活动的基本背景。而在 90 年代，他则直接称全球资本主义（global capitalism）。不过，他使用这个术语，与其他马克思主义左派理论家不同。后者很少直接强调资本主义新阶段的形成，在大多数情况下，他们的命名都是一种对理论话语、发言权或文化资本的争夺，也即关于命名权（德里达）和认知测绘（cognitive mapping）权（詹明信）的斗争。德里克的"全球资本主义"这个术语虽然也是从别人那里借来的，但他认为这一术语所具有的基础意义反映了它所代表的资本主义"与先前同样的实践有质的不同——它是资本主义的一个新阶段"①。因此，他在批判

---

① 　［美］德里克：《后革命氛围》，王宁等译，136 页，北京，中国社会科学出版社，1999。

后殖民论时明确强调，后殖民只是这个新阶段的"逻辑"体现。①

如果说，这个新阶段能够成立的话，那么从马克思主义立场出发，我们必须捕获 20 世纪资本的生产和再生产特征的历史变化。这样看，撇开围绕"全球化"所展开的多维度理论论争，仅从资本主义生产方式在当代的全球扩散来看，全球资本主义也是我们这个时代最重要的特征。事实上，德里克认为全球资本主义作为资本主义的一个新阶段，它的特征在于资本主义生产方式作为一种占统治地位的生产方式，它占据了重组世界经济政治文化关系的霸权地位或已经重组了这种关系，因此，在资本主义的历史上，资本主义生产方式第一次脱离了它在欧洲的特定的历史起源，表现为真正全球性的抽象。② 从这里，我们发现，或许正是因为资本主义真正成为一种全球化统治，马克思主义在当代才显得尤为迫切。当资本主义将历史本身抽象化后，围绕阶级关系的种种压迫和剥削形式才彻底明朗化。只有在这个前提下才能谈论后殖民性，也只有在这个前提下后殖民性才能够被准确地定位，才能够言说马克思主义往何处去。也就是说，"全球化"已经构成当代马克思主义最重要的政治议题之一。

我认为，正是在这里，德里克开始从一个有影响的汉学家或西方中国历史学家转变为一个真正具有世界意义的现代性理论家。他强调，在当前的全球化过程中，马克思主义可以回到它本来应该成长的故乡——

---

① 参见［美］德里克：《后革命氛围》，王宁等译，135 页，北京，中国社会科学出版社，1999。

② Arif Dirlik, *After the Revolution*：*Waking to Global Capitalism*，Hanover and London：Wesleyan University Press，1994，p. 51.

资本主义社会。[①] 这种声称可被看作全球资本主义条件下西方激进左派的一种理论自觉。在这种理论自觉上，德里克试图承接 20 世纪 60 年代以来激进主义所面临的问题而寻求一种新型的表达，从而成为具有独特风格的新激进主义理论家。

客观上，马克思主义如何回到它的故乡，又是否仅仅回到故乡，对于这些具体的问题，不同的学者在不同的立场上依据不同的理论视角形成了五花八门的结论。可以说，经历了 20 世纪 70 年代西方马克思主义的分裂与多元化之后，马克思主义的多元性在 90 年代甚至发展成每一个个体理论家都可能声称拥有作为个体理论家的马克思，也可以存在没有马克思在场的马克思主义（如德里达）。作为一种共时性的存在的马克思，被撕裂为不同性质和不同重量的碎片，从"正统的马克思主义"到反叛者"西方马克思主义"、从文化和经济研究中的新左派到自由化的"后马克思思潮"、从"后现代马克思主义"到"晚期马克思主义"、从世界体系论者到后殖民论者等不一而足，加之诸种实践中的社会主义，景观更为复杂。在上述理论背景中，德里克立足于"全球资本主义"这个继自由资本主义（马克思时代）和垄断资本主义（列宁时代）之后的第三阶段，把它作为"解放政治"的具体的历史语境。他强调，一种解放政治如果可能的话，那它必然是对资本主义的整体替代。围绕这个问题，他用具有同样"两可性"（ambivalence）的"后革命""后社会主义"等术语勾勒出一种"后革命激进政见"之理论地图，以期完成一个激进学者对当前的全球化

---

① Arif Dirlik, *After the Revolution*：*Waking to Global Capitalism*，Hanover and London：Wesleyan University Press，1994，p. 13.

性质分析以及对第三世界分析的理论贡献。

四、后革命激进政见：全球资本主义时代的解放议程

德里克虽然也讨论"弹性生产时代的马克思主义"，但是他自己也意识到，"我对适合当代形势的解放议程的结论性看法，无法被轻易地视为马克思主义观点，它们反倒可能被看作反马克思主义的"①。这里包括多重原因，既包括马克思之后围绕"马克思主义"这一术语的定位差异（详见本书第一章），也包括他本人对马克思的自觉批评（详见本书第六章），更为重要的是，他的历史认识论框架确实脱离了经典的马克思主义基础（详见本书第五章）。事实上，当德里克把当代资本主义当作新社会方案规划的基础时，他充分注意兼容包括世界体系、詹明信的文化政治学等左派马克思主义理论家的理论，而试图修正其中的不足，因此他的激进主义声称并不能简单纳入其中任何一类马克思主义传统。似乎在他看来，激进主义作为一种批判的立场代表着对"多种可能的未来"的开放性视角，② 正是在这一点上，他和传统的左派激进主义在保持某种一致性的同时，更多地拥有差异性。这也直接体现在他强调在不落入过时的政见之陷阱的情况下探讨当下解放议程这一基本立场中。③ 因此，

---

① ［美］德里克：《马克思主义向何处去？》，见俞可平编：《全球化时代的"马克思主义"》，208 页，北京，中央编译出版社，1998。该文是《革命之后》的第一章。

② Arif Dirlik, *Postlconial Aura*, Westview Press, 1997, pp. 2-3.

③ 参见［美］德里克：《后革命氛围》，王宁等译，3 页，北京，中国社会科学出版社，1999。

在他的理论中出现了较多的新术语。在本书的讨论中，考虑到德里克理论之中内含的多元性结构，我们暂不对其理论进行确定的命名。而只是围绕诸如"全球化"和"后革命"等术语之间的关联性描述其激进主义立场的实际导向和外观。

从总体上说，德里克认为，1985—1995 年这十年间，我们观察和分析世界的方式发生了变化，诸如后现代主义、后殖民主义和全球化等术语取代了早先的现代主义、殖民主义和三个世界、社会主义和革命等术语，尽管那些术语曾在第二次世界大战后帮助我们在时间和空间上刻画出世界的版图，但从当代视角看来，它们却纠缠在欧洲中心主义的历史中，因而再也无法用来描绘当今世界。事实上，他从资本主义的全球变化中也直接引出马克思主义时空前提的问题，认为马克思是按照 19 世纪的资本主义历史条件来构想社会解放的，因此他进一步认为马克思的结论并不能直接作为全球资本主义条件下的解放的依赖。相反，20 世纪现实社会主义的问题也正在于它们教条地坚持了马克思的直接构想，与灵活变化的资本主义相比反而显得落伍。因此，他要求弹性生产时代的马克思主义。这个马克思主义既包含宏大的解放要求，又能适应现实的排除在欧洲中心主义之外的妇女、有色人种和土著居民的解放需要。

客观地说，德里克是否提出了一种适合当代需要的具体的马克思主义形式，这个问题是值得讨论的，本书也将在不同的地方进行分析。对马克思主义而言，他的下列理论基调却是值得强调的：就解放议程而言，我们必须在自己时代的基本背景中揭示真正的问题，必须认真地去探究新的历史变化及其对人类解放的意义，必须揭示新的历史时段的性质。一句话，我们必须提出与资本主义这个发生了质变的阶段相适应的马克思主义，即弹性生产时代的马克思主义。我们大致可以以如下结构从马克思主义角度来勾画他的逻辑思路。

第一，作为一种解放议程的马克思主义是构成当前解放议程讨论的不可回避的历史性话语。

解放问题，并非是马克思主义独有的论题，但是马克思主义作为一种解放议程却直接影响或干预了人类 20 世纪的历史进程。由此，在 20 世纪末讨论解放问题时，即使我们使用了具有某种"后现代性"特征的术语，如"解放议程"，马克思主义却是我们必须首先面对的。① 正是在这一背景下，德里克在"马克思主义往何处去"这个 20 世纪 90 年代的国际主题上进行了长篇累牍的发言，强调"任何对我们时代可能出现的激进前景的思考，都必须肇始于对马克思主义的批判。在过去的一个半世纪

---

① 德里克在《革命之后》一书中，强调自己的宗旨是导引出一种"agenda of liberation"（解放议程）。这一议程在某种意义是对经济学和社会学讨论中所使用的"development agenda"（发展议程）的替代。后者被不同立场的学者和不同性质的国际组织广泛使用，德里克认为后者的直接含义是经济主义的发展方式，它是由资本主义生产方式直接提供的，他重申"解放议程"是在更为广阔的历史空间中寻找一种既是可行的同时又满足于当代不同民族国家主体和不同性质的社群需要的发展模式。事实上，从 20 世纪 70 年代以来，左派学者对"发展主义"或经济主义的"发展议程"就进行了批判，他们强调两个方面的立场：一是对资本主义发展方式的超越，二是对以自由主义为前提主流经济学的批判。例如，在阿明等人的讨论中，关于"发展议程"的原初内涵被追溯到马克思对市民社会的批判。但是，在依据马克思来讨论发展议程时，大多数理论家都忽视了马克思讨论异化的语境，而以异化为武器批判资本主义的发展观，这就直接导致对所谓"生产力主义"或"科学技术是第一生产力"这个"资产阶级"意识形态的批判。从字面上看，"解放"本身可能带有本体论人学倾向，但是从马克思解决生产方式基本矛盾从而摆脱资本主义对人的自由发展的限制的意义上，仍然是在历史科学语境内的。因此，我个人认为，德里克使用这个术语来描述自己的理论并不是一个任意的选择，它试图将自己的讨论建立在一种元批评之上。参见本书第三章。

里，马克思主义对资本主义社会进行了彻底的批判，它激发了各种各样的社会主义，这些社会主义所提出的种种社会和经济组织的替代模式，构成了对资本主义的唯一似乎合理的挑战"①。这极为明显地陈述了德里克关于马克思主义讨论的背景正是出于上述马克思主义对于解放问题讨论的不可回避性，但是另一方面，德里克又强调马克思主义并非是当下唯一可能导向的目标，它只是过去曾经发生过巨大作用的一种历史理论，而社会主义在全球的衰落则暗示着：我们必须以一种新的视角来讨论马克思主义，或提出对马克思主义的替代，也即对马克思主义的批判。②

　　第二，任何关于解放议程的讨论都必须深植于对当前的"社会语境"的分析，正因如此，全球资本主义的霸权问题才构成其理论的一个核心问题。

　　霸权问题在 20 世纪具有复杂的语境，从总体上看，当前后现代主义以及后殖民理论占据着主导地位。因此，德里克在讨论霸权问题时必然涉及这两个论域。但是，重要的是，他不是简单地接受这一论域中显

---

　　①　Arif Dirlik, *After the Revolution : Waking to Global Capitalism*，Hanover and London：Wesleyan University Press，1994，p. 3.

　　②　值得强调的是，这种西方背景下发生的关于马克思主义的话语，与我们直接遭遇的马克思主义话语有着巨大的差异。如果看不到这一点，我们仅从其言说马克思主义就断言其具有马克思主义立场，这是不合理的。事实上，德里克本人已经直接言明他所论说的马克思主义是一种超越马克思主义的马克思主义的理论，而这种马克思主义是随着现实社会主义的死亡而回到资本主义社会的马克思主义。（Arif Dirlik, *After the Revolution : Waking to Global Capitalism*，Hanover and London：Wesleyan University Press，1994，pp. 11-13.）正是这种与现实社会主义不再发生关联的马克思主义认识导致他将自己的理论视野投放到"后社会主义"论域中。这种独特的马克思主义观，应该说是对西方马克思主义，特别是批判理论的一种秉承，这就涉及他的理论背景这一复杂问题。

性地存在的话语，而是对其流行话语的颠覆。当他接受后现代主义和后殖民理论实际提供的理论启示时，他也对其与全球资本主义意识形态的共谋（complicity）进行了严正的批评。这种操作按照他对詹明信的引证来说，即对当前知识或认识地图测绘权的一种话语争夺战。测绘的结果则是清理或纯化了社会语境，也因此，他获得了自己对当代社会历史语境的命名权。可以看出他对全球资本主义权力结构以及对后殖民理论的判断极为深刻地体现了历史主义方法的特征，具有强烈的马克思主义气息。

第三，全球资本主义不仅是历史地积累起来的霸权的产物，而且它本身是新的压迫和霸权的来源，除了对其反抗，任何解放议程都是不可能的。因此，对当代全球资本主义权力关系的分析是解放议程新的生长点、新策略分析的前提。

在这个问题上，他不仅批判了主流的全球化话语，而且直接对全球资本主义时代的霸权进行了自己的测度，形成不少重要的创见。

第四，全球资本主义条件下的解放议程，作为对资本主义的现实替代，具有多种可能性。

如果将资本主义本身视为一种社会想象的具象，那解放议程则是对这种生产方式的替代选择的一种社会想象，这在文化研究或文化理论中是被确证了的。全球资本主义作为资本主义的一个阶段，它的特点笔者已经在上文中做了阐述。从社会想象角度来说，它意味着社会想象空间的剧烈压缩或想象力的限制，因为曾经历史地出现的替代方案已经被资本主义发展本身容纳和吸收。因此，解放议程首先必须直面这样的问题：在这个条件下，想象一种社会替代是否还有可能？然后，我们才能进一步回答怎样构想一种社会替代,这种社会替代必须(而不是"应该")具有何种基本特征。很显然,德里克的问题首先是向辩护话语提出的,这种话语从来都不认为需要想象这样的替代,无论是从它们对历史演进的技术路径的理解还是它们对当下的社会完善性的理解,它们都不认为替代想象是一种必要。辩护话语在理论上是容易识别的,困难的是那些以替代想象作为口号出现而实际上承担了辩护功能的理论。后者是德里克所关心的主要问题。因此,在讨论替代话语的现实可能性之际,他的重要任务是清算后殖民论。围绕对资本主义权力关系的反抗,德里克提供的解放议程包含着资本主义自身的替代想象与资本主义外部想象的替代两个方面,这两个方面也就是我们在前面从霸权的角度简单地勾勒出来的西方马克思主义的理论指向。不过,在德里克的论述中,它们之间并没有清晰的界限,也就是说,德里克本人没有结构化的理论。因此,诸如第三世界问题、中国问题、飞地抵制等问题、阶级问题、革命问题、文化问题、后殖民问题等在其理论表述中以不同的方式逐一呈现,以问题的内部联系零碎地展开,而弹性生产时代的马克思主义则不过是围绕这些问题而产生的弹性政治。

如果将德里克所说的资本主义替代方案作为他的理论归宿的话,那这个方案的最后落脚点就是地方性或地域性(locality)。而地方性在他的理论中有着复杂的语境,地方性并不是指具体的某个地点(如中国),而是他称之为工程(project)的东西,这个东西是他在权力关系中用来创造和建构进行政治思考及知识生产的新的语境。它既作为全球性(globality)生成的基础,又深刻地体现出全球霸权的压迫性和后殖民性。他强调,在资本主义霸权下,边缘化不仅仅是被资本主义排除在外的边缘地区，也不仅仅是生活在资本主义环境下的"散居人口"（diasporas）、女性和少数民族，而是生活在资本主义条件下的全部底层人民，并且随着全球化进程而深入。非资本主义地方在建构自己的资本主义时，在其中的底层居民也将被纳入同质的资本主义霸权关系中，这是全球资本主义最值得警觉的地方。这样，我们不难看出，地方性正是在资本主义体系之下每一个具体的地点（既可能是美国，也可能是中国），也是在资本主义霸权中被边缘化的集团（既可能是妇女，又可能是阿拉伯人，也可能是中国人）。因此，他将地方性称为自己激进政见的落脚点。也因此，他的弹性生产时代的马克思主义又是一种复杂的构架，包含多个方面和多种层次斗争。

五、关于本书

（一）本书对德里克"后革命激进政见"的基本看法

按照德里克本人提示，我们将"弹性生产时代的马克思主义"仅仅当作一种激进政见，而不是直接看作正统的马克思主义立场或西方马克思主义的一种。但是，从马克思主义角度出发，我们必须给出这种新激进主义与马克思主义关系的判断。这个问题，在目前多少有点困难，这些困难可能带来的技术性问题集中在以下几个方面。

第一，20 世纪马克思主义在东西方政治和学术体制中的不同解释造成的"马克思主义"是以多元面貌竞争出现的，即使在我们所讨论的西方马克思主义阵营中也并不存在统一的定义，这客观上造成了西方"马克思主义理论家"对马克思主义立场声称的困难。而德里克对马克思主义的理解恰恰又是集中在苏联解体和东欧剧变后提出的，并且他也充分地注意到西方马克思主义的历史争论，所以当他使用马克思主义这一术语时，并没有直接将其与其中任何一种论述直接地固定地联系在一起，而是具有了更大的灵活性；事实上，从我国 20 世纪 80 年代围绕"重新解释马克思"的复杂理论争论看，我们也将看到简单地把任何一种马克思主义"声称"都视为马克思主义在理论上的非法性。

第二，德里克将马克思的学说视为与资本主义时空前提直接绑在一起的"解放理论"，因此当他本人采取了一种激进主义立场时，旨在"社会的现在"这个语境中考察它的历史责任，也就是强调马克思主义必须回到当下的资本主义条件中来成为反对资本主义当前权力关系的新的理论来源，但他本人的马克思主义声称恰恰又是建立在对马克思时空前提的批判上的，这就必须摆脱从总体上扣帽子的做法而要求在具体问题上做具体分析。

第三，德里克的(文化批判)理论来源内承着葛兰西的文化领导权问题和卢卡奇的意识形态批判理论，但这些理论显然是经过詹明信的马克思主义(甚至包括后殖民论学者)中介才显现的，它又涉及华勒斯坦等左派学者，并且与阿尔都塞、福柯等结构主义(后结构主义)的马克思主义内在地联系着，还要求兼容其他后现代主义的有益分析，更重要的是他自己对这些问题都结合当代资本主义权力结构进行独特的理解，这就导致其理论源头的复杂景观。第四，在"文化革命"等具体问题上，他的理论更为直接的来源是"毛泽东的马克思主义"，[①] 他自己就强调："'文化大革命'期间，中国还是脱离资本主义世界体系、采取民族自主发展战略的典范。"[②]当然，他又是从反殖民的角度来理解这种马克思主义的，这就导致其评价毛泽东时与其他学者的视角存在差异，如他从民族性、第三世界性和世界历史性三个层次上充分地肯定了"毛泽东的马克思主义"的当代意义。以上诸问题直接导致对他进行简单定位的困难，但是，无论如何，德里克所讨论的全球化、后殖民和地方性的解放议程，这些也都可以被视为全球资本主义条件下的被压迫阶级和集团的解放实践，这一点恰恰是马克思主义在当代的问题，也就是说与马克思脱离不了直接的干系。这样看，即使说德里克是马克思主义者，他也并非就是传统意义或典型意义上的马克思主义者。

更进一步，从其理论旨趣、论域、倾向方面，我们也不难看出其实际代表着 20 世纪 70 年代以后的"西方马克思主义"发展的一些最为重要的特征：首先，他强调马克思主义对资本主义生产方式批判的有效性，并坚持一种激进的或批判的理论立场；其次，他强调马克思主义的可错性或局限性，并坚持一种选择的自由性从而在更大的空间中催生对时代批判的马克思主义；最后，在解放议程上，他自由而灵活地运用各种理论话语，对资产阶级主流意识形态及资本主义社会的权力进行批判。因此，他们能够在西方学术界的流行话题中以批判的立场与主流意识形态

---

① 参见[美]德里克：《现代主义和反现代主义——毛泽东的马克思主义》，载《中国社会科学季刊》(港)，1993 年第 3 期。

② [美]德里克：《后革命氛围》，王宁等译，73 页，北京，中国社会科学出版社，1999。

进行平等的对话。

　　虽然这种以学术代替政治的方式也遭到其他一些具有激进立场的学者的批判，但是却也代表着马克思主义在当代的一种重要任务和选择：如何面对时代提供的任务建构自己的理论。事实上，在德里克那里，这种理论冲动是十分明显地存在着的。他强调，苏联解体和东欧剧变后的社会主义危机不仅是社会主义或马克思主义的危机，也是资本主义的危机。对于后者，由于似乎不存在可以替代资本主义的选择，我们沉湎于把危机当作日常生活状态，来想方设法回避它。替代选择迟早会到来，问题是，当资本主义的最重要的替代选择来源在其自身的历史重压下支离破碎之时，我们如何来构想上述的选择。① 另外，由于德里克本人的历史研究和中国研究（在某种程度上作为 20 世纪经典马克思主义实践范式的中国）经验，他在全球化、后殖民等当前主导话语上的发言，不仅具有深厚的历史感，而且也散发出由实际经验支撑的现实性。

　　应该说，德里克的理论只是当前激进主义的一种选择，也就是说不是唯一选择，它并没有为我们提供一揽子解决方案。事实上，在当前复杂的全球条件下，由一个人承担这样的任务也是不可能的。所以，我们不能忽视德里克提出的解放议程之中的乌托邦成分和理想主义色彩。因此，即使本书对其采取了褒扬的态度，也不意味着我们把它当作自己的立场。本书认为，即使德里克不是马克思主义者，他的理论也属于"开卷有益"的那一种，这在当前混乱的理论竞争中是极为可贵的。特别是

---

　　① Arif Dirlik, *After the Revolution*：*Waking to Global Capitalism*，Hanover and London：Wesleyan University Press，1994.

在当前中国理论界，那些贩卖各种反动乌托邦观念的做法逐步成为一种流行的做法，在这种背景下，德里克的启示是不言而喻的。严格地说，我们将其视为 20 世纪 60 年代以来西方马克思主义理论探索的一种延续。在资本主义激烈变化的历史条件下，在"西方马克思主义"转型、后现代政治逐步登上舞台的理论背景下，在某种意义上，德里克的"后革命激进政见"代表着对多元化立场进行整合的方向。

综上所述，我们可以说，德里克是属于那些在全球化时代背景下生成的西方马克思主义者，这种"新激进主义"可能代表了 20 世纪 90 年代马克思主义在西方生长的一些新特点，一种现实的马克思主义可能性。因此，讨论德里克的意义或者局限性，也必须置于这个前提下。

(二)关于本书研究方法的一点说明

作者把本书的焦点限制在对德里克的新激进主义这个专题研究上，虽然这种研究在学术界并不鲜见，但它仍然是从属于人物研究这个大的框架的。人物研究一般采取两种技术路径：纵向的思想史定位或横向的认知图比较。无论哪一种路径都离不开对研究对象的全景式透视。就德里克而言，他的新激进主义既离不开对某些马克思主义传统问题的继承，也离不开对当代社会政治症候的准确捕捉和受其他思想家的触发，因此，必须要求本项研究能够对德里克的思想做全面的梳理。为此，我必须老实承认，本书并没有达到上述理想目标。其中原因既包括作者实际能力的限制，也和这一研究的实际难度有关。德里克在当前十分活跃，此时对他的有关理论进行定论显然是不合适的，也是不明智的。事实上，在我把他作为博士论文选题时，友人曾提醒我：由于他的影响并不如哈贝马斯、吉登斯、詹明信那样显赫，是否值得为他"冒险"。友人的善意在于我的学术成果，但是，我的旨趣并非在此。通过阅读德里克的文献，我发现，虽然他没有提供如上述三位思想家那样具有完整结构的理论体系，但贯穿于研究中的对现代社会思想的体悟、对当前社会历史动向的把握以及对一种未来可能性的积极探索却也充满睿智，一种历史学的洞察力和文学式的浪漫主义想象力共同塑造了他的理论的灵活性，而作为第三世界出身的激进知识分子则又使得他的理论多少具有某种凝重感，而不至于飘浮。我认为，在他身上体现了全球化背景下具有第三世界出身背景的知识分子学术与政治态度的真诚性（当然，这种真诚性并非是大多数此类知识分子的共同品质，这样也才显示出德里克的可贵性，本书第三章我们将详细讨论这个问题），而这种真诚性已经非常确定地成为他们摆脱诸种意识形态樊篱的必要保证。而在过去，帝国主义、自由主义、社会主义、民族主义等多重并不同质的意识形态使得这一知识分子群体表现出极大的暧昧性。因此，我认为，观察德里克的理论意义并不仅仅在于其理论结论的优越性，而且极为重要地包括对知识分子与霸权的关系的审视。

不管怎样，本书绝非是对德里克的完整研究，而是围绕"后革命激进政见"对他相关著作的一个审读，在其中展开其对全球资本主义分析、关于"后殖民"问题的争论和"后革命"论见、弹性生产时代的马克思主义言说方法和他的历史认识论等具体问题。这些问题，确实构成了他的中心问题，但它们与其早期关于中国现代史的研究的关系等问题，本书并没有完整地涉及，只是在需要时适当地提到。这种做法可能会形成对德里克本人"断章取义"的理解，虽然作为本书作者的我也深感遗憾，但考虑到实际能力，也只能通过指明这一点来防止对读者的误导。

其他一些需要交代的具体问题有以下几个。

第一，对德里克的测度标准。我们已经强调了对于一种马克思主义研究来说，坚持统一的马克思主义立场、观点和方法的重要性。但在实际的理论操作中，仍然会面临一些具体的困难。在本书中，由于德里克所举证的新激进政见本身是对一种环境变化的反应，这种环境的性质在国内研究中也相当缺乏，因此，在测度这种关联时，我们不得不面临多种任务：对理论家本身的理论逻辑的梳理，对其生成的历史背景的分析以及与其他理论观点的对照。此外，当代西方学者在陈述激进政见时，往往不是简单经验的归纳、逻辑的演绎或理想的表达，而是一种组合，一种非同质逻辑结构化的具体的组合。这就产生了多视角问题。因此，对它们的测度并不能简单地采取"绝对真理"的姿态，而必须将它们提出的问题"语境化"。这样，本书并没有独立出一章专门讨论德里克的是非，而是在叙述过程中就事论事，采取了多视角的批评态度。

第二，本书的叙述问题。围绕德里克的理论"体系"，展开其背景、勾勒其框架、在同行中比较它的优劣、这种一般研究的叙述线索仍然是本书的选择。需要说明的是，本书的整体框架是同时按照我较为熟悉的西方马克思主义历史演进线索展开的，在其中贯穿了我对这种线索的个性化看法，而这一点并非是德里克研究实际生成的线索，所以本书并不刻意强调评论的"客观性"。这可能与国内西方思潮的一般研究有较大的差别。此外，与其早期史学研究相比，在激进主义政见的表述中，德里克在使用材料上和叙述方面都表现出充分的灵活性，他的许多重要理论前提和逻辑都隐含在其叙述过程中，并且其中夹杂大量的后学词汇。这给结构化地再现他的理论的逻辑带来了一定的难度。因此，本书对德里克理论结构的描述也是对其文本的重构。当然，这也意味着对原有语境的颠覆和拆解，它带来的必然后果是背叛。我并不坚持"读解即背叛"这一文本解释学的立场，而是强调这正是我留给其他德里克读者批评的地方。在叙述方面的最后一个问题是：考虑到德里克的理论环境及其涉及的问题在国内研究中也存在着较大的争议性，在具体分析过程中，我并没有简单地采取与国内主流研究相一致的视角。为此，在必要的时候，我也适当地插入了背景性资料以及对这些资料的评论。

第一章 ｜ 革命、社会想象和历史

诚如法国著名哲学家图尔纳所言，革命观念是西方现代化的中心问题，[①] 也就是说它代表着西方社会对历史进步的理解。正是这个原因，革命问题不仅困扰着整个近现代历史，而且在当代对现代性质疑的理论运动中成为靶子。在当前全球化条件下，由于社会历史和意识形态的双重撕裂，革命失去了稳定和明晰的语境，它的政治含义也暧昧起来，因此"告别革命"和"重新发明革命"同时成为激进主义声称的立场。

德里克在诸种激进主义立场中是属于"重新发明革命"之列的，他把当前的社会历史形势称作"后革命

[①] Alain Touraine，"The Idea of Revolution，"Mike Featherstone(eds)：*Global Culture*，Sage Publications，1990.

氛围"，要求在这个氛围中剔除"反革命"的激进主义，重新发明革命来完成人类的解放议程。德里克本人把"后革命激进政见"视为对当前流行的全球化话语拒绝历史之不良倾向的一种积极的纠正。在 20 世纪的语境中，革命首先是指共产主义革命。[①] 毫无疑问，他的"后革命激进政见"也直接暗示着在共产主义(社会主义)革命之后的一种新激进主义选择。它从积极的意义上强调，过去革命(即共产主义革命)的前提和实践不再有效，必须在新的前提上寻找合适的实践形式。因此，它在革命、历史进步和时代特征方面均提出了与先前理论不一致的见解。这种新的见解不是孤立地发生的，它不仅与全球化引发的当前意识形态争论直接相关，而且与 20 世纪思想争论和意识形态变迁具有不可分割的联系。在讨论"全球化""后革命氛围"和"地域政治学"这三个"后革命激进政见"核心要件之前，本章首先讨论德里克对革命的理解，同时通过对 20 世纪革命话语的变迁和当前复杂的意识形态争论的清理，为后面的讨论提供一个初始的理论平台。

一、革命：历史想象力

　　革命就其最直接的含义来说，是政治制度或社会结构最为激烈的更替方式。在 20 世纪激进主义语境中，革命直接表现为对资本主义的替

---

　　① 参见[美]德里克：《后革命氛围》，王宁等译，12 页，北京，中国社会科学出版社，1999。

代努力，它导向的是社会主义目标。在观察到现实的社会主义没有能够全部实现这个替代时，大多数左派都开始重新考虑这种替代。德里克就是其中一位，他的"后革命激进政见"在对资本主义替代这一点上与共产主义具有同样的承载，但是，社会主义（指现实的社会主义）显然不在其中继续担当目标，因此，革命就在"对……替代"这个一般含义上，变成了一种"历史的想象力"。德里克试图通过这种想象力来把握具有多样性的未来可能形式，共产主义只是其中一种现实的形式。德里克对革命的这种认识源自其对包容性的探讨，这种探讨不仅试图让革命继续承担创造历史的功能，而且试图整合围绕现代性的激进争论并使其中的意识形态冲突凸显出来，从而在新型的高风险的社会历史条件下（即全球化背景下）保持足够清醒的历史意识。

（一）"革命是向别样格局的努力"

福柯曾言，革命意味着觉醒。① 这种觉醒在西方政治和思想史传统中，首先是以（曼海姆知识社会学意义上的）乌托邦形式出现的。德里克

---

① 福柯指出："连续的历史是一个关联体，它对于主体的奠基功能是必不可少的：这个主体保证了把历史遗漏的一切归还给历史；坚信如果不把时间重建在一个重新构成的单位中，时间将不会扩散任何东西；并许下诺言，主体终有一天——以历史意识的形式——将所有那些被差异遥控的东西重新收归己有，恢复对它们的支配，并在它们中找到我们可以称为主体意识的场所的东西。将历史分析变为连续的话语，把人类的意识变成每一个变化和每一种实践的原主体，这是同一思维系统的两个方面。时间在这个系统中被设想为整体化的术语，而革命在这里从来都是意味着觉醒。"（［法］福柯：《知识考古学》，谢强、马月译，15 页，北京，生活·读书·新知三联书店，1998。）在这里，福柯清晰地把革命与历史意识联系起来，这意味着一种政治选择深刻地包含着一种对历史的理解。反过来说，一种对历史的新型理解也必须带来一种新型的政治选择。在德里克的理论中，这两者之间的关系正是如此。

说，"在我看来，革命是向别样格局的努力"①，"其根据无非是有可能理性地把握历史，并以此为基础，建构主体性和社会身份，以促进转化"②。这种革命的内涵，十分明显地表征出乌托邦意味，它在社会主义的实现手段上被言说。革命成为激进主义天然选择的最重要依据就在于此。

这种激进主义冲动正如马克思在《神圣家族》中引用 1789 年法国《巴黎革命》周报上的警句：

> 伟人们之所以看起来伟大，
>
> 只是因为我们自己在跪着。
>
> 站起来吧！③

应该说，历史不断革命化的进程使得这个"站起来吧！"的呐喊成为

---

① ［美］德里克：《后革命氛围》，王宁等译，107 页注 31，北京，中国社会科学出版社，1999。值得说明的是，在这里"向别样格局的努力"这种提法与"别样的选择"是同质的，而后者正是英文 alternative 之本意。在本书中，我把 alternative 译为"替代"或"替代方案"。如果进一步考虑到在解释学中，如加达默尔所言，"替代"就是"让某个不在场的东西成为现时存在的"。（［德］汉斯-格奥尔格·加达默尔：《真理与方法》上卷，洪汉鼎译，201 页，上海，上海译文出版社，1999。）那么，"替代"确实反映了德里克革命思想中的双重含义：革命是使一种有别于当下但它不在场的新制度得以在场的行动，它包括真实地发生的新社会运动和对新社会的历史想象力（historic vision），后者确定的形式是"文化革命"，这是德里克对中国文化革命情有独钟的思想背景。此外，由于真正的乌托邦并没有到来，或者说，已经发生的替代都没有能够实现人类的梦想，在一个又一个希望成为泡影之后，一些激进学者把"永远激进化"作为一种口号也就成为一种可以理解的选择。这也就解释了恩格斯特·布洛赫"希望哲学"之含糊性和雅克·德里达"解构"哲学之暧昧性，我们需要一种替代，但永远不要已经发生的替代。

② ［美］德里克：《后革命氛围》，王宁等译，101 页，北京，中国社会科学出版社，1999。

③ 《马克思恩格斯全集》第 2 卷，104 页，北京，人民出版社，1957。

一种时代的要求。革命反映了启蒙时代的要求，充分体现了西方文明之中自觉推动社会历史进步的思想，所以，它满足激进主义作为一种对现实批判的政治要求，能够成为 18 世纪以后激进主义的自然选择。作为一名激进学者，德里克非常真实地体验到这种呐喊的力量，他在讨论解放与霸权的关系时强调："解放的最大障碍可能并不在于这种或那种霸权，而是没有能力想象离开霸权的生活。"[①]在这里，他非常深刻地重述了乌托邦的历史遗产。

这种乌托邦的历史遗产，在现代革命语境中，曼海姆(Karl Mannheim)有一个十分重要的判断，他指出："中世纪的封建社会由于其独特的结构，并不懂得现代意义上的革命。自从政治变革的这种形式最早出现起，千禧年主义便一直伴随着革命的爆发并赋予其精神。当这种精神减弱并遗弃这些运动时，便在世上留下了赤裸裸的大众疯狂和没有精神意义的狂怒。千禧年主义把革命看成一种价值，不是一种为了达到理性上的目的不可避免的手段，而是当前现在唯一创造性的原则，是渴望实现它在尘世上的愿意。"[②]如果考虑到曼海姆讨论的作为现代乌托邦第一形式的千禧年主义正是巴枯宁等无政府主义者的立场，我们将会惊讶地注意到德里克在强调解放内含的"站立"意识时，引证的也正是意大利一位无政府主义者马拉特斯塔(Malatesta)的著作《无政府》，这是不是由于他本人对中国无政府主义思潮长期研究形成

---

① Arif Dirlik，*After the Revolution：Waking to Global Capitalism*，Wesleyan University Press，1994，p. 104.

② ［德］卡尔·曼海姆：《意识形态与乌托邦》，黎鸣、李书崇译，222 页，北京，商务印书馆，2000。

的偏好，我们不得而知。① 不管怎样，虽然德里克并没有直接认同无政府主义而以一个历史学家的理性来重申激进主义，但他对革命理解所内含的乌托邦情结却也显而易见。

在乌托邦意义上，革命是对"人们普遍设想的从经济需求、社会和政治的剥削和压迫中摆脱出来的人类解放前景"的追求。② 应该说，作为一种基本价值，德里克所强调的也正是共产主义革命所内含的基本内容，但是，值得注意的是，第一，马克思主义的革命观并非是从某种价值出发的；第二，当德里克用"解放议程"来描述革命时，他显然也包含了对马克思主义革命观的批评。在《革命之后》中，他强调："任何一种单一理论，包括马克思主义在内，都不能包容解放问题。"③考虑到德里克通过长期的中国现代史研究已经充分肯定下列马克思主义结论，即社会主义革命不仅不能通过简单地打碎旧有的国家机器来完成，而且不能仅仅通过直接的经济利益的追求来达到，问题便产生了。为什么德里克提出比马克思更具包容性的解放议程？这个解放议程对社会主义到底做了哪些改写？进一步，如何评价这种新激进主义诉求的性质？这些问题

---

① 　德里克在引证马拉特斯塔之后强调："无政府主义者坚持着对霸权的批评；但他们在所有反对权力的激进思潮中取得的成绩是最小的。因此他们面临一种两难困境：如果没有同质化，政治斗争将不可能；然而，同质化又引入了意识形态和霸权。这种困境对政治意味着什么呢？"(*After the Revolution：Waking to Global Capitalism*，Wesleyan University Press，1994，p. 104.）也就是说，他对无政府主义者所面临的问题也有着清醒的意识，因为这一点，我们并不能简单地将之与无政府主义思潮联系起来，虽然我们也明确地强调他的乌托邦思想。

② 　Arif Dirlik, *After the Revolution：Waking to Global Capitalism*，Wesleyan University Press，1994, p. 4.

③ 　Ibid.，p. 5.

将是本书需要集中回答的重要问题。

值得注意的是，德里克重新提出革命问题，有着复杂的理论背景，其中最重要的是全球化话语的兴起。他认为现在流行的全球化话语是全球化"没有承诺的历史"（histories without guarantees）[①]，这也意味着历史所内含的开放性将永远包裹在当代的暧昧性之中。此外，德里克也认为"马克思主义已不足以解决新的世界形势所带来的问题"，其原因是马克思主义理论中所固有的解放观受到其资本主义社会起源的制约，从而也没有提供超越资本主义的允诺。[②]这个问题将把我们引向革命思想（revolution as an idea）背后的历史观问题。德里克虽然并没有专门探讨这个问题，但在其研究中却一直贯穿着一个历史学家对历史的自觉意识，正是这种意识支持着他对当前的理解（详见本书第六章第一节）。如果说重新定义革命意味着重新讨论革命所依赖的历史依据，那么在理论中重新提出新的历史认识论也是一种必然，德里克正是这样做的。因此，我们看到，德里克在不同场合的历史叙事构成了其中心问题，这导致了复杂的理论后果。例如，为获得新的历史想象力的承载，他将新的斗争形式落实在"文化革命"之上。在这里，我们也将看到，对这种激进主义的政治意味的评价必须通过审视他的乌托邦诉求与时代的关系以及它能够在当代实际地承载历史进步的要求这一理论操作来实现，这也就要求无论对何种激进主义声称，以及对这些激进主义声称的评估，都必

---

① Arif Dirlik, "Globalization as the End and Beginning of History: The Contradictory Implications of a New Paradigm," *Rethinking Marxism*, Vol. 12. No. 4. Winter 2000.

② Arif Dirlik, *After the Revolution: Waking to Global Capitalism*, Wesleyan University Press, 1994, p. 6.

须以对历史的理解为前提，而这正是当代研究最为缺乏的素质。本书选择对德里克进行研究应该说与这些背景不无关系，因为无论德里克获得何种成就还是存在多大缺陷，基于深刻的历史理解而对意识形态争论保持足够的清晰意识都是当代研究的一种优点和美德。

(二)激进主义：历史想象力和社会进步

激进主义作为急剧改造社会(制度)的要求，它们的确切内涵是随着时代的条件而飘浮不定的。这意味着，人们不能抽象地在激进或保守之间做出孰优孰劣的价值选择。从这一角度看，德里克要把自己的"后革命激进政见"视为一种当下选择，就必须为这种选择提供价值基础。在德里克的书中，价值问题极为少见，似乎他把对新社会的历史想象力本身作为激进主义的合法前提。正是在这个问题上，当东欧剧变发生后与全球资本主义兴起时，他便转向对马克思主义的未来观的批评，要求直接超越资本主义的制度想象。他强调：马克思的未来观一直由于其深陷资本主义的时空之内而受到歪曲。因此，马克思主义，正如我们所熟知的那样，无论在批判资本主义时多么有效，都没有允诺过一种可行的或者有吸引力的对资本主义生产方式的替代选择。[①]

德里克有一点是正确的，即马克思主义主要是一种批判，而不是对资本主义之后的具体制度的规划，这一点我们在下文中详细讨论。不过，我们也并不能从这一点出发得出"马克思主义理论中所固有的解放

---

① Arif Dirlik，*After the Revolution：Waking to Global Capitalism*，Wesleyan University Press，1994，p. 6.

观受到其资本主义社会起源的制约"①。为了说明这个问题，必须对历史想象力和社会进步的关系做出准确的判断。

客观地说，历史想象力和社会进步都涉及历史本身的开放性，从而在实践要求上都直接体现为对现有制度的不断革命。但是，在具体的历史情境中回答"能否设想出一种更为高级的社会制度"这个问题时，两种立场所依赖的理论前提是有差异的：历史想象力诉诸人的主体性，而社会进步强调历史的客观条件，因此前者要求必须想象，而后者则主张尊重规律。更进一步，前者最后能够落实在文化上，因为它把文化视为"创造和改造世界的一种方法"②；后者落实在生产力上，因为它把生产力视为人类历史进步的客观尺度。正是这种差异直接导致了德里克要求把马克思主义从资本主义的社会起源之制约中解放出来。因为，生产力的解放在 20 世纪中不仅没有带来制度的解放，而且似乎加深了资本主义制度的"异化"，这一点正是西方马克思主义自卢卡奇开始，在法兰克福学派中得到伸张的核心理论。

非常有趣的是，在 20 世纪中首开对马克思主义"重新解释"之理论运动的卢卡奇非常明确地强调，"经典形式的历史唯物主义意味着资本主义社会的自我认识"，它"首先是资产阶级社会及其经济结构的一种理论"，它的"实质性真理和古典国民经济学的真理属于同一类型：它们在

---

① Arif Dirlik，*After the Revolution：Waking to Global Capitalism*，Wesleyan University Press，1994，p. 6.

② ［美］德里克：《后革命氛围》，王宁等译，184 页，北京，中国社会科学出版社，1999。

一定的社会制度和生产制度之内是真理"。① 毫无疑问，马克思与它的成长环境具有直接连续性，但是，它是否就受到了资本主义制度的制约了呢？这个问题需要展开讨论，因为在德里克那里，它也是和欧洲中心主义等问题联系在一起的，并且成为其激进主义声称的核心问题。

我认为问题并不在这里，因为这种连续性本身无疑也是任何其他可以称得上真理的学说得以诞生的一个基本条件。事实上，任何一种能够值得认真对待的理论，它的真正的核心都不是连续，而是断裂。因此真正的问题也应该在于：一种理论与时代的断裂是否大到足以呈现新的未来可能性。当德里克断言，在当前重新讨论革命并不在于仅仅根据它的优缺点来挑选一种或另一种形式，而是使社会存在和组织形式的别样选择可能性保持开放的姿态时，我们也能看到，对于他而言，包括思想史在内的历史之根本在于断裂。

马克思是否提供了这种断裂？在回答这个问题时，我们得稍稍离开德里克做一点方法论的说明。提到断裂，人们自然会想到福柯以及他的谱系学和考古学。但是，人们又往往误解这一反抗权力话语的策略，而把所谓知识讨论引到不必要的历史原点上，把它变成一种中国的"说文解字"。一旦需要追溯某个术语的起源或历史，查字典就成为惯用的学术方法。事实上，诚如法国年鉴学派开山者马克·布洛赫所言，"在许多情况下，'起源'这尊守护神只不过是真历史死敌的化身，或是一种判

---

① ［匈］卢卡奇：《历史与阶级意识》，杜章智等译，312、311 页，北京，商务印书馆，1992。

断癖"①，它会将我们引到《圣经》而不是历史性本身。在由字典构筑起来的规范学术中，丢掉了围绕术语和学术斗争的意识背景，从而形成了对福柯本人的背叛。② 我认为，从福柯的谱系学和考古学出发，在激进主义和革命问题的讨论中，最重要的是通过历史研究揭示我们当前普遍接受的观念的起源，而不是"革命"这一术语的原初内涵及其在历史发展过程中不变的东西。具体地说，我们讨论的不是全部激进主义的历史内涵而是现代激进主义的特质。通过下文的讨论我们将看到，由于这个问题没有解决，意识形态的争论在革命的一般含义（常识意义）和特指上存在着严重的混乱，而这种混乱本身又成为不同意识形态谋求权力的条件。

作为"现代激进主义"历史语境的"现代"，不是指别的，而是指资本主义。正是在这一点上，它和革命存在着不可分割的关系。如果不考虑18 世纪之前资本主义生产方式的积累和演进，那我们会清晰地看到，1789 年的法国大革命和同时期发展的工业革命这一双元革命（dualrevolution），不仅激烈地改变了世界历史，而且直接奠定了其后世界历史进步的方式。③ 也就是说，为我们所普遍接受的革命观念是在法国大革命

---

① ［法］马克·布洛赫：《历史学家的技艺》，张和声、程郁译，27 页，上海，上海社会科学院出版社，1992。

② 最近刘禾以对"夷"字翻译史的研究为我们提供了一个正确的范例。她从"夷"字近代翻译事件中指证了，"在近代史研究领域，'证据'问题往往布满陷阱，史家不可不警惕"。（《欧洲路灯光影以外的世界》，载《读书》，2000 年第 5 期）我认为这是真正的福柯式的知识考古学研究，它为我们揭示了曾经在历史上出现过的那些被我们忘却而又对我们当前生活极为重要的东西。但是遗憾的是，国内却有不少学者对这种研究不以为然，在他们看来似乎只有在当代权威性的字典里能够查到的东西才是规范的学术。

③ 参见［英］霍布斯鲍姆：《革命的年代：1789～1848》，王章辉译，南京，江苏人民出版社，1999。

之后形成的，它的核心思想是建立一种与传统割裂的全新社会组织。德里克对这一基本事实有着相当清晰的认识，他在讨论革命问题时深刻地指出它与欧美现代化话语之间的联系，他也注意到美国著名政治学家亨廷顿等人 20 世纪 60 年代以来在革命问题上对欧洲现代化之目的论的修正。① 在这里，我们稍微做一些展开讨论。

亨廷顿强调的是，革命是西方"文化的特殊产物"，是现代化所特有的东西，是一种使一个传统社会现代化的手段，也是现代世界观的最高表现。② 在这个解释中，我们将会看到：首先，革命是一种社会进步的手段。因为资产阶级意识形态已经假设了现代化的进步意义。其次，革命作为一种现代世界观是西方文化的产物。为此我们将进一步追问，作为一种世界观，"革命"究竟体现了什么样的西方文化。这就是自然法的历史进步思想。正是在这一点上，亨廷顿强调，革命"不是在任何类型的社会中或在其历史上的任何阶段都可以发生的。它不属于一个普遍的范畴，而只是一种有限的历史现象。它不可能发生在社会和经济发达水平很低的高度传统化的社会里。它也不会发生在高度现代化的社会里"③。如果注意到我们用重点号标示出来的这两个术语所指称的社会关系在当代是共时存在的，那我们便会发现，亨廷顿肯定革命只是资产阶级推动社会历史进步的方式，它对其他社会形态并不适用，并且更为

---

① 参见［美］德里克：《后革命氛围》，王宁等译，12 页，北京，中国社会科学出版社，1999。

② 参见［美］亨廷顿：《变化社会中的政治秩序》，王冠华等译，241—242 页，北京，生活·读书·新知三联书店，1989。

③ 同上书，242 页。

关键地，在资产阶级胜利之后，社会进步既然已经完成（某种意义上的历史终结），革命也就不再需要。也就是说在西方资产阶级完成革命之后，革命便不复存在了。这使我们想起马克思对古典政治经济学的讽刺，"以前是有历史的，现在再也没有历史了"①。在这里，我们将进一步看到，"自然的概念在任何时候、任何地方都肯定有本质上的和自发的反动性"②。这也就是20世纪西方马克思主义者为什么集中批判资产阶级自然性观点的根本原因。我们从现有的文献中并没有读到德里克对西方资产阶级自然法观念的直接批判，在他那里更多的是要求主体性的历史进步（关于这一点，本书第六章将专门讨论），因此自然地过渡到主体性思路上。也因此，他可能形成了对马克思的某些误解，例如，我们将专门讨论他对马克思的世界历史观点之欧洲中心主义的批评，而这个立场恰恰是马克思革命思想的客观历史向度。

毫无疑问，马克思主义是由现代资产阶级的激进主义理论滋养出来的。不过，马克思主义是以直接反抗这种革命的理论形式出现的，首

---

① 《马克思恩格斯全集》，第4卷，154页，北京，人民出版社，1958。然而，我们必须承认，虽然亨廷顿的理论包含在很多可以反驳甚至直接就是错误的地方，但他却远比一些自由主义者要诚实。在这里，他明确地告诉我们，革命，作为社会进步的模式，在资产阶级采用过以后就不再合了。在资产阶级建立自己的统治之后，特别是其步入高度现代化之后，革命不再需要。而那些非西方的高度传统化社会通过革命的方式进入现代性也是不可能的。当然，那些处于现代化进程中的国家通过革命方式进行西方式的政治现代化是可能的。不过，最后一种方式将会引发对高度现代化国家的挑战。因此，在20世纪90年代资本主义失去竞争对手后，他不再讨论如何指导这些国家进入政治现代化，而是以文化（文明）的冲突来警告资本主义世界。（参见［美］亨廷顿：《文明的冲突与世界秩序的重建》，周琪等译，北京，新华出版社，2002。）

② ［美］詹明信：《晚期资本主义的文化逻辑》，陈清侨等译，130页，北京，生活·读书·新知三联书店，1997。

先，马克思不是依据某种道德要求或价值准则来讨论革命，而是把它与现实的社会经济前提联系起来。我们看到，马克思在《神圣家族》中引证过那个关于法国革命的警句之后，紧接着就评论道："但是，要想站起来，仅仅在思想中站起来，而现实的、感性的、用任何观念都不能解脱的那种枷锁依然套在现实的、感性的头上，那是不行的。"①从这里，他便转向"现实的、感性的"东西，即社会经济现实，最后在《德意志意识形态》中第一次在历史上明确地强调共产主义不是现实必须与之相适应的理想，而是源自历史状况的现实运动。从此，革命也不再是要求抽象的历史进步，不是简单地要求按照人们任意的构想对社会进行改造，而是要求基于工业文明所创造的巨大物质成果彻底改变到目前为止的人类进步方式，使已经展开的生产力成为人们自由自觉发展的物质前提而不是它的桎梏。换句话说，革命这种"觉醒"一旦建立在工业文明前提之上，人类自觉推动社会历史进步就不再作为重返伊甸园的允诺，而是对历史发展脉络的现实把握。所以，以共产主义为目标导向的革命就不再是一次简单地改变统治关系的事件，而是彻底的社会革命。正是因为这一点，在马克思之后的任何激进主义声称都不能无视马克思主义对资本主义的批判，这也是为什么在马克思之后的一百多年来马克思被不断重提的原因。

就激进主义而言，马克思主义的出现具有两个意义：第一，在实践上，在马克思主义提出彻底的社会革命口号之后，它便成了全部现代激进主义的底蕴，因为，它正确地指认出在资本主义生产方式充分展开之

---

① 《马克思恩格斯全集》，第2卷，105页，北京，人民出版社，1957。

后只有以无产阶级解放为特征的彻底的社会革命才是真正的历史进步，因此，它才能够为现代激进主义提供最基本的尺度；第二，由于马克思把政治态度(价值)争论引向历史进步的争论，他也就在理论上为区分激进与保守、革命与反革命提供了正确的标准。正是在马克思主义的观照下，以自由主义为核心的资产阶级意识形态才显得陈旧和保守。

从以上讨论看，如果仅仅将革命视为一种对制度的替代，那将是成问题的。因为在马克思的语境中，革命已经脱离其原始的内涵：一种政治转型，一种从一种统治向另一种统治的跨越。当工业文明第一次使人类看到没有统治的曙光也确证了一个晴朗的明天的来临不再是一个"假如"而是必须时，政治也开始一种否定之否定的过程：从直接以秩序为名的少数人的控制价值分配的手段，而复归于亚里士多德意义上的全体人的幸福，它成为一种解放活动。在这一前提下，革命最终能够成为与任何形式的统治进行告别的仪式，而它的直接含义就是彻底的社会解放从而也是人的解放，它所直接而激烈反对的是将任何社会(特别是阶级社会)永恒化的企图。作为一种政治修辞，它被用于赞扬资产阶级，是由于它第一次真正提出了推动解放的议程；它被用于批判资产阶级，是由于它将自身的利益替代全人类的利益因而不仅不能实现这个议程而且试图将自己永恒化，在它的实际行为映照下，它自己提出的"自由、平等、博爱"这些激动人心、振奋历史的口号变成了最大的压迫来源。因此我们强调，正是马克思主义"革命"声称背后的社会历史观决定了马克思所强调的无产阶级革命或社会主义革命是同全部私有制革命的决裂，因此也是直接对资本主义的彻底决裂。可以说，马克思主义这种革命观本身也就是人类思想史中的革命，同时存在着受到资本主义制度的制约问题。

那为什么德里克会提出上述问题呢？德里克提出上述问题应该做如何理解呢？是不是他因误解了马克思而提出了一个立即可以证伪的问题？问题不是这么简单，除了德里克因受西方马克思主义影响确实在理解马克思上存在片面性外，更为主要的，他提出这个问题是直接针对现实的社会主义实践的。关于这个问题，我们将在本书第四、第五章专门讨论。这里强调的是，与吉登斯等人所谓"新激进主义"对资本主义的辩护相反，不是从否定马克思主义和社会主义的意义上提出这个问题的，而是试图在资本主义形成全球霸权主宰了人们对未来想象的背景下对马克思主义可能出路的一个积极探索。

(三)马克思："革命权是唯一的真实的历史权利"

诚然，马克思并没有对未来做出多少具体的规划，这是理论品质之革命的方法论特征决定的，① 因此我们不能直接从这里得到马克思受制

---

①　马克思并没有关于未来社会的具体规划，这一点到现在为止都没有能够被一些马克思主义者接受。有趣的是，早在 1899 年，德国出版的《康拉德年鉴》上就曾出现过有关"社会民主主义的危机"的文章，其作者公开批评马克思，说他的错误在于提出了一个不是确定社会应该怎样，而是解释社会现在怎样的体系。针对这种攻击，罗莎·卢森堡写作了《烂核桃》一文进行了嘲弄，她指出"马克思没有制定出建立一个理想社会的社会方案，而是写出对现存社会进行研究的成果，也就是说，他不是空想社会主义者，而是科学的研究家"(参见《国际共运史研究资料》，第 8 辑，165 页，北京，人民出版社，1984)。从卢森堡的其他文献看，在这一点上她确实理解了马克思主义的方法论特征。这个例子说明，如果不从方法的角度来理解马克思，是不能把握住马克思的特质的。那些把马克思主义当作未来学的马克思主义事实上连第二国际时代马克思主义反对者的理论水平都没有达到。在这个问题上，虽然没有见到德里克对马克思主义方法论的专门讨论，但其指出马克思主义没有允诺资本主义之后的制度而是一种批判，无疑也是正确的。

于资本主义时空前提的结论。事实上，作为一种解放政治①，马克思主义与其他任何在历史上出现过的解放声称都不同，它最终趋向于消灭到目前为止仍然主宰着人们基本价值分配的政治方式，即消灭政治本身。因此，它在主张革命时必然强调彻底的社会革命，而非仅仅就是狭义的政治革命。在这一基本背景下，马克思主义的允诺可能出现不同形式，但它却不是一种现成和永远不变的政治口号，而是包含着"社会发展""社会批判"和"社会革命"三个不可分割的有机组成部分的解放学说。这种学说建立在深刻的历史理解上，它回答了到目前为止仍然困扰着解放理论的主体性、历史前提、价值依赖等基本问题。②

---

① 在现实中，一种特定的政治纲领可以从不同的角度进行描述，所以某种具体政见的性质也是多维的。由于本书讨论的不是政治学视角，故不能进行政治学的技术分析，而只是一种历史的描述。我们强调具体的政见是受制于特定目标的，而目标的现实性则是由特定历史的物质条件所提供的可能性。因此，在政治学中，如拉斯韦尔对尊重、收入和安全等诸方面价值的行为主义分析对于一个特定政治框架中的政治行动分析是有效的。不过，本书强调马克思主义试图彻底解决这些具体价值分配的矛盾，从根本上而言，它的最终目标也就是消灭政治本身。在这一意义上，马克思从来不强调以阶级斗争为基调的价值分配斗争是永恒的，它主张国家的消亡，我们认为这是将马克思主义视为一种解放政治的基本含义。进一步说，只有在阶级斗争仍然主宰着人类历史的背景下马克思主义才直接表现为一种政治。

② 孙伯鍨先生曾经强调，研究历史主体（这是解放政治的核心问题），"需要从三种不同的角度来分别地加以说明。首先应当提出的是历史是如何起源、如何发展以及如何变革的问题。面对社会历史发展的全过程，究竟谁是主体，是谁创造了这部人类史、世界史，全部现实的人类历史究竟是怎样被创造出来的？……第一个问题是从历史的起源和发展这个角度提出来的，这里涉及的是一个客观事实问题，只能采取符合历史本来面目的科学态度。第二个问题是从社会批判的角度提出来的，它追问的是历史中的事实和事件究竟具有什么样的意义和价值问题。在这个问题上需要探讨的是什么是衡量历史进步的尺度，以及怎样透过历史的现象去认识和运用这个尺度。这就需要在一定的思想高度上去认识历史并从本质上加以把握，以便从中获得一种正确的衡量标准和评价尺度。（转下页注）

在确定的意义上，马克思主义是历史科学。这种历史科学，对于解放革命而言，它并非就是拿来就可以照着操作的"用户手册"，而是需要弄懂的"原理图"，必须搞明白了才能实践，而搞明白了则不会拘泥于它的具体形式，相反人们能够提供的是创造性实践。因此，我们并不首先关注马克思主义在各个不同学科中的表现和具体观点，而是关注它在整个理论研究和社会主义革命实践两个方面的根本思想和意义，即革命的方法论。

这种革命的方法论要求坚持历史辩证法在不同时空背景下解决具体的革命实践问题。这样看来，马克思和恩格斯在《共产党宣言》中列举的种种革命措施可能会随着时代的变化而失去现实性，但基本思想却具有不可动摇性。伊格尔顿强调，马克思主义说到底就是关于如何从同一性王国走向差异性王国的学说。①我认为这是可取的。固然形式是重要的，但马克思主义绝不是口头的，因此那些迷恋形式的人无异于马克思所批评的那种因迷恋重力而被溺死的好汉。

正是马克思主义的这一特征，马克思主义在讨论解放和革命问题时

（接上页注）例如，人人都可以承认历史是人们自己创造的，但奇怪的是人们自己创造的历史却何以使人们屡遭不幸、备受压迫凌辱之苦？历史的正义、公道何在？这些问题迫使人们不断地去思考和认识历史。这个问题直到马克思主义产生以后，才算有了一个正确的答案，长期困扰人们的所谓'历史之谜'才被揭开……最后，第三个问题就是历史是怎样从根本上发生变革的？贯穿在历史中的革命是怎样发生的？以及实现这些历史变革的主体是谁？上述三个方面的问题涉及马克思的社会发展理论、社会批判理论和社会革命理论。"孙先生强调它们既相联系又相区别，并且都与历史的主体性问题有关。（参见孙伯鍨：《卢卡奇与马克思》，南京，南京大学出版社，1999。）事实上，这里孙先生强调了社会革命也不是孤立地来讨论的。

①参见［英］特里·伊格尔顿：《历史中的政治、哲学、爱欲》，马海良等译，108 页，北京，中国社会科学出版社，1999。

才和历史理解有机地结合在一起。作为彻底的唯物主义历史辩证法，马克思主义强调人类社会实践历史的客观变异。这种变异本身在漫长的人类历史过程中表现为主体性主导和客体性主导两种方式。在前一种方式中，历史的发展直接表征为客体的"自然"演化性质，而在后一种方式中却可能表现为主体"自觉设计"的结果，这是马克思将人类历史区分为史前史和真正的人类史两个阶段的根本含义。这也是马克思强调历史分期并在不同的语境下做出不同的历史分期之原因所在，因为无论主体性方式还是客体性方式都是由特定的社会历史条件所决定的，因此我们必须在具体的历史条件中分析出其基础和主导的方面，以选择恰当的实践方式。革命实践，从根本上来说，它的最后要求是彻底改变到目前为止仍然屈从于资本主义自然性的统治，或按照卢卡奇的说法，将社会从资本主义物化中解放出来。这是马克思主义历史观与资产阶级历史观根本对立的地方，在这一前提上，以自然法则为依赖的资产阶级革命所导致的必然结果就是以自由主义为底蕴的同质市场的全球化，这是"历史的终结"的基本内涵。而马克思则指认了内在的矛盾性并且明确地提出这种矛盾所必然导向的一种新的历史空间的可能，这就是基于世界历史的社会主义。

马克思强调，我们所讨论的共产主义不是现实应当与之相适应的理想，而是消灭现存状况的现实的运动，这个运动的条件是由现有的前提产生的。从解放的角度看，"解放"是一种历史活动，而不是思想活动，"解放"是由历史的关系，是由工业状况、商业状况、农业状况、交往状况促成的。[①] 落实到革命上，即革命权是唯一的真正的历史权利。它不是围绕某一种伦理来规范现实，而是通过对现实社会历史进程的把握使历史获得真正的开放性。因此，共产主义这个目标，除了其基本的人的自由自觉的发展并不存在其他更多的含义，它的现实的可能形式，它的丰富的具体外观是通过革命实践定义的。事实上，共产主义作为无产阶级革命的唯一目标，这个目标是建立在世界历史前提之上的，也表现为世界历史的真正完成。这也意味着，共产主义革命不是个别民族或个别地方的事业，而是如马克思所言的全球无产阶级的共同事业。正是在这一点上，只要全球地域尚存在着一块资本主义的"飞地"，共产主义都将是一种潜在的趋势和最终必将完成的事业。

从上述讨论看，世界历史思想在马克思主义中具有极其重要的地位，因为，当马克思明确地强调大工业开创了世界历史之后，共产主义作为人类的解放前景便不再是一种想象的活动，而是历史矛盾运动的必然结果。革命在其形式上只是解决它的资本主义外壳的手段，通过革命社会生产力将从这个外壳中剥离出来，作为人们自觉联合消除生产方式自发性的物质前提。任何脱离这个世界历史前提的革命都只不过是人类思想史中早熟的乌托邦思想的再现。也就是说，世界历史在马克思主义的革命观中是解放的先决条件。正因此，凡是涉及对马克思主义革命思想的改写，都必须涉及世界历史问题。在当代讨论中，把革命范畴含义无限扩大，就是在反对欧洲中心主义立场上抛弃了世界历史立场。在这一背景下，德里克也强调，马克思把资本主义作为社会主义的前提，而

---

① 参见《马克思恩格斯选集》，第 1 卷，81—87 页，北京，人民出版社，1995。

对于非欧洲社会来说，作为解放的先决条件，资本主义具有并不明显的欧洲语境的意味。因此，无论马克思还是后来的马克思主义者是否具有欧洲中心主义的倾向，在把一种历史现象变为解放的普遍的先决条件这一点上，历史唯物主义都在其结构上预示着欧洲中心主义。① 从现象上看，由于世界历史直接就是资本主义大工业开创的，而资本主义确实（到目前为止）仍然是欧洲的语境。因此，上述德里克关于历史唯物主义结构的欧洲中心主义论断在表面上是成立的。但是，我们不得不预先指出，马克思的世界历史思想本身已经超出了欧洲语境，资本主义与世界历史之现象上的重叠本身是当代社会历史的一个深刻矛盾，关于这个问题在下一章全球化问题中我们详细讨论。这里强调的是，德里克似乎对这个问题有一定的认识，毕竟他对革命含义的改写试图解决的就是这个矛盾，但是德里克那里没有世界历史的观点，这一点也是明显的。

基于马克思主义革命观与资产阶级的对立，我们必须在这样的意义上来谈论社会主义革命，必须把它理解为是对到目前为止的阶级斗争的历史的一次彻底决断，而到资产阶级为止的革命都是所有制关系的变更而已，因此最后都表现为一个阶级对另一个阶级的经济利益斗争，但"共产主义革命就是同传统的所有制关系实行最彻底的决裂"，在这最后的斗争中，它要消灭阶级对立的条件，消灭阶级本身的存在条件，从而消灭任何阶级的统治。因此，毫不奇怪，"它在自己的发展进程中要同传统的观念实行最彻底的决裂"②。但是，我们也必须看到，马克思主

---

① Arif Dirlik, *After the Revolution：Waking to Global Capitalism*，Wesleyan University Press，1994，p. 24.

② 《马克思恩格斯选集》，第 1 卷，293—294 页，北京，人民出版社，1995。

义的这个预见并没有立即发生，无产阶级与资产阶级的"决战"时刻迟迟没有到来。在历史之"延异"中，我们遭遇新的社会历史条件，在其中革命也获得新的前提、依据和落脚点。无论如何，德里克所强调的作为"别样想象"的革命在"语境"问题上有着深刻的自觉意识。他强调，"只要社会主义社会能够继续声称为资本主义提供可替代的选择，马克思主义者就能够通过允诺在未来解决目前的问题来回避对马克思主义基础的质疑。由于社会主义社会的瓦解似乎剥夺了马克思主义的未来，我们现在也就无法再把这些问题推给未来"①。因此，重要的问题便不再是德里克对马克思的批评态度，而是他自己如何重新做出允诺又提供怎样的兑现方式。在讨论这个问题之前，我们还得回溯思想史，看这个思想史给他提供怎样可资利用的东西，他又如何利用了这些资源，这将是理解其思维方式和思考结果的必要准备。

二、延宕：20 世纪革命理论的变迁

从总体上说，在 20 世纪的历史进程中，正是基于马克思的社会主义革命思想和列宁的十月革命的示范，第二次世界大战之后，占世界面积 30％的地区和 35％的人口通过革命的方式获得了自己生存和发展的前提。当然，由于历史条件的复杂性，革命也开始脱离马克思所预计的

---

①　Arif Dirlik，*After the Revolution：Waking to Global Capitalism*，Wesleyan University Press，1994，p. 4.

目标和路线。首先，在无产阶级没有实际地在欧洲解决总体革命问题的同时，在不具备革命条件的欧洲之外地区却开花结果。在理论和实践上，马克思主义与落后国家的关系作为一个最显著的问题凸显出来；其次，由于民族解放运动的胜利，资本主义在全球的政治霸权得到某种程度的遏制，但是其凭借经济力量而在全球的扩张趋势并没有因此而消失，新殖民问题作为一个现实的话题交给了革命之后的社会；最后，在发达的资本主义社会，我们又如何期待总体的社会革命。这三个方面的问题作为战后马克思主义所面临的核心问题困扰着不同视角的马克思主义者。在这一背景下，一方面，西方马克思主义者大都继续维持了马克思主义的原初期望，认为真正的社会主义只能在最发达的社会主义国家中取得胜利；[①] 另一方面，其他一些激进主义者却将目光转向落后国家的社会主义革命和建设的可能性。这构成马克思主义两个方面的议题，它也是构成西方马克思主义、"正统马克思主义"以及其他马克思主义分野的一个方面。这种分野导致革命的统一性逐步演化并多样化的具体性。

在 20 世纪马克思主义理论进程中，无论是列宁的帝国主义论，还是西方马克思主义的主体性革命声称、世界体系论者的"脱钩"方案，以及在后现代思潮浸润下诸种文化(知识)解放的冲动，随着 90 年代的"全球化"全都浮现在同一空间平台上，成为当代马克思主义竞争的无意识前提，德里克的论述也充分地体现了这一特征。德里克以"后革命"来描述一种时代的变化时，他直接暗示在当代条件下马克思主义的一种"地

---

① 参见 Mattin Jay, *Marxism and Totality*, Berkley and Los Angeles：University of California Press，1984，p. 6.

方化"(在这里，"地方化"即"具体化"，相对于他的资本主义的全球抽象之论断)的策略。① 这种"地方化"策略深刻地延续着卢卡奇、葛兰西、阿尔都塞等西方马克思主义的理论，也承接了中国革命的经验。因此，德里克所谓"后革命"在某种意义上只是全球资本主义时代的一种总体性理论抱负。也正是在这种理论抱负中，他要求激活"批判资本主义的马克思主义"。因此，革命诉求和马克思主义理论在 20 世纪的复杂变迁构成德里克新激进主义政见的逻辑底蕴。也因此，必须从这个历史维度来完成对德里克的测度。

(一)两种不同的马克思主义及其哲学评估

德里克强调，在 20 世纪的历史中，作为资本主义死亡布告的《共产党宣言》孕育出两种不同的马克思主义政治话语：社会主义的指南(guide to socialism)和资本主义的替代方案(alternative to capitalism)。从东西方社会主义运动实际的背景差异看，这一论断是合理的。

在马克思主义传播和发展史上，"社会主义的指南"和"资本主义的替代方案"这两种马克思主义话语的分野是在 20 世纪初，当列宁正确地与第二国际的"修正主义者"们决裂时，这两种不同的话语就实际地开始了各自不同的历史。在 20 世纪社会历史进程中，这两种不同的话语有着不同的衍化路径，它们之间有冲突，也有着复杂的相互影响。总体上说，30—60 年代，它们相互敌视着，一方指责对方为"在马克思主义旗

---

① Arif Dirlik，*After the Revolution*：*Waking to Global Capitalism*，Wesleyan University Press，1994.

帜下的反马克思主义"，另一方则回敬对方为"僵化的教条主义的马克思主义"。60 年代之后，情况较为复杂，因为双方都发生了严重的"内部"分裂。前者在 1956 年"苏共二十大"之后很快就显现出离异状态。而后者则在 1965 年阿尔都塞的《保卫马克思》出版后加速了分化的进程，这使得本身就不存在统一立场的"西方马克思主义"更加良莠不分、鱼龙混杂。在这一背景下，不同的马克思主义声称之间的斗争也戏剧化、漫画化，并持续到 90 年代。[1]

虽然在德里克的论述中，我还没有看到他对两种理论的历史分析，但是下列说法无疑是正确的：德里克是带着对作为现实社会主义指南的马克思主义的批评和对作为对资本主义批判的马克思主义旨趣来选择自己的理论立场的。在《革命之后》一书中，他反复强调现实社会主义实践所面临的困境和 20 世纪 90 年代的溃败的主要原因就是在发展观上受到了资本主义时空前提的制约；而另一方面又重申马克思主义对资本主义的批判在自己的理论前提中占据极为重要的位置。更为深刻的是，虽然他没有直接留下对卢卡奇、阿尔都塞等西方马克思主义者的评价，但在其历史性的理解上，毫无疑问又充分地汲取了他们的思想。这也从不同的方面证明了德里克对马克思主义理解的偏向，这个问题我会在第五章详细讨论。

---

[1] 仍须强调的是：第一，我们这里的讨论并不包括社会民主主义理论思潮的变化，这并非意味着它就不重要，相反，社会民主主义改良政治和无产阶级革命的第一次分野是马克思主义发展史中的一个重大事件，在当代全球化语境中，随着"第三条道路"的崛起，我们也必须重新审视这个事件的影响。第二，这里的讨论也并非是马克思主义的历史分期，而是围绕现实问题的分类。并且，考虑到立场差异与视角的多元，加之理论家们在不同时期的立场转换和视角变化，我们对一些理论也做了灵活的处理。因此，同一理论家可能在不同的分类中反复出现。

更进一步，从资本主义批判角度，除了西方马克思主义之外，也存在着从反殖民实践中演化出来的"反资本主义的自主的民族发展"道路。在这个方面，马克思主义理论家们对资本主义宏观体系进行了深入的分析，积极探索了在 20 世纪民族解放运动之后，亚、非和拉美经济落后国家的"现代化"问题。在其中形成了不平等交换理论、依附理论和世界体系分析等积极的成果。特别是以华勒斯坦为代表的世界体系论者开创了社会变迁研究新的范式，他们试图在更为广泛的背景中和更为长时段的历史研究中揭示现代世界体系的起源和演化规律，指证资本主义生产方式在全球范围内建立起单一的劳动分工的特征。[①] 这种分析为当代"全球资本主义"分析范式直接提供了理论背景，德里克毫无疑问又是从属于这个背景的。

应该说，批判的马克思主义虽然可能在实际理论前提上偏离马克思主义本身，但是由于其忠实地坚持了马克思对资本主义的批判精神。因此，就积极的意义来说，它们暗示着马克思主义不仅在具体的环境中有着具体的表述形式要求，而且它所关注的中心问题也随之呈现出某种灵活性。这种灵活性，被德里克称为反对资本主义弹性生产的必要手段。在这一意义上，当代马克思主义是基于历史唯物主义对时代环境的重组。不同的马克思主义的声称，它们的合理性源自环境的异质性。这样看，我们必须合理地汲取当代西方国家马克思主义理论所提出的问题，而同时拒绝它们因自身环境而呈现出的对马克思主义理解的偏差。因

①　参见［美］伊曼纽尔·沃勒斯坦：《现代世界体系》，第 2 卷，吕丹等译，北京，高等教育出版社，1998。

此，问题又回到了对环境的测度上。可以说，正是对环境的测度促使德里克基于边界之地（borderlands）提出"重新发明革命"的构想，在他的理论中深刻地包含着上述诸种理论线索。

（二）马克思主义时空前提的第一次拓展：帝国主义论和十月革命

德里克强调，工业资本主义经历了三个阶段：第一阶段是从 18 世纪末到 19 世纪后期，轻工业的出现、市场经济和资本主义向欧洲之外的初步扩散；第二阶段是从 19 世纪末到第二次世界大战，与重工业出现相应的是，生产的法人组织、作为经济规制者和社会冲突管理者的国家的出现，其余世界的被卷入，殖民主义，等等；第三阶段是第二次世界大战后，共产主义革命，生产的跨国化，作为经济活动地点的跨国公司的出现，民族国家功能从国内冲突管理者向全球经济管理者的变化。如果说马克思自己曾经强调只能依据历史的发展而提出实际的任务，那么我们将看到，马克思的具体结论都是直接针对上述第一个阶段的，而德里克本人则处在第三个阶段。从这一意义上看，德里克认为马克思没有提供彻底替代资本主义的允诺是有一定道理的。

事实上，在马克思主义传播和发展中，帝国主义问题是导致其内部分裂的第一个时空前提的变化，围绕这个问题马克思主义在第二国际时代最终分裂为两个阵营——修正主义和列宁主义。德里克也强调，列宁代表了垄断资本主义阶段的马克思主义。

就帝国主义而言，它一直延伸到当代的核心问题是殖民主义问题，它不仅使资本主义的范围扩大，而且带来了其他一些复杂的历史问题。在最初的马克思主义讨论中，第二国际理论家们（如考茨基）认为帝国主义是指"那些政治意图的一种特殊类型，这些政治意图固然是由现代资本主义产生的，但是决不等于现代资本主义"①。这一点为大多数人所肯定，但是由于没有能够从资本主义生产方式的内在特征科学地解释帝国主义的必然性与本质，所以他们在批判帝国主义时就抓不住它的要害，从而也不能指出它的出路。事实上，如早期的帝国主义研究者霍布森肯定的那样，"日益增长的资本的世界主义，是近代最大的经济变化"。它是"高度发展的工业资本主义的产物。帝国主义就是每个工业资本主义民族力图征服和吞并愈来愈多的农业区域，而不管那里居住的是什么民族"。② 也就是说，帝国主义本身只是由于在资本主义与非资本主义两种生产方式并存的条件由资本主义生产本身所决定的一种现象，但是除列宁之外几乎没有人完整地科学地解决这个问题。这种变化第一次使资本主义与非资本主义生产方式之间的关系尖锐地凸显出来。需要指出的是，尽管这样，后来的许多左派理论家都是从这个地方入手来解决 20 世纪的革命问题的。③ 不管怎么说，帝国主义问题的出现，使马克思主义时空前产生了第一次拓展的要求，而这个要求是由列宁实现的。

帝国主义之间的战争给各国工人阶级出了一个难题，他们似乎处在

---

① 《第二国际修正主义者关于帝国主义的谬论》，68 页，北京，生活·读书·新知三联书店，1976。

② ［英］霍布森：《帝国主义》，纪明译，42、69 页，上海，上海人民出版社，1964。

③ 特别值得一提的是罗莎·卢森堡，她十分准确的理解了《资本论》的方法实质，要求把这种方法引入具体的社会情况，提出"资本积累论"回答资本主义与非资本主义生产方式的对立问题和帝国主义现象。虽然卢森堡的思想被极大地忽视（由于后来的理论家们习惯于用列宁的阴影遮蔽了她），但她确实从资本主义资本积累的角度正确地解释了帝国主义的经济起源并且也为后来的依附论和世界体系论提供了直接的马克思主义言说前提。

国际主义和民族主义两难中。列宁从生产的集中与垄断，科学地说明了"旧资本主义"向"新资本主义"过渡，从一般资本统治到金融资本统治的特点。正是在金融统治的至高点上，列宁从资本输出和殖民政策特征上定义了帝国主义，他强调帝国主义的时代语境，指出帝国主义是资本主义的特殊阶段，是它的"垄断阶段"，并给出其根本特征。[①] 因此，列宁完成了对帝国主义本质的分析，也为帝国主义的历史地位做了科学的定位。列宁指出：垄断既然已经形成，它就绝对不可避免地要渗透到社会生活的各个方面，而不管政治制度或其他任何"细节"如何。[②] 正如列宁本人在早些时候所强调的，资本主义或帝国主义的"发展正在朝着包罗一切企业和一切国家的、唯一的世界托拉斯的**方向**进行"[③]。因此，我们就不能仅仅从显性的帝国主义殖民政策以及突出表现的国际大战来理解帝国主义，它们只是加剧了资产阶级与无产阶级的矛盾，以及帝国主义的内部矛盾，加速了其社会主义的过渡，这种情况在当时是能够观察到的。列宁的逻辑似乎是这样的，帝国主义在全球同质化的扩张除了真正的国际团结外没有其他的从根本上克服它的办法，但是在具体的策略选择上，却必须寻找现实的落脚点，或许这正是从"链条的薄弱环节"入手的政治含义。因此，在十月革命之后，国际主义和民族主义也长期是列宁试图在共产国际内部解决的一个重点问题。如果说列宁对帝国主义的上述论断仍然适合于解释当前的资本主义，那我们也清晰地看到，当

① 参见《列宁全集》，第 27 卷，395—401 页，北京，人民出版社，1990。

② 同上书，372 页。

③ 为尼·布哈林《世界经济和帝国主义》一书写的序言，参见《列宁全集》，第 27 卷，145 页，北京，人民出版社，1990。

前左派中的国际主义与民族主义立场的分野不是简单的认识偏向，它本身与时代的特征有着直接的关系。

事实上，列宁作为20世纪最重要的马克思主义者，他在两个方面拓展了马克思主义的时空前提，因此对马克思主义在20世纪的传播和发展起了关键性的作用：一是帝国主义论，在这个方面，列宁坚持了马克思在《资本论》中从生产出发的方法，历史地和逻辑地回答了帝国主义的性质问题，从而提出适应这种历史条件的马克思主义理论，将马克思主义从19世纪的自由资本主义带入20世纪的帝国主义；二是基于第一方面完成的，作为十月革命逻辑的主要缔造者，列宁关于"无产阶级革命可以在一国首先取得胜利"的论断催生了第一次真正的无产阶级革命，他为20世纪落后国家的马克思主义直接提供了最真实的示范。这使我们看到，后来的马克思主义依附论和世界体系理论在反抗资本主义的策略选择时大都依赖了列宁的思想。

另外，由于苏联实践的失误，马克思主义的允诺并没有直接实现。在这一背景下，产生了罗道夫·巴罗等人对"现实存在的社会主义的批判"并转向非资本主义生产方式的讨论。这一讨论开启了西方左派理论家在社会主义现代化问题上对发展主义的批判（当然这一点也包括阿明等人的巨大贡献）以及从"革命后"角度来认识现实社会主义的视角。在德里克的讨论中，他曾多次引证过巴罗的《抉择》，并从这里进入对中国社会主义独特性的研究（参见本书第六章）。

(三)马克思主义问题扩展和形式的转移：西方马克思主义

20世纪20年代，在反对第二国际（同时也是反对斯大林的马克思主义意识形态化)的斗争中，诞生了以卢卡奇、柯尔施和葛兰西等为肇始者的另一传统，这一传统在反对马克思主义实证化的思想支配下，使马克思主义的发展思路发生了转移：他们越来越不把经济或政治结构作为其理论关注的中心问题，它的整个重心转向了哲学，因而在主题上历经变更——不断深入文化、艺术或人本身。这种倾向在 20 世纪 70 年代被明确地指认为"西方马克思主义"。①

这个并不仅仅以地域为标志的革新传统，是一种极其复杂的理论思潮。它的直接理论指向是发达资本主义，它要回答在 20 世纪为什么没有在其中产生无产阶级革命，从而导向一种新的解放实践。这一思潮所具有的共同特征是，"把人的主体性问题和人类的解放问题紧密地联系起来，把寻找适合西方发达国家解放斗争的革命战略作为理论活动的轴心，把主观辩证法或'否定辩证法'作为文化批判理论的哲学基础(摒弃自然辩证法和反映论)，把旨在改变人的心理结构的文化革命视为人类解放的真正途径"②。虽然"西方马克思主义"主张非异化的总体解放实践，但是由于它与现当代社会思潮的复杂连接而逐步告别了马克思，在他们那里，革命变成了对资本主义条件下的技术理性批判(霍克海默等)、经济理性批判(高兹等)，变成一种文化革命(马尔库塞)、性革命(赖希)，等等。也由此，在一些精英知识分子那里，马克思主义变成一种仅仅代表着与资本主义不合作的理论话语，甚至是一种与社会主义实践没有直接联系(即马克思不在场)的学院派马克思主义理论(如解构主义者德里达)。

---

① 参见[英]佩里·安德森：《西方马克思主义探讨》，高铦等译，北京，人民出版社，1981。

② 欧阳谦：《人的主体性和人的解放》，9 页，济南，山东文艺出版社，1986。

但是，客观地说，西方马克思主义针对资本主义的现实也提出了马克思主义发展所应该面对的具体问题，如物化、文化霸权、心理异化、生态危机等。这些问题构成 20 世纪 90 年代西方批判理论的底蕴和主题，也促成了诸种问题讨论方式的变化。德里克要求对日常生活的历史性、它的当代结构中的权力关系进行分析以及对文化革命的强调，也正是源于这个背景。诚如霍克海默所指出的那样，"在改善人类条件的斗争中，在很多时候，当理论至多只能以一种总体性的眼光去看待所有这些关系时，它在这些时期并没有特别的实用价值。这些时期即指这样的时刻：特定生产方式在经济上的衰落严重地破坏着与这种生产方式伴随的文化形式，以致社会中大部分人的需要转化为反抗，而只需要进步集团的坚强意志就可能战胜整个体制中此时从根本上只能以它作为基础的赤裸裸的武装力量。但这个时期是难以遇到和瞬息即逝的：腐败着的秩序很快地改善了必须改善的部分，因而在表面上显得焕然一新。复归的时期延续得很长，在这个时期中过时了的文化机制，和人的心理构制以及内在联系在一起的体制整体，又获得了新的力量"[1]。应该说，西方马克思主义者，在一个并没有直接衰亡的资本主义世界中，试图从（更为深层的）文化入手来解释它的力量和实现对现实的彻底批判具有一定的合理性。因此，客观地，从卢卡奇开始的对资本主义条件下人的心理的"物化"（异化）到法兰克福学派的无意识分析虽然大大超出了马克思的视域，也开创了马克思主义研究的新领域。更为主要的是，西方马克思

---

[1] ［德］马克斯・霍克海默：《批判理论》，李小兵等译，57 页，重庆，重庆出版社，1989。

主义运动不仅仅提供了卢卡奇、葛兰西、阿尔都塞、阿多诺、本雅明等这样的理论先驱，而且直接推动了 20 世纪 60 年代西方的文化革命实践。作为"后 68 传统"的左派知识分子，德里克不仅在理论立场上，而且在对历史的理解上都内承了这些先驱的某些思想。例如，其主体性思想有着极深的卢卡奇传统，而在历史结构理解上又偏向于阿尔都塞。

(四) 马克思主义时空前提的第二次拓展：依附论和世界体系论

从列宁的研究看，对外殖民（以及战争）只是帝国主义外在表现。这样，我们就不能仅仅从战争（或政治冲突）来认识帝国主义。事实上，在战争残酷性威慑之下，资本主义也开始考虑全球性生存问题，在某种程度上采取更为现实的方式来调整自己的利益冲突。因此，20 世纪后半期资本主义的全球扩张是以与早期不同的方式进行的。在这一背景下，从总体揭示资本主义与社会主义以及第三世界的对立性质、核心矛盾，从而寻求更为现实的社会主义道路问题俨然成为马克思主义的时代命题。围绕这一问题，60—80 年代形成了洋洋大观的依附论、不平等交换论和世界体系理论。这些理论从宏观上进一步把列宁所提出的问题具体化到资本主义与第三世界对立的问题域中，从而直接提出马克思主义与第三世界之间的关系问题，在某种意义上，这又是一次时空前提的扩展。这种扩展的前提诚如多斯桑托斯所言明的那样，它的基本理论依赖并非马克思而是列宁和毛泽东。

事实上，多斯桑托斯在 20 世纪 70 年代中期将"依附理论"纳入马克思主义经济学框架，建构出不发达问题分析的普遍性框架，在某种意义上，也是上述世界经济视角的自然延伸。不过，它首先强调的是国际资本主义经济在达到一体化程度之后，帝国主义与殖民地两种社会形态的关联才具有世界性质。在其理论目标发展转移的背景下——从对帝国主义本身的研究转向帝国主义条件下社会主义可行性发展政策研究，依附理论旨在强调在帝国主义新型依附关系条件下，"在当地的历史条件下和社会经济条件下斗争方式的多样性和创新性"[①]。值得注意的是，这种对"多样性"的需求并不是在一种新的历史认识论前提之下诞生的，而是服从于现实政治斗争的需要。马克思主义的依附理论的核心要点在于，在不平衡的社会历史发展状态中，资本主义占据了当代世界体系的中心，而其他外围（或边缘）的社会形态则在经济、政治甚至文化方面依附于这个中心，遭受它的统治。从这一观点看，其他非资本主义生产方式试图通过模仿或与资本主义生产方式保持一致来获得自己的成长是不可能的。从这里出发，依附理论家们试图在马克思主义社会形态不平衡发展的理论中指证世界性的社会主义革命的必然性，毕竟社会主义在那个时代是他们看到的唯一能够替代资本主义的现实生产方式。如阿明，在 20 世纪 70 年代，他就从"当一个制度发展过快和新陈代谢时，这个进程首先不是从它的中心、而是从它的外围开始发生的"这个基本前提来解释当代社会发展的总体特征，提出摆脱资本主义经济增长（发展）方式、建设世界性社会主义的方案。[②] 在这里，他们也给自己埋下了问题：当现实的社会主义不再作为一种真实的依靠，对资本主义进行"飞地"式抵抗还可行吗？因此，80 年代之后现实社会主义发展困境的呈现，

---

① ［巴西］特奥托尼奥·多斯桑托斯：《帝国主义与依附》，杨衍永等译，371 页，北京，社会科学文献出版社，1999。

② 参见［埃及］萨米尔·阿明：《不平等的发展》，高铦译，北京，商务印书馆，2000。

90 年代苏联解体和东欧剧变无疑是对这一理论的挑战。阿明、弗兰克等学者在 80 年代之后也不断扩大自己的理论前提，极为真实地反映了这个问题。为了说清楚这个问题，我们必须从它对资本主义的批判入手。

和西方马克思主义一样，依附论也强调对资本主义的批判，但不同的是，他们的批判并非是一种文化批判而是一种经济批判，他们试图证明帝国主义政策和资本主义内在的经济逻辑都决定了它的最后危机，这种危机决定了资本主义本身的崩溃，也决定了在不平等的（全球）社会结构中，非资本主义生产方式（社会形态）以资本主义经济方式发展自己的不可能性。因此，他们转向非资本主义生产方式（社会形态），试图在资本主义之外建立对资本主义批判的根据地并以此获得世界性社会主义的胜利。但是，他们却不得不面临另外的问题，这就是，在资本主义已经主导世界体系的条件下，非资本主义国家如何在经济脱离这个世界体系的情况下取得自身的生存与发展。与静态的世界体系分析不同，世界体系论者，以华勒斯坦为代表开创了社会变迁研究新的范式，他们试图在更为广泛的背景中和更为长时段的历史研究中揭示现代世界体系的起源和演化规律。虽然他们不是直接讨论帝国主义问题的，但也为帝国主义研究提供了可资分析的工具，并且华勒斯坦等人本身即选择了激进的左派立场。华勒斯坦试图证明起源于欧洲的"世界经济体"最终消灭了所有的替代社会组织形式，在人类历史上，第一次在全球范围内建立起单一的劳动分工。在这里，全球资本主义分析范式开始凸显。正是在这一点上，世界体系在资本主义的分析上实际地承载了更为重要的使命。因此，20 世纪 90 年代，世界体系分析明显地在左派理论中担纲着对资本主义进行历史认识的主角。

社会主义的溃败对依附论提出的问题在其他学科中也得到了反响，这便是如何从历史的角度重新审视历史发展的"多样性"问题，无论是从阿尔都塞的"多元决定论"出发，还是从英国唯物主义的文化研究出发，人们都实际地指向这个问题。流行于 20 世纪 90 年代的后结构主义和文化多元主义只不过是某些理论的杂烩，主体性与多元性问题在其中以任意的方式纠合在一起。但不管怎样，它们还是实际地影响了左派的理论选择，而这一点恰恰是德里克理论活动的基本背景。一方面，由于德里克第三世界知识背景和中国研究的理论积累，他在理解当下世界可能性时更注重第三世界的经验，因此，关于全球资本主义的权力结构的矛盾分析和非资本主义发展道路的现实可能构成其理论的重点；① 另一方面，在反对资本主义霸权过程中伸张替代方案时，德里克除了内承世界体系分析路径论外，同时也深入对"元历史"或历史"元叙事"的研究，试图把非资本主义社会想象的基础置于新型的历史认识论前提上。在这一方面上，他在现代性论域中提出自己独特的历史性解释。正是在以上两个方面，他在重新发明革命的构想时，形成了更加独特的对文化多元主义批判的"文化革命"理论，而在历史理解上，与反对结构主义的结构主义相一致，他提出反对历史主义的历史主义，从而形成与詹明信相近的后现代主义研究风格。

（五）第二次形式转移："后现代化"

西方马克思主义作为对资本主义的一种批判和反抗思潮，这种思潮

---

① Arif Dirlik, *After the Revolution*: *Waking to Global Capitalism*, Wesleyan University Press, 1994, p. 6.

最后以自己的逻辑证明了其批判的脆弱性。因此，在 20 世纪 60 年代阿尔都塞理论上的反人道主义口号出现之后，这种思潮内部就发生了深刻的分裂而成为一种总体上的不可能性。在某种意义上，我们将之称为经典西方马克思主义的终结。① 马克思主义的结构主义（后结构主义）转向、哈贝马斯的晚期资本主义分析等都是其演化出来的不同方向，而更值得注意的是马克思主义的"后现代化"，这种后现代化不仅仅意味着与后现代思潮的结合，而且使后马克思主义成为一种显性的思潮。这种理论趋向使"西方马克思主义"声称的总体革命思想消解了，马克思主义开始逐步成为个别理论家文化造反的借口。在这一意义上，我们称之为第二次形式转移：个体化、差异化、生活化。

马克思主义的"后现代化"是一种复杂的文化现象，它是由多方面原因催生的，虽然它也意味着当代激进主义运动的新特点，但它不仅仅是激进主义运动本身的直接结果。从政治学角度出发，在总体上而言，后现代政治学是一种认识论的政治学（epistemological politics），这是与其哲学表达特质一致的，其认同政治（politics of identity）和差异政治（politics of difference）主张也深刻地体现出形式特征。但是，这种形式特征如詹明信所言，它在内容上是确定的，形式上却无法定义。并且，进一步研究，它在内容上也是无法确定的。这就是，在否定传统政治的全部理性基础后，后现代政治将自己的主张建立于非本质化的流动的主体性之上，由于它将当下的社会建构（制）（social institution）视为理性主义的

---

① 参见张一兵：《西方马克思主义、后（现代）马克思主义和晚期马克思主义》，张亮：《阿多诺与西方马克思主义的逻辑终结》，胡大平：《作为晚期资本主义条件下解放议程的晚期马克思主义》，载《福建论坛》（人文社会科学版），2000 年第 4 期。

产物，因此，极大地表现出反社会、反文化的特征。在这一点上，只是在其提出了现代社会自我反思的问题时，它才在理论上被认可，并且能够汇入由这种反思而产生的种种新社会运动中去，作为它们的替代性理论目标和前提。① 从更为激进的立场或彻底的解放政治视角看，新社会运动能够取得实质胜利必然也是通过总体的社会革命来实现的，而在这之前，都或多或少地呈现为改良的特征，而这一点显然不符合极端批判立场的后现代思潮要求，如鲍德里亚。因此，后现代政治主张在这一点上更加形而上学化，直接表现出反政治（anti-political）和远离政治（apolitical）的特征。或许，使用政治描述他们的"解放"要求都是一种错误，诚如吉登斯所使用的那个范畴——生活政治（life politics）。这种生活政治，要求对个体和集体水平上的人类的自我实现给予更重要的关注，它实质上意味从解放政治（emancipatory politics）的宏大背景下走出来。②

当然，后现代有着复杂的理论渊源和表现，我们无法用短短的几个句子就能充分表达。从根本上而言，作为一种文化逻辑的转向，也是资本主义（现代性）历史断裂的表征。在批判的意义上，它把自己的矛头指向"现代理性主义解放政治"（modern rationalist emancipatory politics），

① 西方新社会运动的起源，是一个极为重要而复杂的问题，在当代，由于后现代思潮的侵入，人们容易从理论观点上将之视为后现代的产物，这是错误的。从整个西方现代性发展历程看，西方新社会运动是伴随着现代社会的控制在水平尺度的拓展和垂直尺度的加强和深化中发展起来的。更为重要的是，它是在社会主义作为一种普遍的和集体的事业遭到质疑以后才能够作为一种现实的政治力量崛起的，而在这之前，它与整个社会主义运动虽然并没有保持完全的一致，但也还是从属于这个历史洪流的。

② 参见［英］安东尼·吉登斯：《现代性与自我认同》，赵旭东等译，10 页，北京，生活·读书·新知三联书店，1998。

试图颠覆启蒙以来的传统，虽然不能抬高它的作用，但也具有明显的积极意义。它至少指证了资本主义启蒙之理性和自然法前提并没有实现它的许诺，因此，必须穿透现代政治自由、平等、博爱的目标导向和科学、民主、法治制度主张的外壳，触及作为内容的前者与作为形式的后者之间的对立。

但后现代也简单地将马克思主义视为启蒙运动以来与资产阶级意识形态同质的东西，在反对同一性暴力和反本质主义口号下，马克思主义也是其要剔除的(不少后现代论者都是将自己的理论建立在对马克思否定之上的)。因此，后现代化并不导向与马克思主义在解放问题上的结盟，之所以产生"后现代的马克思主义"是因为马克思主义者与后现代的结盟。

在德里克的研究中，后现代是作为其批判对象而存在的。他试图在认识论上说明后现代反本质主义和反基础主义的非历史本质。在这一点上，他指证了后现代这一特征恰恰满足了全球资本主义霸权的当代霸权，从而成为资产阶级意识形态的共谋(详见本书第二章)。对于后现代的认同政治，他强调，"在意识形态中否定'主体'的做法，其实抽掉了反抗压迫和剥削的斗争基础。政治变成了'认同政治'，这在任何意义上都结束了否定性政治"[1]。但是，另一方面，德里克同詹明信一样，在指认了后现代是全球资本主义的文化逻辑(共谋)之后，通过摒弃其内容的方式而汲取其"合理"形式，强调马克思主义的解放政治学必须在当代兼容后现代。从这里看出，德里克在对待马克思主义和对待后现代主

---

[1] Arif Dirlik, *After the Revolution: Waking to Global Capitalism*, Wesleyan University Press, 1994, p. 76.

义问题上，似乎都采取同一种立场，这种立场是否像他自己强调的那样，是一种辩证的立场，我们将在下文专门讨论。在这里，我们需要强调的是，就解放议程而言，德里克是按照后现代方式进行的解放声称，因此，在内容上，要理解他的历史理解，必须照顾整个 20 世纪 60 年代以来的史学理论变迁；而在形式上，则必须将之置于当下多元的激进思潮中进行理解。

应该说，后现代的马克思主义本身并没有重构出超越西方马克思主义深度的理论，而是将文化造反的合理性直接建立在西方马克思主义所指认出的前提上，但是 20 世纪 70 年代的资本主义变化恰恰指认了这个未言明的前提本身是资本主义自我调整的前提，因此，后现代的大多数口号都可能成为资本主义的内在需要。诚如后现代本身的困境，后现代马克思主义的倾向也深刻地反映出在全球资本主义统治下理论的无奈性，德里达的"幽灵"式抗争说明当代资本主义条件下的生活政治基础是一种无根性。这种无根性和历史虚无主义的现代表现是一致的，它也是当下资本主义意识形态的最核心组成要素之一，因为它通过对历史的否定而直接认可了当下资本主义权力关系。因此，它们从反面说明了缺乏阶级解放的个体解放的反动性，提出了在当代条件下作为总体解放的马克思主义议程问题。

从整个 20 世纪马克思主义主题变换和形式转移的历史看，理论的分裂与历史条件的分裂是一致的。因此，如果说历史条件的分裂形成了对理论的挑战，那理论的构建必须通过弥合这种分裂来进行。由于这个问题并没有得到解决，在逐步告别马克思主义而试图回到马克思的过程中，马克思主义的总体革命并没有能够在局部革命中得到体现。因此，在西方马克思主义的起点上，他们的要求虽然如柯尔施强调的是一种"统一的关于社会革命的一般理论"和"非教条和反教条的、历史的和批判的、因而是最严格意义上的唯物主义"，但令他们自己尴尬的是，最后这种理论诉求变成了柯尔施批判的——把作为"统一的关于社会革命的一般理论"的马克思主义变为"对于资产阶级的经济秩序、资产阶级的国家、资产阶级的教育体系、资产阶级的宗教、艺术、科学和文化的批判"。① 从这一点看出，20 世纪的西方马克思主义理论逻辑中包含着深刻的矛盾，这种矛盾必然会在新的历史条件下重新提出并得到解决。德里克是否自觉地意识到这种矛盾？他是否无意识地解决了这个矛盾？

三、接合：历史和现在

凯尔纳称："我们正处在现代性和一种新的、至今尚未得到妥当理论说明的社会情境的分水岭上。"② 在这个分水岭上，意识形态呈现出空间的散裂。就革命而言，一方面它似乎成为资本主义活力的特征，成为资本主义能够永恒的例证，而美化资本主义的活力似乎成了马克思主义的理论目标。因此，一部分新自由主义者和后现代论者大谈革命，革命成了只开花不结果的"后现代式狂欢"。另一方面，另一部分新自由主义者和马克思主义者或左

---

① ［德］卡尔·柯尔施：《马克思主义和哲学》，王南湜等译，58、28 页，重庆，重庆出版社，1989。

② ［美］道格拉斯·凯尔纳等：《后现代理论：批判性的质疑》，张志斌译，335 页，北京，中央编译出版社，1999。

派则在"革命""烟消云散"之后大呼"告别革命",似乎它过去并未存在过。

由于德里克把革命理解为"向别样格局的努力",在当前它直接表现为"对资本主义的替代",故而在上述意识形态形势下,他强调否定革命所带来的关键问题倒不是忘却了过去,而是"忘却"了现在——全球资本主义所造就的新形式的剥削、压迫和边缘化,这种"忘却"阻滞了自由和民主未来的展开,如福山之"历史的终结"理论。因此,他一方面直面"告别革命"之否定历史企图,从未来的可能性重申"重新发明革命"的重要性;另一方面,他提出过去和当前整合起来的"包容战略",积极探索对当代资本主义霸权进行替代的可能形式。这种包容性策略,在形式上类似于詹明信"兼容并蓄"的后现代主义风格,也可以被视为后现代马克思主义者拉克劳和墨菲等人的"接合"(articulation)战略。①

———————————

① "接合"这个术语,是个多义词,它的另一个含义是"言说",拉克劳和墨菲有个说明:它来自于精神分析,可能是由米勒首用的。拉克劳和墨菲用它强调:文化霸权的实践是接合,因为它们产生作用的领域是由社会的不确定性、由每一种指符根本的不固定性决定的。(《文化霸权和社会主义战略》,119 页,台北,远流出版公司,1994。)在某种意义上,这种不稳定性、多义词代表了解构主义的立场,拉克劳和墨菲指出:"如果接合是一种实践,而不是一定的有联系的复合体的名称,那么它必然意味着有某种形式的那种实践接合或者重组的组成成份分别存在……组成成份内部建立一种关系的任何实践……因此组成成份的一致是因为这种接合的实践就被修改过了。从接合的实践产生的那个被建构起来的总体,我们将称之为言说。在不同的立场看起来是一言说中被接合起来的这个范围内,我们会将这些不同的立场称为环节。相反的,我们会把不是经过言说接合起来的任何差异称为组成成分。"(《文化霸权和社会主义战略》,128、142 页。)撇开后解构主义的语言花招,我们可以肯定,"接合"本身在理论战略上表示对不同视角的调和,因此代表着一种多维度、多视角的灵活的理论操作。我们在这里用它来指称德里克的理论视角,直接强调他试图在过去与当代之间寻找平衡点的努力,在本书第五章关于他的历史方法论的专门讨论中,我们将看到,在历史理解上,它的核心特征在于调和结构主义与历史主义之两种具有内在张力的理论。

否定革命的思潮毫无疑问是随着苏联解体和东欧剧变而急剧显性化的，但是，德里克强调：当前的危机（指由苏联解体和东欧剧变所引发的危机）不仅是社会主义或马克思主义的危机，也是资本主义的危机。[①]因此，在当前的形势下，特别是左派人士所应采取的正确立场并不是直接简单地否定革命，而是重新历史地审视革命与新型的未来可能性之间的关系。

德里克强调，否定革命的做法与革命的历史一样古老，但问题是，革命并不因为我们在观念上否定它，它就不存在或不发生。相反，我们必须通过"革命"（即"向别样格局的努力"）来实现历史的发展或进步。因此，我们面临的第一个问题是历史问题，只有正视历史才能认清当下的形势。对历史的否认带来的结果是：激进主义理论与全球资本主义意识形态的共谋。他以中国历史为案例直接提出了否定革命是当代历史意识危机的一个表征。他指出："两代中国历史学家（无论在中国还是在国外）都认为书写中国现代史围绕的范式应该是革命。可是这个范式如今已经是废墟一片，倒未必是范式本身出了毛病……这样一来革命就成了一件过去的事情。历史学家们并不愿意客观批判地观察这个转向，反而更愿意赶紧否认有过革命，过去所认为的革命不过是在永久保留落后，而他们没有能预见到革命的命运，应该负责的是资料卷宗。对过去的注意有了转移，与之相伴而来的是对革命的否认，这并不令人吃惊，这种转移也许更能与现在的自我形象发生共鸣。这里的问题不仅是历史中的

---

① Arif Dirlik，*After the Revolution*：*Waking to Global Capitalism*，Wesleyan University Press，1994，p. 3.

思想体系问题，它还是一个伪造历史的问题，革命的过去尽管未能实现其假定的目标，但在很多方面却为现在的形成助了一臂之力，然而伪造的历史却拒绝承认这一点。"①如果进一步考虑这种对历史的否认本身是建立在对现代化话语（在当前直接表现为现代性或全球化）的认同之上的，那么我们将看到，它恰恰是否定了曾经发生过的对欧洲现代性挑战的中国革命的实践。德里克对此强调，现代化话语作为一种解释历史的范式本身就是成问题的，因为它包含着深刻的欧洲中心主义和历史目的论企图。因此，他进一步强调，在"资本主义对革命的胜利"背景下，否定革命就是否定对当前资本主义进行替代的任何可能性，"今天，随着资本主义统治似乎较前更趋完全，没有任何有分量的意识形态来挑战其霸权，由资产主义所支持的现代化范式似乎也不可动摇了。正是这样的缺乏挑战的状态，我称之为范式危机"②。这也就是他所说的"历史意识的危机"。他说："在这个历史意识危机时刻，我们需要重新肯定历史和历史性，特别是因为历史如今显得无关紧要——或者是因为，在权力中心地带后殖民主义不能决定与过去的决裂是造就了对资本主义的欢庆还是对资本主义的谴责，却宣布与过去决裂，历史因而被摒弃了，或者相反，是因为那些身为现代性客体的人们，那些为了恢复自己的主观性而声称现代性说到底没有什么与众不同之处的人们，他们肯定了现代性之

① ［美］德里克：《后革命氛围》，王宁等译，175 页，北京，中国社会科学出版社，1999。

② ［美］德里克：《革命之后的史学：中国近代史研究中的当代危机》，载《中国社会科学季刊》（香港），1995，春季号，总第 10 期。

前的性质。"①这样看来，由于历史意识的缺乏，在当代，激进主义的选择陷入了不能自拔的矛盾之中，他们无法面对未来而转向过去，但恰恰他们自己又否定了过去曾经出现过的对资本主义的反抗。

基于上述矛盾，德里克在历史与革命问题上重新强调，关于过去的记忆有两种：一种是同时允许对当前批判的批判性记忆，另一种是适应当前病态的记忆，它们服务于当前权力格局的合法化。就目前而言，激进主义的中心问题是区分它们，从对过去的追忆中识别当前霸权的性质。在这一点上，他反复强调，回忆革命，不仅仅是因为其优缺点而挑选一种或他种革命，而是对社会存在和组织的替代形式可能保持一种开放的视角。正是在上述前提上，德里克希望把当前的解放问题讨论建立在对历史的尊重上。事实上，我们已经强调，任何一种激进主义声称，如果它是可行的，那它必须是以对时代的基本状况的理解为前提的，它的合理性源自时代矛盾所提供的可能性，而不是一般的人类解放声称。因此，它必须在具体的社会历史条件下讨论自觉推动人类历史进步的可能。在当前，由多维性、多层次性展开的全球化促进人们对开放未来的思考，在任何一个点上也都可能产生激进的声称，如生态、女权、种族等。如何面对这些激进声称？这就是我们面对的第二个方面的问题：如何从历史中导引出对当前霸权的批判。

德里克强调，在资本主义霸权仍然是我们时代中心问题的背景下，虽然斗争的性质可能变了，但引发斗争的环境依然如故。② 他肯定：作

---

① ［美］德里克：《后革命氛围》，王宁等译，177 页，北京，中国社会科学出版社，1999。
② 参见同上书，104 页。

为策略，革命是随历史条件转移的，而作为一种推动人类进步的历史观，这在当代是不容置疑的。"①由于现代化话语预设了欧美现代作为人类进步的终极价值，因此，当革命被直接指认为共产主义革命时，它便在现代化话语中以某种习惯性地抵制进步的形式出现。但是，革命并非一个简单的价值声称，如果是这样的话，那革命就可能成为任何一个民族、任何一个阶级可以肆意滥用的口号。事实上，我们能够观察到，在马克思之后的历史中，在资产阶级与无产阶级的斗争中，随着后者的变化起落，"革命"在前者那里因他们的现实需要，一方面成为一个随时予以供奉或抛弃的政治灵牌，另一方面则被推进到社会生活的每一个层次作为进一步解放资本而积累它反对无产阶级的政治弹性的基本手段。故而，我们很容易发现，由于全球化意味着资本主义对革命的胜利，在今天的语境中，围绕权力的斗争"也包括对革命这一概念的争夺，八十年代以来，右翼政治势力利用了革命"②。不过，德里克强调的是，革命作为一种现实的要求，它不应作为欧洲的专利，不应从欧美价值角度来审视历史进步。因此，我们必须看到，不同的地域和不同的群体一直以自己的方式追求着自己理解的民主和自由，遮蔽历史的前提使我们对那些革命的民主视而不见，而事实上，它们由当代不同形式的社会运动正在表达着。在过去，由国家社会主义试图通过官僚国家代理实现的规划，现在正由来自底层的社会运动承载着，这些运动是植根于日常生活的激进社会想象，它们提出对资本主义的替代，同时对现代化主义的社

---

① ［美］德里克：《后革命氛围》，王宁等译，北京，中国社会科学出版社，1999。
② 同上书，104 页。

会主义(即按照资本主义现代化思路实践的社会主义)的替代。正是在这里，德里克要求恢复对过去被排除在资本主义和社会主义二元视域之外的激进社会运动，重新肯定中国这样"后社会主义"、所谓"第四世界"的土著居民的斗争、生态、女权或少数族裔群体的权利。总体上说，一句话，如果说，现实社会主义的失败使得过去的革命意识形态不足以把握当代形势，那么在新的经济关系、新的通讯手段以及新生社会力量重构了全球关系的背景下，我们不能不用新的方式重新思考激进政治。这一思考的结果便是，德里克提出了自己独特的"后革命激进政见"。这种"后革命激进政见"把革命理解为一个主体学习的过程。

在主体性上，它"把革命进程表现为文化和社会之间的一个辩证存在，这就预先设定了一个革命概念，在这个概念中人类活动起着主要作用，而在这些活动中，革命家既是历史的产物，又是历史的主体"①。落实在当下的环境中，就是从历史主体性建构的方面试想出一种对资本主义目的论进行替代的发展方案。前面我们已经讨论过，这种方案的现实落脚点是那些曾经被资本主义现代性的霸权压制了的其他轨迹。这个轨迹，毫无疑问是由诸种资本主义理论(古典社会理论)所一点一滴地提呈的，而正是在这些理论中，马克思主义具有绝对的优越性。因为，马克思的核心贡献之一，就是从历史和政治视角分析了资本主义生产方式。② 这也是德里克的基本认识，事实上，他正是借助于马克思走向具体性的分

---

① ［美］德里克：《后革命氛围》，王宁等译，213 页，北京，中国社会科学出版社，1999。

② 参见［美］道格拉斯·凯尔纳等：《后现代理论：批判性的质疑》，张志斌译，262页，北京，中央编译出版社，1999。

析，把自己的解放议程置于地方性之上。因此，即使他不再选择马克思主义的立场，他也不可避免地需要清理自己的理论与马克思主义的关系。当然，他本人试图在地方性版本中导引出一种适应当前需要的弹性生产时代的资本主义。

就学习而言，它类似于语言学习，在这个过去中遗忘那些阻滞吸收新东西的记忆，而从未来的语言中获得它的语法，"这种未来的语言阐发（接合，articulate）了对摆脱剥削和压迫的社会存在的想象力"①。

①　Arif Dirlik，"Revolutionary Hegmony and the Language of Revolution：Chinese Socialism Between Present and Future，" Arif Dirlik and Maurice Meisner（eds）：*Marxism and the Chinese Experience*，M. E. Sharpe，Inc. 1989.

第二章

弹性生产与全球资本主义

作为一名左派历史学家，德里克是由"后68"激进传统所孕育的。不过，这一传统本身也包含着不同的政治诉求，有时它们甚至是对立的，故不同激进主义声称在把握时代的变迁主题及其变换的方式上存在着很大差异，也就是说，他们的思考起点、实际理论出发点以及它们测度时代环境的视角不同。为获得对这些理论的理解，"解构"它们的思维方式差异是一种绝对视域，① 正是在这一理论操作战略上，它们与时

---

① 在这里，我们使用了"解构"这个术语，而它在当代学术中存在着广泛的误用。其原因在于解构这个术语已经脱离了中文语境，而指向雅克·德里达的理论，就德里达的"解构论"学术旨趣而言，"解构"术语本身具有多义性和不确定性，因此德里达本人并没有给它一个精确的定义。但不管怎样，詹明信的理解是准确的，即解构意味着"寻找思想背后的模式这一工作"（弗雷德里克·詹姆逊：《语言的牢笼》，钱佼汝译，113页，南昌，百花洲文艺出版社，1997），这就是说解构是对一种既定思维方式的拆解和颠覆。（转下页注）

代霸权之间的关系才得以彰显，它们的性质才不再是暧昧与晦暗的。

　　德里克强调，激进主义需要把握社会政治环境，这样它就可以成为描述激进变革的必要性、形式以及方向的一个产物，而他本人激进思考的起点是全球化。[①]在这一点上，他与大多数把环境视为不言而喻的理论有着很大的不同。他首先要求历史地理解全球化，即理性地理解我们周身的环境，当然这也意味着对流行的全球化理论的解构。而他思考的结果便是获得了关于全球资本主义的认识，在这种认识中，他要求新型的历史认识和理论实践。就解放政治而言，由于解放的可能性依赖于真实的历史条件而非理论家们的想象，所以对环境的测度是其至关重要的东西。应该说，在这个条件的测度上，德里克达到了自己的理论目标，即既没有落入过时的政见之陷阱而在当前的研究中注入一些新的讨论资源，同时，也应谨慎地防止落入由新术语本身所隐含的陷阱。

（接上页注）在这里我们看到，一方面，在狭义上，"解构"这一术语只能在对思想的分析时使用；另一方面由于任何思维方式（或问题结构）都是与特定的历史境况一致的，仅仅对思想的解构虽然能够揭示知识过程中的霸权问题，但由于它本身并不涉及对客观的物质力量的颠覆，所以它并不足以最后解决权力问题。在这一意义上，德里达彻底的解构立场就是一种规避战术和游击战术。这就涉及两个问题：其一，理论的"重组"问题，这是一个老问题，如果不重组，革命的霸权是否能够消解反革命的霸权？从现实社会主义实践到西方马克思主义理论，无一例外地都遭遇了这一问题。其二，实践上积极有效的反霸权行动问题。这两个问题在当前全球化历史境况中十分尖锐地存在着。

　　① 参见［美］德里克：《后革命氛围》，王宁等译，3 页，北京，中国社会科学出版社，1999。

一、全球化：当代资本主义对全球关系的重组

我们已经进入全球化的时代，这个时代给我们提供的是一幅讽喻的景观：一方面，资产阶级意识形态以"一个注明日期的"关于"自由民主胜利"的消息宣布"历史的终结"，广播其最后的福音；另一方面，印证这些许诺的是相反的事实。基于这些事实，当下的全球化被称为"谎言""陷阱"。福音也罢，谎言也罢，全球化却是一个不争的事实。

全球作为一个空间概念，在地理学意义上，它在人类第一次认识到地球是球形的那一刻就获得了完整的意义，但它作为一个社会概念最早不超过哥伦布发现新大陆，因为到那时，人们才认识到别样社会的存在，而世界市场才首次成为商业活动的重要动机。把全球作为一种普遍的行动意向则是 20 世纪的事情，全球作为一普遍的行动意向，其实质含义不再仅仅是相互依存的多样具体性所形成的一个结合概念，而且包含着多样具体性的抽象的社会空间，在后一种意义上，全球作为一个整体形象，一个单一场所或一个纯粹的空间开始自己的历史，它与宏观历史视野实质性差异也在这里。因此，"全球化"这个概念所具有的明显矢量性（即方向性）便是对全球抽象性质的要求，在这里，西方社会学家们对"化"的讨论是"嵌入"（embed）还是"分离"（disembedy）并不重要，重要的是它的同质化趋向的目标性质是什么。在这里，我们便涉及全球化作为一个历史进程和社会研究范式的差别。后者把前者作为自己的前提假设，把分析它的当代特征作为己任。

德里克从这一区分入手，要求严肃地思考"全球化"范式与权力之间的关系，从而协调历史地理解的全球化与"全球化"对历史理解双重关系

之间的张力，充分揭示当代社会过程中的权力性质，从而完成对时代环
境的激进主义测度。应该说，这是一个正确的思路。不管怎样，全球化
作为一种普遍性的话语，它是一种新现象，而在这种新现象中，不同的
话语实践必须携带着不同的意识形态要求。按照解构主义文学理论，
"阶段名称是一种档案归类，一种必要的假说和杜撰，一种策略性的表
述行为，它在自己所标示的文学内部运作，但同时它又是人们为了'夺
权'的目的从外部强加的"①。这种后现代式表述重申了一个重要事实：
对历史阶段的命名并非是一个简单的学术问题，而是一个政治问题。从
这一点看，"全球化"绝非一种中立的对世界形象（images of the world）
的写实。当代全球化话语的纷繁争论也充分说明了这是一个命名权的问
题，正是这个原因，激进主义不会轻易丢弃这种权利，虽然这种对于时
代的命名权并非激进主义理论的最终目的。事实上，这种要求也贯穿于
20 世纪马克思主义的发展史。在 1971 年，马尔库塞强调，对于左派而
言，"为了对资本主义的毁灭性发展和革命潜力的（公开的，实际的）跌
落之间的不合理关系作出恰当的解释，需要对资本主义的新帝国主义
的、全球性的改组作一彻底分析"②。而当代西方激进主义对于时代的
命名便是对这种理论要求的一种回应。

（一）全球化话语：新范式和意识形态

　　"全球化"作为一种话语的历史起点可能实际地早于 20 世纪 80 年代

---

　　① ［美］J. 希利斯·米勒：《重申解构主义》，郭英剑等译，88—89 页，北京，中国
社会科学出版社，2000。

　　② ［美］马尔库塞：《反革命和造反》，见 H. 马尔库塞等：《工业社会和新左派》，
任立译，83 页，北京，商务印书馆，1982。

（在全球化论域中，随着讨论的深入，有学者不断把这个起点向后推移），但作为一种强劲的全球性思潮却绝不早于这个年代。作为一种话语，"全球化"并不暗示一种同一性立场，事实上，围绕这个术语存在着广泛的理论对立，这种对立大体上可区分为两种态度：或者分析全球化的各种根基，从中推断出全球化的真正内容；或者相反，宣布全球化是一个"神话"。① 这两种基本态度与本节开头所描述的全球化的矛盾是直接一致的。由于辩护和批判两种立场都可能是依赖某一类"事实"根据进行的，那么对这两种立场的批评性判决则必须通过理解事实本身进行。这就提出一个问题：全球化事实与早先历史实践之间的关系是什么？即为什么全球化会形成一个新的历史实践阶段？

正是在这个问题上，德里克十分清醒地意识到：全球化是旧有霸权被打破之后新的开始，它代表着资本主义现代性的最终胜利。由此看来，"全球化究竟是已被欧洲权力全球化了的资本主义现代性历史的最后一章，还是另外即将以任何具体形式出现的某个事件的开始，仍不甚清楚。然而清楚的是全球化话语是对全球化关系的不断变化的结构——新的统一和新的断裂——的回应，同时也是把握那些变化的一种新的认识论需要"②。

在当代全球化话语中，流行的做法是一种文化分析，例如，约翰·汤林森（John Tomlison）、麦克·费瑟斯通（Mike Festherstone）、马

① 参见［美］弗朗索瓦·沙奈：《资本全球化》，齐建化译，1页，北京，中央编译出版社，2001。

② ［美］德里克：《后革命氛围》，王宁等译，5页，北京，中国社会科学出版社，1999。

丁·阿布劳（Martin Albrow）、罗兰·罗伯逊（Roland Roberton）、阿俊·艾帕杜莱（Arjun Appadurai）等一大批理论者的研究，他们试图从全球交往的角度揭示在技术等因素作用下全球互动的新形式，而在对全球化性质定位上把其理论视角转向普遍与特殊、同质与异质的关系。著名文化人类学家阿俊·艾帕杜莱就强调，"今天，全球互动的中心问题是文化同质化与文化异质化之间的紧张关系"①。这是相当典型的看法。但是，在这种文化研究中，如罗兰·罗伯逊所言，"大部分全球化理论对解释异质性感兴趣，而不是将全球化化约为新的同质性"②。德里克注意到了这一点，并在《作为历史终结和开始的全球化：新范式的矛盾含义》一文中直接引证了罗伯逊上述观点。但是，很显然，他并不认同这种研究倾向。罗伯逊等文化视角的研究在对社会秩序分析方面有一个基本的冲动，"系统理解世界秩序的结构化，对于任何形式的当代理论的生存来说都是基本的，而且这种理解必须把促进向单一世界转变的因素——如资本主义的扩散、西方帝国主义和全球媒体系统的发展——同普遍的和全球的动因——结构（和/或文化）主题区分开来。尽管两个系列问题之间的经验关系极其重要（当然也很复杂），但如果把它们合并在一起，就会使人们陷入各式各样的问题之中，而且抑制我们与当代世界秩序——包括"无序"的"结构"——基本的然而变化之中的条件保持协调

---

① ［美］阿俊·艾帕杜莱：《全球文化经济中的断裂与差异》，见汪晖等编：《文化与公共性》，527 页，北京，生活·读书·新知三联书店，1998。

② ［美］罗兰·罗伯逊：《全球化：社会理论和全球文化》，梁光严译，202 页，上海，上海人民出版社，2000。

的能力"①。也就是说，德里克认为，关注文化的断裂(discontinuity)和差异(difference)是模棱两可的，因为其接受的单一世界这个前提的历史性质是含糊的。诚然，如果不说清这一点，罗伯逊本人所直接意识到的在全球化问题上的意识形态分野问题就不能克服。德里克所要求的是，把作为过程的全球化与作为新范式的全球化区分开来。② 这种区分事实上在一般研究中已经广泛地使用，但是尽管这样，大多数学者都把这种范式与它的过去的联系割裂了，即在自我意识水平上没有把它当成过去的产物，也因此，不从这种范式出发正确地说明当前世界的性质。德里克认为，当前文化研究或文化主义是朝向一种从文化角度构想出来的身份政治的急剧转变，它与从集体或公共身份之角度加以界定的政治截然不同。

关于文化想象，贝尼迪克特·安德森(Benedict Anderson)讨论民族主义的《想象的社群》和卡斯特瑞迪斯(Cornelius Castoriadis)关于社会制度研究的《想象的社会制度》，都为我们提供了一种左派的分析框架，在笔者看来，他们从现实的社会政策分析出主流意识形态的作用方式是具有一定说服力的。特别是卡斯特瑞迪斯证明了现代化是文化的投射，它与想象的表意息息相关。③ 虽然在德里克的文献中看不出上述理论的痕迹，但他却以一个历史学家的敏感性意识到全球化也是一种经过意识形

---

① ［美］罗兰·罗伯逊：《全球化：社会理论和全球文化》，梁光严译，80 页，上海，上海人民出版社，2000。

② Arif Dirlik, "Globalization as the End and Beginning of History: The Contradictory Implications of a New Paradigm," *Rethinking Marxism*, Vol. 12 No. 4. Winter 2000.

③ Cornelius Castoriadis, *The Imaginary Institution of Society*, London: Polity Press, 1987.

态包装的社会想象，它替代了早先的现代化理论。这样，对于全球化意识形态的分析就应该从它与现代化之间的声称差异入手。

　　他强调，全球化作为一种自我意识范式和社会想象，它是最近历史的产物，它代表对支配过去两个世纪的想象世界的方式的出走。[①] 这种方式即现代化。"全球化话语主张以重要的方式与早先的现代化话语分道扬镳，最为明显的是体现在摈弃欧洲中心主义的变化目的论方面。"为什么会发生这一情况呢？答案是明显的，因为这是受到向欧洲中心主义发起的经济、政治和文化挑战的驱使。[②] 联系到在本书第一章中我们讨论过的马克思主义时空前提和形式的转移，对于促进这种挑战本身也是20 世纪左派反抗资本主义的基本任务之一，在这一意义上，全球化似乎是与左派事业相呼应的。因此，正确地理解全球化与正确地理解资本主义的变化是一个同体的理论。如果考虑到西方主流学术喜欢使用"现代性"这个概念实际指称了启蒙运动以来资本主义的历史，那我们就可以把现代化与全球化看作西方现代性研究的两种视角。德里克指出，从现代化到全球化的变化可以被看作现代性概念中的"空间转向"，这种转向使空间压倒了时间。值得注意的是，德里克注意到在当代空间讨论中，法国马克思主义哲学家亨利·列斐伏尔（Henri Lefebvre）的《空间的生产》占据不可估量的地位，因此，在地域问题的讨论中，他也就选择了《空间的生产》作为自己的理论起点，并且在全球化研究中对与之有着

---

　　① 　Arif Dirlik，"Globalization as the End and Beginning of History：The Contradictory Implications of a New Paradigm，" *Rethinking Marxism* ，Vol. 12 No. 4. Winter 2000.

　　② 　参见［美］德里克：《后革命氛围》，王宁等译，4 页，北京，中国社会科学出版社，1999。

亲缘关系的英国马克思主义地理学家大卫·哈维(David Harvey)、美国
社会学家曼纽尔·卡斯泰尔斯(Manuel Castells)等人极为青睐。①

　　一般来说，用空间替代时间来理解社会并非不可以，但是由于空间
本身是作为一个历史的断裂点而存在，当我们把视角集中于这个断裂点
时会因为历史时间的缺失而形成独断论。因此，如果试图去掉空间研究
时间维度，在对共时性结构进行分析时，我们将无法理解这一结构本身
的平面差异。在全球化研究中它的直接表现就是无法说明新的政治经济
权力中心与旧的政治经济权力中心之间的关系。②

　　在德里克看来，虽然全球化在表面上反映了左派理论的诉求，这种
话语也似乎变得越来越普遍，"但是对它的热情宣传却来自旧的权力中
心，最为显著的是美国，这便加剧了对鼓吹其霸权企图的怀疑。经济和
政治权力或许较之早先更加非中心化了，但是离开对资本主义的全球胜
利，全球化就是不可理解的，而且对'市场和民主'的压力正处于全球化

━━━━━━━━━━

　　①　关于这几个人的研究性质及其与马克思主义的关系，参见 Ira Katznelson,
Marxism and the City, Oxford：Clarendon Press，1992。当然，较之卡斯泰尔斯和哈维
的理论进展，这一著作本身也显得有点落伍，因为 20 世纪 90 年代哈维和卡斯泰尔斯
都有影响极大的学术著作问世，特别是卡斯泰尔斯的《信息时代三部曲：经济、社会与文
化》更是产生广泛而重要的影响。但就其理论渊源的指认而言，这一著作从社会空间角度
所捕获的信息也是十分准确的。

　　②　在这里，有必要进一步说明的是：关于空间与时间的对立，在某种意义上，也
可以直接将之与结构和历史的对立同一起来，这样看来，它们之间的对立也就是两种不
同的社会历史研究视角。马克思通过历史发生学的方法统一了它们的对立。这一点已经
被不少马克思主义哲学家把握，例如，戈德曼的"发生的结构主义"等。而 20 世纪 90 年
代的国外马克思主义也直接面临这个问题。处理得较好的如詹明信，他举证的是一种"结
构的历史主义"，就德里克而言，他则强调历史主义结构分析方法。虽然在实际落脚点上
存在差异，但在方法论意向上却是一致的。这都说明了在当代社会研究中的一个基础问
题。参见本书第五章。

的中心，正如其在现代化之中那样"。因此，文化冲突现在比过去更为明显地体现在一种意识形态和制度领域，这恰恰是欧洲中心主义现代化的产物。①这样说来，文化研究恰恰反映了社会历史的这种变化，它与实际社会历史中的权力转移保持着高度的一致性或共谋关系，它试图根据新的全球想象来重新建构世界，这种想象比任何其他东西都更有效地服务于一些利益的要求。由于现代化话语把欧美现代性规范当作保证永不间断的人类进步的积极价值，所以全球化也是以资本主义长久活力为其话语基础的。然而文化研究与文化多元主义立场的全球化话语严重地忽视了这个问题。

三好将夫认为："文化研究和文化多元主义为学生和学者们与跨国公司版的新殖民主义的共谋关系提供了一种托辞，就这个意义而言，它们不过是自欺欺人的自由主义者亮出来的又一块遮羞布而已。"②虽然德里克并没有简单地采取这一激进立场，而要求对文化主义本身进行辩证的分析，但他在《后殖民氛围》一书中通过对后殖民论的批评已经充分表达了这是文化主义所面临的核心问题，事实上他也把这个问题作为对后殖民论进行批判的理论出发点，本书第三章将专门讨论这个问题。

(二)历史地理解全球化

客观地说，如果"全球"这个术语有意义的话，那么它就不是一个简

---

① Arif Dirlik, "Globalization as the End and Beginning of History: The Contradictory Implications of a New Paradigm," *Rethinking Marxism*, Vol. 12 No. 4. Winter 2000.

② [美]三好将夫：《没有边界的世界？从殖民主义到跨国主义及民族国家的衰落》，见汪晖等编：《文化与公共性》，510 页，北京，生活·读书·新知三联书店，1998。

单的包容了不同的具有差异性地域的地理范畴，而是包含价值的社会范畴。正是由于这一原因，一旦讨论到"全球性"就必然会发生意识形态争论，正如我们在当前的学术界中已经观察到的那样。但是，在这里，问题不是如罗伯逊仅仅指出"全球性"这个问题很可能成为 21 世纪重大意识形态分野和分析分野的一种依据那样简单，而是要求识别那些不假思索的讨论所蕴含的意识形态内涵。德里克转向历史就是旨在实现这一理论诉求，并且也直接提请人们注意以下问题：权力与知识之间的关系不通过历史无法说清，更无法克服。

一般而言，知识必须和权力发生关系，但它具有两种结合的可能：一方面是直接受权力支持，另一方面是提请一种权利的声称。曼海姆曾经从知识社会学角度区分出两种潜在的知识形式——意识形态和乌托邦，在其中意识形态必须是受权力支持的，而乌托邦则强调某种权利。曼海姆认为，意识形态作为一种话语，它的内部差别或争论，不仅仅是理论视角的差别，而且包含深刻的价值立场差别。客观地说，视角差别是可以调和的，而价值冲突则是无法调和的。因此，分析出这种价值便是理解话语的必要手段和步骤。德里克对于知识与霸权之间的关系有着清醒的认识，他曾强调，知识分子参与霸权实践的问题极具严重性，因为他们出现时是披着伪装的，葛兰西称之为"有机知识分子"，他们被征入为"异化的社会权力"服务的行列。[①] 在全球化话语中，如果说大多数知识分子都参与霸权实践，那他们是如何实践的？关于这一点，德里克

---

① 参见[美]德里克：《后革命氛围》，王宁等译，201 页，北京，中国社会科学出版社，1999。

在《作为霸权思想和解放实践的文化主义》一文中做出了精彩的分析，我将在本书第三章第三节中详细讨论。在这里，我们关注的重点是如何摆脱全球化话语的意识形态而走向对现实社会条件的准确把握。

　　如果我们试图理解全球化本身的话，那必须把它在历史上的定位准确地指认出来，只有这样，才不会陷入意识形态的窠臼。在这个问题上，必须把它置于历史本身。谈到历史本身，大多数人似乎都喜欢追溯起点，而这一点实在既无必要，也是有害的。在西方思想传统中，这个起点最终追溯到基督教历史观，这样看来，一切历史都不再具有任何新奇性。而新奇性本身必须被理解为历史本身。全球化现象和话语作为一种新奇性，固然可以从全球联系的角度追溯，但这种追溯并不能揭示更多的东西。因为，全球化作为一个论域的出现，它本身就是时代的产物。德里克说："它是一种全球性的当代意识对整个过去的具体化，因此不仅在不同社会间的物质互动上抹上了全球性的不同形式和方面之间的重要历史差别，而且或许在全球性意识方面也这样做了。它同时也抹擦了对它自身的产生条件所持的批判意识。"①从理论与历史本身的互动关系看，这种全球意识具体化过程既是在某种动力推动下实践的，也是对先前全球意识的否定。如果过多地强调意识之间的断裂与否定关系，而对其得以发生的动力机制缺乏必要的批判，它便会产生复杂的意识形态景观。为此，我们应该从其动力机制来解决它与先前意识的连续性，而从断裂展开它的实质含义。德里克的讨论就具有这种特征。

----

　　① ［美］德里克：《后革命氛围》，王宁等译，6 页，北京，中国社会科学出版社，1999。

首先，从连续性看，罗伯逊正确地强调，全球化与作为整体的世界的"组织化"有关。① 但遗憾的是，他没有继续走下去。事实上，只要肯定这个整体的世界尚不是一种已经成熟的样态，那么我们将会发现作为过程的全球化（作为过程描述的概念）与作为实际政策价值体系的社会想象（作为新范式的概念）之间的冲突就在于整体世界实际展开的"组织原则"与"社会想象"之间的冲突（即现实与价值之间的冲突），文化多元主义迷恋自己的价值，把它当作当今世界发展的规则，但这个世界本身却不以他们的价值转移而按照另外的原则运行。这便是资本生产的逻辑，德里克强调，正是由于资本主义的崛起才有可能探测朝向全球化的一种边疆不断拓展的趋势，这不仅是一种经济活动的全球化，同时也是政治和文化的全球化。② 关于这个结论，我们现在还不能展开，但是毫无疑问，沙奈、阿锐基等人的研究从不同方面揭示了这一点，而阿锐基则是德里克经常引证的一个历史学家。

因此，我们不必从历史的起点回顾全球化的历史，这个历史每天都在我们的眼前重演。市场的每一步扩大，全球化使每一个地方之间相互联系的增强，每两个互不相识的工人之间从此建立再也分不开的联系，这一切都是因为市场而发生的，而其背后不都深深地打上了资本的印记吗？因此，真正的历史仍然是揭示过去曾经出现过的，而如今以新的方式发生着作用，作为我们生活的主要支配力量的东西。

---

① 参见［美］罗兰·罗伯逊：《全球化：社会理论和全球文化》，梁光严译，262 页，上海，上海人民出版社，2000。

② 参见［美］德里克：《后革命氛围》，王宁等译，6—7 页，北京，中国社会科学出版社，1999。

在这一点上，德里克自然地回到了马克思，他大段引证《共产党宣言》：

过去的各个历史时代，我们几乎到处都可以看到社会完全划分为各个不同的等级，看到社会地位分成多种多样的层次……资产阶级时代，却有一个特点：它使阶级对立简单化了。整个社会日益分裂为两大敌对的阵营，分裂为两大相互直接对立的阶级：资产阶级和无产阶级……资产阶级抹去了一切向来受人尊敬和令人敬畏的职业的神圣光环。它把医生、律师、教士、诗人和学者变成了它出钱招雇的雇佣劳动者。资产阶级撕下了罩在家庭关系上的温情脉脉的面纱，把这种关系变成了纯粹的金钱关系……资产阶级，由于开拓了世界市场，使一切国家的生产和消费都成为世界性的了……过去那种地方的和民族的自给自足和闭关自守状态，被各民族的各方面的互相往来和各方面的互相依赖所代替了。物质的生产是如此，精神的生产也是如此。各民族的精神产品成了公共的财产。民族的片面性和局限性日益成为不可能，于是由许多种民族的和地方的文学形成了一种世界的文学。

资产阶级，由于一切生产工具的迅速改进，由于交通的极其便利，把一切民族甚至最野蛮的民族都卷到文明中来了。它的商品的低廉价格，是它用来摧毁一切万里长城、征服野蛮人最顽强的仇外心理的重炮。它迫使一切民族——如果它们不想灭亡的话——采用资产阶级的生产方式；它迫使它们在自己那里推行所谓的文明，即变成资产者。一句话，它按照自己的面貌为自己创造出一个世界。

　　资产阶级使农村屈服于城市的统治。它创立了巨大的城市，使城市人口比农村人口大大增加起来，因而使很大一部分居民脱离了农村生活的愚昧状态。正像它使农村从属于城市一样，它使未开化和半开化的国家从属于文明的国家，使农民的民族从属于资产阶级的民族，使东方从属于西方。①

德里克强调，无论是物质的还是文化的全球化都暗示着马克思、恩格斯所说的欧洲资本主义扩张的后果。但是，这也并非意味着他就从感情上接受当前的全球化性质。恰恰相反，他把这种全球化视为某种霸权的后果，考虑到这种霸权的后果（本章第三节），他要求从历史的矛盾处发掘新的历史可能，由此他转向当前全球化与先前历史形态的断裂。

　　在另一个方面，德里克强调，"对于全球化的异常欣喜却掩盖了社会和经济的实际上的不平等"，这种不平等"不仅是过去留下的东西，同时也是新的发展的产物"②。因此，他要求从历史的断裂本身来理解当代全球化过程中所包含的同质化与异质化的文化矛盾、一体化（integration）和散裂化（fragmentation）的空间冲突。在他看来，"全球化"是19世纪末出现的理解世界的一种主要方式，故而他把《共产党宣言》作为全球化的起点。但是，也正如《共产党宣言》对资本主义的描绘，他认为那时的人们把全球化与资本主义同质化等同起来。在此后的现代化话语

---

　　①　《马克思恩格斯选集》，第1卷，275—277页，北京，人民出版社，1995。
　　②　［美］德里克：《后革命氛围》，王宁等译，4页，北京，中国社会科学出版社，1999。

中，这一观念作为一种假设支配着人们的认识，把欧美现代性规范当作保证永不间断的人类进步的积极价值。但是，20世纪六七十年代之后，人们对于全球性的理解已经充分包括了对差异的认识，也因此要求具有多样选择的历史。他强调，这种试图打破欧洲中心主义霸权的努力是理解作为范式的全球化的至关重要的问题。这样，我们理解全球化就必须对这种意识的产生及其社会历史背景进行深入的分析。

从19世纪末以来的社会历史进程看，全球化如果是一个不可回避的现象，那么它就是通过殖民主义、民族主义和社会主义来实现的，德里克认为这三者都曾经是全球化的产物并以某种方式为其成形做出了努力。特别是后两者是作为对早期的资本主义经济中心解构力量出现的，也就是说，它们对于世界本身的多元化形成了独特的贡献，这也意味着民族主义和社会主义都是作为相对于早期同质化的全球化的限制力量出现的。德里克把作为范式的全球化视为这一历史背景的产物，也正是在这一背景下，多元现代性问题才得以产生。我们便不难理解为什么他说全球化是现代化的替代范式了。

在我看来，德里克的这种理论选择无疑是一种正确的路径。正是在这里，我们将会直接进入作为范式的全球化话语的矛盾性。第一，他正确地说明了以"多元性"为旨趣的全球化话语本身是历史条件变迁的产物，而这种话语本身的合法性也必须依赖社会历史展开的多元性。这就提呈了实践意义，例如，在这个问题上，从文化角度来讨论全球化问题的中国学者不考虑中华民族对这个多元世界发展的独特贡献，而试图通过与西方现代性保持一致的方式（即主动适应和参与全球化）分享它的物质文明是反动的，因为真正的以文化平等为标志的全球化本身是以中国独特的民族道路为前提的。第二，在当下，作为历史过程的全球化虽然造就了新的经济中心，但它并没有提供世界性平等，相反它创造了新的经济和政治剥削及边缘化形式。这是由于资本主义"为全球化提供的不仅是一种持久的动力，而且也为一种新的欧洲霸权统治下的世界的统一充当了工具"①。也就是说资本主义制度将继续在新的环境中以新的形式产生构成其世界结构的不平等现象。第三，把多元主义文化同资本主义分开来讨论不仅忽视了其自身的历史起源，而且忽视了这种立场在当下已经成为资本主义扩张的意识形态工具。德里克强调，对欧洲中心主义的挑战实践并非源自普遍的人群，而是来自全球精英人士，他们通过参与全球化资本主义经济而得到了这种权利。因此，他们也完成了在精英内部的斗争中对文化的部署。此外，我们还看到这样的现象，美国《哈佛商业评论》这样的资本主义精英文化阵地恰恰也是最早和最先锋的宣传文化多元主义的喉舌。

正是在这一历史背景下，全球意识与现代性意识在资本主义制度上有着深刻的联系，在这一联系上，以"多元现代性"方式展现的全球化概念自身隐含着更为深刻的矛盾。民族主义和社会主义在有效地承载反对欧洲霸权的同时，它们也都共同致力于发展主义的目标，这个目标"试图把后殖民世界的民族拉入自己的势力范围，它们本身也急于发展以便克服殖民主义遗留下来的问题，并且提高民族自治和综合实力"。也就是说，虽然以地方性出现的民族道路，由于其社会想象的最后落脚点没

---

① [美]德里克：《后革命氛围》，王宁等译，4页，北京，中国社会科学出版社，1999。

有超出现代性本身，因此，虽然它在全球化版图上增加了散裂，但究其根本却没有超出资本主义性质。在这个意义上，文化提供的只是一种讽喻景观，"第三世界"为引入资本而倡导的"文化搭台、经济唱戏"与全球跨国公司在全球扩张的文化先行战略同出一辙。在这里，当代社会地形图中的同质化与散裂化之双元特征便呈现出来了。如果资本主义营销的策略只是打算用全球的强制性来吞并地方的独特性，而"地方性"则意味着那些没有走上资本主义道路的国家与地区，在越来越紧张的经济、政治和文化边缘化形势下，不得不尽力维护自己的独立性。在这其中，文化与经济之间保持着高度的一致，也包含着深刻的分裂。这意味着从文化的角度不足以解释当代全球化的实质，这正是德里克批判全球化之文化范式和文化多元主义冲动的基本原因，而他的视角则转向文化与政治经济的重新结合。

从文化与政治经济结合的视角看，当前资本主义同质化的过程确实脱离了早期殖民主义与帝国主义的霸权形式，而更多地采取了协商的方式。由世界银行、国际货币基金组织和世界贸易组织（前身为关贸总协定）这三大全球化机构导演的多边和双边谈判，由国际标准组织（ISO）和国际电信同盟（ITU）等标准组织协调的产业和技术标准竞争，由跨国公司和全球性金融、投资和咨询机构主宰的商品和货币资本的全球流动，构成今天资本全球化同质化的主要行动。这是一个19世纪不曾出现的新问题。在这种新方式的全球化进程中，资本的跨国化"通过在全球范围内制造资本主义发展的节点（nodes）而使资本主义非中心化了，它结束了欧美在世界上的经济霸权，并且使资本主义第一次脱离了欧洲中心主义"①。如果说早期资本主义的发展在全球性同质化过程中导致了以民族为经济发展单位的格局，那在新的实践中，资本主义的全球化过程撕裂了民族国家的边界，削弱了民族国家的经济主权，并使资本主义从作为单位的民族国家中抽离出来。正是这种基本特征决定了当前全球化之世界主义（cosmopolitanism）和地方主义（localism）共存的悖论。

从上述理解看，从历史角度理解全球化确实为我们解释当前社会结构与意识形态的矛盾提供了有效的视角。并且也正是从这里，我们不得不审视"多元现代性"之社会想象诉求的基础、它与非资本主义道路的关系及其在当代资本主义复杂权力网络中的可能性。这样，对资本主义的政治经济分析和新的历史认识论就自然地作为左派理论的前提，并显示了其至关重要的地位。

(三)资本主义的全球化或全球资本主义

由于流行的全球化话语自然地秉承了现代化理论之欧美论调，它们仍旧囿于那些资本主义世界经济的管理者权限之内，② 并不足以提供对

---

① Arif Dirlik, *After the Revolution*：*Waking to Global Capitalism*，Hanover，NH：Wesleyan University Press，1994，p. 62. 注意，德里克使用了"节点"一词，这个词在当前的语境中尤指网络。在卡斯泰尔斯的《网络社会的崛起》中，他详细地分析了当代网络社会的节点特征，并从总体上指认了网络形态本身也是权力关系重组的来源。毫无疑问，德里克是支持卡斯泰尔斯网络社会研究的，他曾多次提到并直接引用了《网络社会的崛起》。这里看来，当代社会权力的组织方式确实与其早期实践不一样了。值得注意的是，拉克劳和墨菲等人也使用了"节点"这个术语，在社会本身的开放性方面，他们的立场是一致的。但是墨菲引入"节点"旨在说明意义和认同只具有短暂的稳定性，而德里克与卡斯泰尔斯则由此指认资本主义全球网络的控制特征。

② 参见[美]德里克：《后革命氛围》，王宁等译，145 页，北京，中国社会科学出版社，1999。

时代矛盾的洞见。而从历史视角进行认知测绘的结果则指认了当下矛盾的实质：无论是全球性联系以及这种联系复杂性的增强，还是全球化分裂的过程，都是资本主义现代性在其最终完成阶段上所展开的矛盾。因此，必须认清当前的全球化资本主义的新的阶段——这个新的阶段已经引起不同理论家的兴趣——德里克把它定义为全球资本主义（global capitalism）。在这一阶段，资本主义从地方走向全球形成新的霸权形式。他明确地强调，全球化即当代资本主义对全球关系的重组。换句话说，如果全球化是一种新型的社会关系，那么，它必然地是从过去延伸出来的，而在这种关系的形成过程中，当代资本主义无疑起着最为核心或最为关键的作用。它的结果便是：资本主义生产方式第一次脱离了它在欧洲的特定的历史起源，表现为真正的全球性抽象。资本主义叙事再也不是欧洲的历史叙事了；现在非欧洲资本主义国家要求建构它们自己的资本主义历史。①

德里克认为，无论对当代怎样分析，作为资本主义的一个阶段这是一个基本事实。就资本主义本身而言，它并不是一成不变的，事实上：

第二次世界大战后全球资本主义崛起。这种发展是可以论证的，它可能是一种政策的新产物；但是它的实现需要以资本主义全球化可能的新技术作为先决条件，这种全球化的资本主义改变了资本主义生产方式的本质。如果上述论证合理的话，那么社会主义同

---

① Arif Dirlik, *After the Revolution: Waking to Global Capitalism*, Hanover, NH: Wesleyan University Press, 1994, p. 51.

资本主义世界经济的一体化也就是对变化中的社会主义与资本主义之间的关系的一种反应，这种新的全球经济必然导向一种对资本主义和社会主义命运的考虑。70—80 年代社会主义向资本主义世界经济的回归，这个世界体系与其说是马克思或列宁分析所给出的真实社会主义进程的方向，倒不如说是一种重大变化的体系。①

从 20 世纪实际历史看，前面我们已经讨论到德里克强调了全球化过程中资本主义与社会主义和民族主义的关系，在世界体系立场上，资本主义是世界体系本身的特征，还是诸多世界体系中的一个，这个问题在学术界存在广泛的争论。但不争的事实是，在当前无论是多个世界体系中的一个还是一个世界体系，资本主义都占据了中心地位。在高新技术支持下，② 它的生产空间的范围迅速扩大，生产速度极大地提高，以

---

① Arif Dirlik, *After the Revolution*：*Waking to Global Capitalism*，Hanover，NH：Wesleyan University Press，1994，p，48.

② 在德里克的讨论中，他只强调新技术。本书之所以使用"高新技术"这个术语，一方面旨在与国内语境保持一致，另一方面从第二次世界大战以后国际社会广泛讨论的所谓"技术革命"的性质看，20 世纪 80 年代构成一条分界线，在这前后技术发展的特点具有明显的差异，并且我认为它们对于全球化本身的深度和范围的影响存在重大差别。80 年代之前，资本主义技术创新活动的最终结果是新原材料、生产技术、能源资源以及生产和消费品的范围不断扩大。这一时期出现了晶体管、微型集成电路片及使用这些元件的各种产品、塑料、合成树脂、包括石油合成纤维在内的人造纤维、新金属和铝金属制品及合成钢、各种抗生素和其他救生药物。大多数工业部门都装备了新生产技术，包括钢、棉纺织、玻璃、造船和建筑业。预制构件成为一种普遍的生产方法。核能源为未来的运输业和其他工业提供了一种可资利用的新式燃料。许多种电器，包括电视和雷达，已经成为日用之物，而计算机和转账系统也为人们所普遍采用，它们以自动化和控制论方法为基础。技术进步在其中不仅直接产生了新产品从而获得市场，而且在保持竞争优势、促进国际贸易等方面直接对经济产生了积极的影响，此外，它引发了市场、金融甚(转下页注)

达到戴维·哈维所描述的"时空压缩"的空前程度。德里克强调的是，在这个不可回避的事实上，早先世界的结构发生了巨大变化，例如，生产的跨国化和资本的无限制流动性使它们从国家和社会中获得解脱，因此削弱了民族国家的权力，从而消解了第二次世界大战后形成的"三个世界"图景，同时，资本生产方式的变化也带来了剧烈的文化变化。他指出，"随着新的资本主义切断了政治界限，因而也就切断了文化的界限。随着资本从一个地方向另一个地方运动，伴随着全球化而来的便是一种地方化"①。这就从生产变化角度（政治经济视角）回答了全球化范式的矛盾根源，从而把理论引向对当前的资本主义性质的研究。

关于资本主义的最新变化，由于它在 20 世纪的剧烈性和社会复杂性（如两次世界大战），一直是各种不同立场学者关注的理论焦点。就左派实践而言，70 年代曼德尔的《晚期资本主义》出版后，人们大都同意

（接上页注）至社会体制的全面创新，而它的最终后果是资本主义生产空间的扩大。80 年代后，由于国际竞争的加强，特别是以计算机为龙头的信息技术、生物、环境、材料、生命等领域为核心的高新技术发展，全球社会无不卷入新一轮的技术竞争中。事实上，从 1983 年美斥资 1 万亿美元实行几乎包括全部高技术领域的"星球大战"计划开始，欧洲十八国 1985 年提出尤里卡计划、1987 年提出"赫姆斯"计划，日本在 1986 年提出"人类新领域研究"计划，在这轮竞争中，包括社会主义国家和其他一些发展中国家无一例外地被卷中，如中国也于 1986 年 3 月提出"863"（高技术研究发展计划）计划，并于 1988 年实行火炬计划和"攻关计划"，从而在 1991 年掀起高技术开发区浪潮。关于这一竞争的后果，虽然目前仍然没有见到全面的研究报告，但其无论是在政治制度、经济结构还是在文化和日常生活方式方面，影响都是史无前例的。因此，它对于全球化影响也是多方面的和复杂的。在这里，我们使用"高新技术"旨在强调技术在资本主义历史中重大变化，这种新的变化与资本主义新的阶段的形成之间具有更为直接的联系。

　　① ［美］德里克：《后革命氛围》，王宁等译，14 页，北京，中国社会科学出版社，1999。

资本主义较之帝国主义又有了一个新的发展阶段。① 在 80 年代之后，有学者把它概称为资本主义的第三阶段，或后现代阶段。不同的学者提出了诸如"后"资本主义（"Post" capitalism）②、跨国资本主义（transnational capitalism）、信息资本主义（informational capitalism）、弹性生产体制（the regime of flexible production）、弹性积累体制（the regime of flexible accumulation）和无组织的资本主义（disorganized capitalism）等概念，围绕这些术语，是哈维、奥菲（Claus Offe）、詹明信等人组织了强大的左派理论阵线。德里克充分注意了这一左派理论资源，但是他更垂青于德国学者弗罗贝尔（F. Frobel）关于"新的国际劳动分工"的研究，他认为，这一术语对于新的资本主义具有本质的意义，③ 因此，他从"新的国际劳动分工"角度把当前资本主义阶段概括为下列一些特征。

第一，全球资本主义结构的基本特征是"新国际劳动分工"；它意味着，资本主义的生产的跨国化通过转包方式（subcontracting）使生产过程（甚至是同一产品的生产过程）全球化了。在生产的跨国化过程中，一方面全部的新技术被武装到生产、流通和消费过程，使资本能够集中、大量和快速流动，从而获得空前的灵活性；另一方面，它可能使更多地区卷入资本的生产过程，即如华勒斯坦所言的"万物商品化"。④ 这样，

---

① 参见［比］厄尔奈斯特·曼德尔：《晚期资本主义》，马清文译，哈尔滨，黑龙江人民出版社，1983。

② 这里的用法把"后"打上一个引号，以区别于美国管理学家德鲁克的"后资本主义"。

③ 参见［美］德里克：《后革命氛围》，王宁等译，14 页，北京，中国社会科学出版社，1999。

④ 参见［美］伊曼努尔·华勒斯坦：《历史资本主义》，路爱国等译，北京，社会科学文献出版社，1999。

资本主义就如德里克所说的那样，新的技术在前所未有地提高生产速度的同时也扩展了生产的范围。这些技术也使资本主义和生产前所未有地流动不定，所以生产的场所始终处于变动之中，资本对劳工寻求最大的利润，并且力图避免社会和政府对资本活动的干预。基于此，当代资本主义与早先的形式就有了实质性的区别。在这里，它产生了一个对立后果，一方面可能通过新的国际分工使许多地方富裕起来，另一方面又是对其他地方的剥夺。全球资本主义的利润动机与地方的福利呈现出矛盾性。

第二，全球资本主义的第二个特征是"无中心化"或"非中心化"。这意味着，作为整体的资本主义在全球的"网络化"。客观上，诸如东亚这样的新的经济中心的出现确实提供了资本主义中心消解的案例，但是，它本身是资本全球化的产物，这就使得具体指证哪个国家或地区是全球资本主义的中心变得日益困难。在这种全球化过程中，资本主宰着全球关系的重组，它呈现出一种"高科技汉撒同盟"，网络本身成为全球经济的核心。在这一点上，德里克十分支持卡斯泰尔斯的网络社会研究，认为后者提出了"一个能使某种分析的一致性处于全球资本主义的冲突现象的可行办法"。

第三，跨国公司是使全球资本主义联系起来成为网络的媒介，即它的节点。跨国公司作为自主的新的全球经济的最重要活动单位，它已经取代民族市场而成为经济活动的中心。在转移资本、商品和生产等方面，跨国公司不是一种纯粹消极的工具，相反，它决定着这种转移的性质和方向。因此，虽然它也呈现非中心化现象，但在这种表象背后，生产权仍高度集中在公司手中。由于权力集中于那些在组织方面和效忠方面超越国家的跨国公司，民族国家调节国内经济的权力受到了限制，而从全球角度来调节（和保护）经济秩序则成为一项重要的任务。

第四，生产的跨国化不仅是全球前所未有地统一的根源，也是全球前所未有地分散化的根源。全球在经济上、社会上和文化上的同质化，使马克思在《共产党宣言》中对资本主义的评论得以证实。但与此同时也存在着一个平行的分散化过程。从全球看，没有资本主义的中心，从地方看，生产过程的分散化进入国内的地方区域。诸如欧洲经济共同体、太平洋经济区、北美自由贸易区这些超国家的区域组织表明了全球层面的分散化；同一国家内部不同地方为把自己纳入跨国资本的轨道而相互竞争则标志着地方层面的分散化。可以说，国家本身曾在历史上代表着限制分散化的努力，但在内外夹攻下，它现在也不知道怎样限制这种新的分散化。

第五，资本主义生产方式在历史上破天荒地成为真正的全球的抽象，而脱离了其特定的欧洲历史起源。换言之，资本主义的叙事不再是欧洲历史的叙事，所以非欧洲的资本主义社会第一次声称自己也拥有资本主义的历史和文化。

第六，先前的三个世界划分受到了挑战。第二世界即社会主义世界实际上已成为历史。新的全球格局对第一和第三世界的划分也提出了怀疑。原先属于第三世界的一些国家今天已走上跨国资本主义的道路，属于世界经济中的"发达"地区。同样，原先第一世界的部分国家在新的全球经济中变得无足轻重，从生活方式来看很难将其与第三世界区分开来。

第七，以上这些变化的展开将改变全球的社会阶级关系。一个全球性阶级在经济上、社会上和文化上的联系比以往任何时候都更多，这个全球阶级在各个方面负责管理全球的资本主义，这也就是 L. 斯克莱尔（Leslie Sklair）所说的"跨国资本家阶级"。在它的对立面，还可能比以前更确定地说存在着一个"跨国工人阶级"。它们都与跨国的生产过程相关，也因此表现出传统的阶级定义所具有的内容。跨国资本家阶级的联系似乎主要是经济的，它们缺乏社会和文化的统一，这一点同样在工人阶级身上体现出来，不过，统一的缺乏使得工人阶级失去了政治统一的可能性，而对于全球资本家阶级来说，这种政治统一的选择的可能性更大。①

以上七个方面，"跨国公司""新的国际劳动分工""非中心化""统一与分散""世界的重新划分"等问题在当前的全球化研究中作为重要问题已经在各个学科中被广泛讨论，虽然具体的讨论所持有的立场不同，其核心的影响也大都被一致地认可，德里克的判断基本上没有超出其他学者的研究。德里克精彩之处在于他提出了当代的全球化是资本主义的"全球抽象"这个关键性论点。从现有的文献看，在左派理论中这一观点是极为独特的，我将之视为其最核心的方面，事实上，他自己也称这是全球资本主义最重要的后果。②

---

① Arif Dirlik, *After the Revolution*：*Waking to Global Capitalism*，Hanover，NH：Wesleyan University Press，1994，pp. 49-52.

② 关于这一点，有必要评论的是，在现有的德里克中译文文献中，"the capitalist mode of production appears as an authentically global abstraction"这句话中的 abstraction 被译成"分离形式""抽象概念"或"抽象观念"，这种译法并不完美。（参见《后革命氛围》，17、137 页以及《文化与公共性》，468 页。）其实应该直接译为"抽象"。因为，在黑格尔的《逻辑学》意义上，"抽象"即作为与"多样丰富性"的"具体"相对的范畴，它是事物更为纯粹和本真的形式，是伴随着人类社会历史实践的丰富性展开而同时发生的，即现实的"抽象"。事实上，无论是美国著名管理学家德鲁克说当前资本主义正变成比过去更为资本主义的"后资本主义"，还是斯克莱尔强调在当前资本主义中阶级问题在全球水平上更为简单，都言明了资本主义的抽象不是一种观念，而是一种现实。这个现实越来越接近马克思在《资本论》科学分析中所做的前提假设，即"整个世界是一个资本主义国家，所有的其他的经济形式和社会形式都已经消失"。正是这种现实的抽象给当代左派提出了极大的挑战，我在本书第四章中将详细讨论。

正是基于上述认识，德里克指出："全球资本主义或弹性生产概念是当前资本主义的真实描绘，同时，它也是有关资本的假想结构。作为描绘，它透露了新的生产方式、组织和市场的意义。不管怎样，它也是一种创新，因为他们所描绘的经济、社会、政治和文化形式是一种非常不稳定和矛盾地运行的东西。同样的，它们代表着一种话语，这种话语提出了一种关于资本的理念(或想象)，似乎它已经成为世界的现实——虽然资本仍然在完成之中——因此掩盖了驱使资本如此这般的许多矛盾。由于资本的全球化从今以后受到话语的游说，与过去相反，资本便获得了全球的支持。但是同一全球化进程以新的形式再造了旧有矛盾。"①这种观点也在其他左派学者那里得到反响，例如，艾哈迈德(Aijaz Ahmad)指出："当代帝国主义资本的辩证法包括以下两点：1.对一切可以利用的地球空间的更深入的渗透；2.民族国家的日益增加，因而导致文化和意识领域中互为矛盾的后果，这一切又产生于这样一个环境中，即全球规模的政治霸权急剧改组。"②因此，关于当今世界秩序的矛盾与资本的新型霸权之间的关系构成了几乎全部左派激进主义实际展开他们理论的入口，无论是德里达这样的解构论者，还是艾伦·伍德这样的更接近于传统立场的社会主义者。

从这里出发，对激进主义来说需要进一步解决的问题便凸显了，它便是如何再现这种抽象化了的全球资本主义语境下的霸权的具体性。在

---

① Arif Dirlik, *After the Revolution*: *Waking to Global Capitalism*, Hanover, NH: Wesleyan University Press, 1994, p. 53.

② [印]阿赫默德：《文学后殖民性的政治》，见罗钢等主编：《后殖民主义文化理论》，271 页，北京，中国社会科学出版社，1999。

德里克的研究中，语境化（contextualized）是一个十分突出的方法论。由于他实际地解决了作为前提的全球资本主义抽象，毫无疑问，这也充分体现了从抽象到具体的马克思主义研究方法。当然，由于他把这种资本主义视为对马克思主义之时空前提的超越，同时也就带来了对马克思主义的"超越"和新的历史认识论需要解决的问题。

二、弹性生产和全球资本主义

虽然文化言说也是德里克理论展开的一种方式，但是正如前面已经说明的那样，他并不认为文化研究能够揭示当代资本主义变化的实质，而是试图把文化与政治经济重新结合起来，这就导致了他注重资本主义生产方式的内在变化及社会想象的文化表达之间的关系，从这个角度来说明当前全球化的性质和全球资本主义的形成。①

在当前文化研究中，争论最多的问题是"后福特主义"（post-fordism），德里克在这个问题上并没有留下多少评论，他似乎更偏爱"弹性生产"（flexible production）视角，他强调，就社会而言，新技术赋予资本和生产以空前的流动性，因而生产的定位似乎处于一个永恒不断的流

---

①　在德里克看来，社会想象实际地承载了一个社会的文化。这种社会想象又集中体现在发展方式上，因此，在他的理论中，资本主义的发展主义构成其批判的对象，并且他把这个发展主义与欧洲中心主义联系起来。在卡斯泰尔斯的研究中，他认为发展方式"塑造了社会行为的整个领域，当然包括了象征沟通"，（［美］曼纽尔·卡斯特：《网络社会的崛起》，夏铸九等译，21页，北京，社会科学文献出版社，2001。）这两者实际上是一致的。因此，德里克在分析全球资本主义霸权时充分地肯定和借鉴了后者。

动状态，为资本对抗劳动力寻求最大利益，同时也摆脱对资本活动的社会和政治干涉，因此叫"弹性生产"。① 在这个基础上德里克以跨国公司为观察点来审视资本主义生产方式的全球扩散，因此，当代资本主义又被他称为"弹性生产时代的资本主义"。

(一)弹性生产及其实质

虽然资本主义一直不断地改变着自身的形象，但其在 20 世纪下半叶的变化尤为迅速和深刻。宏观层次上，战后在凯恩斯主义宏观经济政策的支持下，欧美经济获得普遍的增长，20 世纪 70 年代"滞胀"现象出现后，新自由主义又取而代之成为资本主义的主流意识形态，在它的推动下，80 年代里根(撒切尔)"革命"得以发生。关于这场革命的意义，德里克强调："与其说是一场开创新纪元的革命，不如说是一场从政治上重新组织全球的革命，其目的是让全球资本主义摆脱各种政治羁绊放手统治全世界。"②在微观层次上，第二次世界大战期间积累的新技术被广泛运用并形成战后技术革新的高潮，特别是随着计算机的普遍使用，高新技术触发了新一轮的组织制度变革，传统的"福特制"被替代，一种更为灵活和适应复杂竞争环境的生产体系逐步形成。此所谓高新技术革命和管理革命，德里克从资本生产的后现代化角度集中讨论了这个问题。上述两个层次的变化不是各自孤立的事件而是密切地联系在一起的

---

① 参见[美]德里克：《后革命氛围》，王宁等译，15 页，北京，中国社会科学出版社，1999。这里的译文略有改动。

② [美]德里克：《后殖民气息：全球资本主义时代的第三世界批评》，汪晖等编：《文化与公共性》，472 页，北京，生活·读书·新知三联书店，1998。

资本主义总体变化过程的两个方面，德里克的研究并不包含完整的对上述两个方面的详细研究，但他在资本生产（管理）的后现代化问题上的见解十分精彩。要获得对德里克理论的理解，我们首先要对"弹性生产"问题的历史和理论做一简要的概括，以作为基础性背景。

在诸多竞争性解释中，我认为从生产方式变化入手的"弹性生产"（flexible production）理论具有特别重要的地位。它是对资本主义生产制度特征的一个概括，这个概括既反映了在微观管理层次上的"精益生产"（lean production）、"后福特主义"（post-fordism）、"大规模定制"（mass customization）、"后现代管理"（postmodern management）等理论内容，另一方面它同时指认这种变化的根本目标和归宿在于资本的"弹性积累"（flexible accumulation）。

我们已经知道，在 20 世纪的大半个时期中，资本主义生产都是以福特制（fordism）的"大宗生产"（mass production）为典型特征的，它因福特 1908 年发明的第一条汽车生产线而得名。这种制度经通用汽车公司的斯通改进后在规模经济（economies of scale）方面创造了巨大的成就。例如，凭借这种生产方式，美国在 1955 年全球汽车市场所占份额达75％，20 世纪 60 年代它的 500 家大公司生产出全国一半以上的产品，雇用了全国 12％的劳动力。不过，福特主义在 60 年代达到鼎盛之际也开始了其衰落过程，逐步成为资本在全球扩张的障碍。因为在追求规模经济方面所取得巨大效益牺牲了"范围经济"（economies of scope），而按照美国著名企业史家钱德勒的研究，这两者都是工业资本主义的原动力。① 随着全

---

① 参见［美］小艾尔弗雷德·钱德勒：《企业规模经济与范围经济》，张逸人等译，北京，中国社会科学出版社，1999。

球经济的深化，需求的多样性和复杂的竞争环境使得福特主义原发地代表着美国在 70 年代竞争中受到了欧洲和日本的巨大挑战。特别是日本，以丰田汽车等为代表的跨国公司从 50 年代就开始了一种不同于美国福特主义的生产方式，并在国际竞争中获得巨大成功。在这个背景下，美国学者望风而动，他们发动对日本管理和文化的研究。他们出版的《日本名列第一》(艾兹拉·伏格尔)、《日本企业管理艺术》(帕斯卡尔和阿索斯)、《Z 理论》(威廉·大内)、《追求卓越》(彼得斯和沃特曼)等著作直接影响了美国的企业界的实践，从而促进了美国宏观经济政策和微观企业操作的转变，把组织战略转移到它的灵活性上，以适应高新技术(特别是计算机技术)和跨国公司实践影响下竞争条件的变化。关于这一点，德里克在《生产的后现代化及其组织：弹性生产、工作和文化》这一文献中十分准确地捕获了，并且在这一文本中他直接引证了上述管理学文献。

资本生产的上述战略的调整所涉及的领域和影响是十分巨大的，它不仅在于生产技术(工艺)、组织结构，而且涉及文化和意识形态方面。"精益生产""后福特主义""大规模定制"和"后现代管理"等术语从不同的视角揭示了这一管理实践变化的特征。这些视角的差异在某种程度上与不同研究的理论旨趣直接相关。例如，关注制造业变化的沃麦克等人偏爱"精益"这个术语，组织研究者更侧重于"后现代"性，文化研究者喜欢"后福特主义"，等等。"弹性生产"作为一种视角，它紧扣 flexibility(弹性、柔性、灵活性)这个词，该词在当代主流经济学和管理学中也有着较为广泛的使用，例如，"柔性管理"(flexible management)、"浮动汇率"(flexible exchange rates)等。这些术语(包括柔性生产线等)在指认当代资本生产体制变化方面是一致的。例如，柔性生产线和柔性管理使资本生产摆脱早期大工业"福特制"的僵化形式，在资本方面，它充分地满足了资本"集约化"和灵活性要求，通过计算机操纵，同一生产线将根据客户需要通过简单的调整便能生产同一产品的不同型号或干脆就是不同的新产品；在劳动力方面，工人同质化为"螺丝钉"的印象也被极大地改变，代之以良好工作环境中的技术工人（skilled worker），这成为资本主义生产的后现代化和人性化自我标榜的一个招牌。而浮动汇率则是全球金融自由化的一个核心方面，它也是1973年战后布雷顿森林体系破产以后的金融制度的选择，而那一年在经济学家们看来，则是经济全球化（一体化）的真正开端。因此，"弹性"在某种意义上更反映了当代资本主义变化的形象特征。

　　"弹性生产"问题较早出现于查尔斯·F. 沙贝尔（Charles Sabel）等人的研究中，他在1983年就提出"弹性专业化"（flexible specialization）这个术语来解释"后福特主义"问题，在后来的《工作与政治学》和《第二次工业分工》（与皮尔瑞合著）等著作中，他通过对资本主义的历史考察肯定了这是工业革命之初就出现的一种生产倾向只是由于被政治化的"福特主义"所遏制，他认为"弹性专门化"生产体系较之"大宗生产"更能幸免于当前的经济混乱。[①] 应该说，沙贝尔指认了生产体系的调整是围绕资本主义发展需要而进行的，它不是简单的技术问题而是复杂的政治问题。一般认为，沙贝尔等人的"弹性专业化"理论是一种有抱负的理论，它试图在解释市场、国家行为和生产状况的变化的同时解释工作的组织方式和工业关系的变化，也因此引发了很大的争论。事实上，在后福特

---

　　① Charles Sabel，"Flexible Specialisation and Re-emergence of Regional Economies," Ash Amin（eds）：*Post-Fordism：A Reader*，Blackwell，1994.

主义思想重要来源之一政治经济学的规制学派（regulation school）那里，如阿兰·李比茨（Alain Lipietz）等人认为，资本主义既不是历史上无变化的结构，也不会有目的地走向灭亡。也就是说，它是一个不断调整的过程，在这个过程中，它通过产生连续的积累体制不断克服内在矛盾，如劳资关系、消费规范和国家干预等问题，以使自己获得最大的剩余价值。这样看来，后福特主义只不过是资本主义历史上的一次生产方式的自觉调整，它与福特主义一样可能产生巨大的社会历史影响。正是因为这个原因，后福特主义普遍地受到了包括文化研究在内的国际学界的关注。人们普遍认为，后福特主义代表着一种新的经济市场与经济文化原则，它与福特主义相反，通常与更小型、更灵活的生产单位相关，这种生产单位能够分别满足更大范围以及各种类型的特定消费者需求。因此，能够适应多元化市场发展的需要。但是，上述理论都对资本主义生产体制变化采取了过分乐观的态度。

英国著名马克思主义地理学家大卫·哈维认为，资本主义的经济和政治体制当然是围绕资本积累制度建立和变化的，他对当前资本积累特征的看法是：劳动过程、劳动力市场、产品和消费样态的弹性确实出现了，在反对"福特主义"的制度刚性（rigidity）意义上，这种弹性是一种"弹性积累"的机制。但是，他与规制学派的看法并不完全一致，他强调在经验上无法证明这种变化已经是资本主义的全面特征，相反它占据的只是局部的和临时的主导地位，"福特主义"仍然主宰着广泛的工业领域。这也就是说，"弹性积累"制度不应该被具体地局限在资本生产的某一个方面来认识，而必须把它看作资本获得利润战略的变化。因此，他强调这种战略是马克思定义的绝对剩余价值和相对剩余价值生产两种剩余价值生产方式的简单的再组合。这就意味着，要说清当前资本主义的变化仍然必须基于马克思《资本论》的逻辑进行。在哈维看来，产生于 20 世纪 70 年代的资本主义的新特征与其说是劳工市场全面成为灵活性的，不如说是货币资本脱离了物质生产循环领域，实现了空前的自主权（即金融资本的无限膨胀）。在更为广泛的历史空间中，它是资本主义适应能力的一种自我发展。[1]

哈维理论的优越性并不仅仅因为其采取了马克思主义的立场，更重要的是他的综合视角，正是在后一个方面他提供了对资本主义变化有说服力的论证，因此在左派群体中产生了广泛的影响甚至在某种意义上直接成为左派文化研究的理论前提。德里克正是在哈维基础上来讨论"弹性生产"问题的，他强调了"弹性生产"正是以跨国公司为生力军的当代资本主义生产的基本特征，并且他相反地提出马克思主义的"政治弹性"（political flexibility）问题，并把中国的马克思主义作为分析当代世界的一个恰当的马克思式的范式。[2] 这是我在本书第六章将专门讨论的问题。

在这里，需要强调的是，从灵活性要求的角度看，"弹性生产"本身是资本生产的内在要求。马克思早就指出："资本按照自己的这种趋势，既要克服民族界限和民族偏见，又要克服把自然神化的现象，克服流传下来的、在一定界限内闭关自守满足于现在需要和重复旧有生产方式的状况。资本破坏了这一切并使之不断革命化，摧毁一切阻碍发展生产力、扩

---

① David Harvey，*The Condition of Postmodernity*：*An Enquiry into the Origins of Cultural Change*，Baisl Blackwell，1989.

② Arif Dirlik，*After the Revolution*：*Waking to Global Capitalism*，Hanover，NH：Wesleyan University Press，1994.

大需要、使生产多样化、利用和交换自然力量和精神力量的限制。"①当然，在这里重提马克思并不是为了证明他的先见，而是旨在强调，如果说马克思对于资本的批判同时预见了它的发展可能图景，那在今天的全球化过程中，马克思主义仍然构成了任何激进主义批判的绝对视域，德里克正是在这一意义上要求我们在今天正视马克思主义的批判。应该说，"弹性生产"只是资本生产不断"革命化"的结果，这其中既包括商品生产、流通的技术革命、管理革命，也包括资本主义为解放市场在宏观体制方面所进行的种种革命化试验——这些试验既包括卢卡奇在 20 世纪 20 年代就指证的对社会主义"计划"的吸收，也包括 70 年代以后主要资本主义国家在私有化和自由化问题上的同谋等。由此，我们将清晰地从资本主义有关经济和管理的文献中看到，贯穿 20 世纪资本主义的是"创新"口号——技术创新、组织创新、制度创新等。② 特别是在八九十年代，正如苏珊·斯特兰奇女士所总结的那样："市场、经营者以及制度之间的变化不仅频繁快速而且范围不断扩大。这些变化对体系的影响如此广泛以

---

① 《马克思恩格斯全集》，第 46 卷(上)，393 页，北京，人民出版社，1979。

② 事实上，制度创新极为深刻地反映了当代资本主义的复杂变化。但需要强调的是，这里的制度并非是指狭义的政治制度。在当代社会科学研究中，特别是新制度经济学的崛起，制度被广义理解为"游戏规则"，它包含了从最根本的市场、竞争到企业组织形式、管理手段等具体的形态以及意识形态、文化等内容。经济学家们强调，"制度是一系列被制定出来的规则、守法程度和行为的道德伦理规范，它旨在约束追求主体福利或效用最大化的个人行为"。([美]诺思：《经济史中的结构与变迁》，陈郁等译，225—226页，上海，上海三联书店，1994。)在这一视角中，制度创新恰恰是指以资本生产为核心的资本主义生产方式以及与之相适应的政治、社会体制甚至文化的全面变化。正是在这一视角中，我们才会深刻地理解当代资本主义管理前沿为什么会突出强调文化问题。

至于发生在十年间的所有故事都归结为不同的创新形式毫不过分。"①在理论上，著名经济学家熊彼特早在 30 年代就将企业家的精神定义为创新。在这个背景下，我们再来审视"弹性生产"这个术语，将有不同的发现。

我们已经指出，资本主义的灵活性(弹性)既来自工艺技术的革新、管理的创新，也来自资本主义宏观政策的调整等诸方面。事实上，我们要指出这几种因素中哪一种是核心恐怕是困难的，或许正是它们之间的复杂作用共同促进了资本主义生产方式在 20 世纪的崛起。② 肯定了这一点，我们便不难理解西方激进主义在对资本主义的批判上，为什么他们会深入技术的方面、管理的方面甚至文化的方面。因为，在成为资本主义控制的力量后，无论是技术还是管理，任何一个方面都不再具有其在知识学意义上的中立性。③ 因此，

①　[英]苏珊·斯特兰奇：《疯狂的金钱》，杨雪冬译，28 页，北京，中国社会科学出版社，2000。

②　按照传统的马克思主义研究，这样说恐怕是不行的。因为，它可能暗示作者采取了从阿尔都塞到后结构主义"矛盾多元决定论"的方法特征。而如果照搬马克思《资本论》的生产分析前提，在这里，必然会有人强调技术革命的首要性。这里需要指出的是，虽然强调技术革命没有理论上的错误，但显然也存在着对马克思较为严重的误解。因为，按照马克思从抽象到具体的方法提示，历史性研究最重要的是能够从一个抽象的理论框架进入具体，对具体本身的发展特征进行科学的分析。在这里，我们并非讨论资本生产的一般表现，而是需要解释为什么 20 世纪的资本主义能够获得较大的发展，从而显现出表面的"活力"，这就需要对 20 世纪的资本主义"解放资本生产力"的手段进行具体的剖析，而这一点恰恰不是一个技术问题，而是政治问题。事实上，从资本主义更早的历史经验我们也可以说明这一点，马克思的《资本论》也充分体现了这种研究的特点。

③　事实上，在马克思思想的早期阶段，他就曾批判圣西门学派，"它把工业唤起的力量同工业本身同工业给这种力量所提供的目前的生存条件混为一谈"。因此，马克思强调打破"工业力量借以活动的那种条件、那种金钱的锁链，并考察这种力量本身"。(《马克思恩格斯全集》，第 42 卷，259 页，北京，人民出版社，1979。)更值得注意的是，马克思从未批判过生产力本身，他强调的是对资本主义生产方式条件的批判。在这一意义上，对管理的批判也就意味着对资本主义生产方式的批判，因为这种条件使管理成为社会控制的工具，而不是真正成为社会进步和个体自由的工具。

对它的每一个方面的批判都是必要的。从激进主义历史看，技术革命在20世纪30年代就遭到了法兰克福学派的彻底批判，且这一批判取得了极为丰富的成果。不过，问题的复杂性在于，自从20世纪60年代左派"文化革命"之后，激进的批判本身已经成为资本主义在消化自己反对派时政策考虑的理论依据，如生态资本主义问题的提出。资本主义的制度创新在非常显著的水平上也包含了后现代批判思潮所提出理论要求。无疑，上述问题直接加剧了意识形态的复杂性。

在上述背景下，从生产方式的内在变化入手揭示资本主义的权力变化已经成为左派理论的迫切需要，在德里克的论述中，虽然没有很多的集中论述，但是散见于不同文献中的零碎分析却都抓住了那些常规研究不易察觉的问题。就他的理论旨趣而言，他专注于"弹性生产时代"的资本主义权力关系变化，下面我们分别从宏观和微观两个方面简要地讨论这个问题。

(二)跨国公司、新的国际劳动分工与资本主义的全球霸权

生产的跨国化是20世纪80年代之后资本主义变化极其显著的现象，虽然它的实际历史从19世纪下半叶就开始了。新型的生产跨国化不仅仅在规模、水平上较之过去有很大的差异，而且方式上更是如此。因此，无论是直接投资还是地区(或跨地区)的经济一体化，都产生了复杂的影响。从总体上看，无论是自由主义还是马克思主义，都接受这样的结论："全球资本市场不仅规模宏大，而且整合力量恢宏，将创造强

大的单一市场，使得各国市场失去本身的特性，而不得不融入全球市场中。"①因此，经济学家们普遍地把这一市场称为"无缝市场"，而自由主义者布赖恩（Lowell Bryan）等则把它称为"无疆界市场"（market unbound）。不过，无论怎样称呼它，它都接近于马克思在 19 世纪中期就预言的"世界市场"。而其实质则反映了马克思在《共产党宣言》中所强调的塑造"一个拥有统一的政府、统一的法律、统一的民族阶级利益和统一的关税的国家"的资本主义冲动，这一点无论在欧盟实践还是国际经济一体化理论中都有充分的表现。故而，德里克强调，虽然在全球化背景下，人们已经以"过时"为借口开始抛弃马克思，但恰恰在此时，资本主义社会的现实同马克思在一个半世纪之前《共产党宣言》中所预言的最为相似。②

从"无疆界市场"的视角看，当前的全球市场也就是一种"无条件的资本主义"（capitalism unconditioned），即不受民族国家限制的资本主义。这一进程是如何实践的呢？前面在讨论全球资本主义时，我们已经介绍了德里克这一方面的观点，归结为一点，就是跨国公司与"新的国际劳动分工"。这个问题已经成为国际学术的重镇，20 世纪 80 年代以来，已经积累了丰富的资料。就德里克而言，作为一名历史学家对这个问题的重视是毋庸置疑的，只不过他没有自己的实证研究，而直接采取了弗罗贝尔、哈维、卡斯泰尔斯、华勒斯坦等人的研究成果，但在具体

---

① ［美］洛威尔·布赖恩、黛安娜·法雷尔：《无疆界市场》，汪仲译，4 页，上海，上海人民出版社，1999。

② Arif Dirlik, *After the Revolution：Waking to Global Capitalism*，Hanover，NH：Wesleyan University Press，1994，p. 76.

表达自己的意见时，无疑他也提供了一些其他人达不到的深度见解，在这里，我们简要地分析下述四个问题。

首先，跨国公司是与全球资本主义权力中心实践一致的。德里克认为，"资本的全球化过程撕裂了民族国家的边界线，削弱了民族国家的经济主权，并使资本主义从作为发展单位的民族国家中抽离出来。新的全球性经济的最重要单位就是跨国公司"。因此，它一方面作为资本生产组织变化的原动力；另一方面也是组织变化的关键的试验地。在这一意义上，资本生产的跨国化是资本主义弹性生产的核心方面，只有通过跨国公司，资本主义才能够摆脱民族国家的控制从而实现在全球范围内的流动。从表面上看，跨国公司"不带有从中发展起来的那个国家的任何特殊印记"，但是，实质上"并不像其表面上所显示出的那样无家可归，因为它们的权力在某些措施上依赖国家行为；最强有力的公司恰恰是那些与世界体系的核心国家相认同的公司"。① 这就回答了跨国公司为什么不忠于任何一个民族国家，但它却总是与发达资本主义国家的全球政策发展共谋这一现象。事实上，跨国公司本身代表着纯粹的资本主义实践，因此它所引起的"新的国际劳动分工"总是有利于发达资本主义国家的，关于这一点，无论是国际组织还是不同论域的学者都通过自己的研究提供了大量的案例和理论，因此这里不再重复。需要说明的是，在理论上，这一观点带来的实际影响是，在解决"文化帝国主义"问题时，以迪士尼、麦当劳、可口可乐等为代表的"帝国主义文化"对第三世界的侵略就不再是"美帝国主义"一个国家的行为，而是资本世界对非资

---

① ［美］德里克：《后革命氛围》，王宁等译，18页，北京，中国社会科学出版社，1999。

本世界、强大的资本（用经济语言来讲就是所谓"相对优势"）对相对弱势的资本的剥削。这样看来，德里克实际解决了当前左派理论的一个困惑问题，即"帝国主义在哪里？"遗憾的是，我们并没有见到德里克在这个问题上的深入研究。

其次，跨国公司的弹性生产策略增强了资本主义的适应性也模糊了它的霸权。关于跨国公司的弹性生产，德里克在《革命之后》一书中十分精彩地引用了一个关于"游击营销"（guerilla marketing）的案例，强调这种策略使跨国公司作为一个组织获得了弹性。关于这种弹性，事实上，我们无论是从大量的在流行语境中被称为"成功企业"还是"全球 500 强"的案例中都可以读到，它也实际地成为"跨国经营""跨文化市场营销"或"跨国企业管理"等经济管理核心课程的主导战略，而它的原则便是"标准化"加"地方化"。关于这一方面的内容，随手可以抓一本此类教材读到，故我们不再赘言。当德里克强调"全球性地思考，地方化行动"成为跨国公司的口号时，"营销策略中对地方的关注并不意味着真正承认地方自治权，而只是打算用全球性强制来吞并地方的独特性"。这一点与跨国公司发展的初始动力是一致的，美国学者理查德·J. 巴纳特（Rich-ard J. Barnet）等人指出，跨国公司是第一个由男人（或少数女人）从全球的角度进行思考和策划的长期性机构，以文化学方式描绘出它的实质冲动。[①] 不过，在流行的观念中，由于跨国公司对地方性（政治、法律、文化环境）的尊重似乎强化了后现代的"差异"立场，而实际上使它内含

---

① 参见[美]理查德·J. 巴纳特等：《跨国企业与世界新秩序》，彭志华等译，海口，海南出版社，1999。

的全球化同质化企图神秘化了。为此，德里克强调，全球主义的计划一边承认差异一边却进一步试图抹杀它们，这实际上暴露了它与早先现代化话语的连续性。在这一点，德里克对于文化多元主义和流行的国际主义有着极高的警惕，并贯穿到他对当代意识形态的批判之中。

再次，跨国公司加强了作为“总体性”的全球资本主义霸权。资本发展的新道路穿越国家界线并侵犯国家经济主权，这使得原来那种国家市场或民族经济单位的概念变得名不符实，民族经济的破裂从内部削弱了国家主权。同样的，超国家调节的必要性改变了民族国家的功能，使之在更大的区域或全球性的范围内进行合并。在当代，集中化与散裂这一并行的事实并非是理论上的悖论，它恰恰指证了一个重大事实：左派学者们所谓资本主义的“解组”或“无组织化”(disorganized)问题，如斯科特·拉什(Scott Lash)、约翰·厄里(John Urry)和克劳斯·奥菲(Claus Offe)等,[①]并不意味着资本主义的终结，而是它的“重组”(reorganized)或“重构”(reconstructed)，它的目的在于“使社会存在和社会意识分裂，以便按照一种全球资本主义的图景全球性地重建社会”，而结果则是作为“总体性”(totality)的资本权力加强了。在这一背景下，德里克强调，如果不坚持总体性，不坚持阶级分析的首要性，我们就不足以测度当下资本主义的权力实质。他说：“对总体性的拒绝忽略了我们必须面对的一个基本矛盾，即如何看待当代激进主义，如何在控制和压迫力量在其所在地

---

① 参见[英]斯科特·拉什、约翰·厄里：《组织化资本主义的终结》，征庚圣等译，南京，江苏人民出版社，2001。Claus Offe, *Disorganized Capitalism*: *Contemporary Transformations of Work and Politics*, Cambridge: the MIT Press, 1985.

和实施处都相当总体化的情况下，提出非总体化的解决方案。"①在这种认识支持下，他关于地域的认识也绝非仅仅代表着某种"非资本主义的飞地"，而是在全球结构中一个具体的总体本身，这是其为什么最后要求深入日常生活的根本原因。关于这个问题，我在其地域方法论中将详细讨论。

最后，关于跨国公司与新型权力的问题。在这个问题上，德里克没有展开论述，但应该也是其理论的一个要点，因为对于当代资本主义的批判必须从其新型权力入手是他的一个基本思想。在这里，我们扼要地汇总他提及的一些要点：首先，跨国公司的营销战略要求其作为一个组织必须具备弹性，从而加强了其组织自身的控制力；其次，跨国公司扩张以水平蔓延取代了垂直整合，它成为全球化的直接推动力量，它削弱了第三世界国家保护当地经济的能力；再次，跨国公司使财富更加集中；最后，跨国公司提高了资本家对工人的谈判能力。这些要点，归纳起来就是：在跨国公司的支配下，资本主义成为全球经济甚至政治文化的主导力量，它是全球不平等和新的两极分化的来源。这个思想是德里克对全球资本主义批判的基本前提，也是其他左派力量的共同依赖。由于对劳动者的影响在国内可能是较新的话题，在这里，我们用其他经济学家的研究作为必要补充。按罗德瑞克（Dani Rodrik）的研究，"贸易和投资的减少加重了能够跨越国际边界的社会群体（不管是直接还是间接，如部件外包）与不能跨越国界的群体之间的不对称"。也就是说，不同国家间的工人更易于互相替代。它集中表现在以下三个方面：工人现在必

①　参见《弹性生产时代的马克思主义》，见俞可平等编：《全球化的悖论》，北京，中央编译出版社，1998。该文是《革命之后》第一章的主体部分。值得一提的是，在哲学意义上，"总体性"本身和"抽象"也是联系在一起的。

须承担更大部分改进工作条件和津贴的成本；作为对劳动需求和劳动生产率冲击的反应，他们必须承受报酬和工作时间上更大的不稳定性；工人的讨价还价能力减弱，因此只要讨价还价是决定雇用条件的一个因素，工人们就只能获得更低的成本和津贴。[①] 另一方面，在新的国际劳动分工中，由于第三世界不同群体的复杂卷入，第三世界的社会阶层也呈现出复杂的阶级属性，例如，活跃于全球经济的第三世界人士（跨国公司的地区经理、代理人、高级职工等），他们不再仅仅是服务于欧美事业的“买办”，由于跨国公司（以及其他全球机构）为取得更高的世界效率，它们试图将管理、员工“国际化”所造成的新权力逐步使这些群体直接成为跨国资产阶级的一部分。正是这一原因，德里克要求从总体性和阶级分析的角度来分析全球资本主义的霸权。

（三）资本生产的后现代化及其控制实质

如果把跨国公司的实践对于全球资本主义的影响视为宏观方面的研究，那从它的内部操作即微观方面进一步指认当代资本主义的变化也是一个必不可少的方面。在《生产的后现代化及其组织：弹性生产，工作和文化》这一文本中，德里克从资本生产和管理的后现代转向事实入手，为我们提供了这一方面的研究。我个人认为，这是一项非常重要的实证研究，与非常鲜明地强调对于资本主义的批判相比，它不是抽象的从理论到理论（我从导弹系统角度称之为“空对空”战略），而

---

① 参见［美］丹尼·罗德瑞克：《全球化走得太远了吗？》，熊贤良等译，5 页，北京，北京出版社，2000。

是必须把理论落实到经验研究之中（"空对地"战略），我们过去对资本主义的批判一直偏爱理论，但在现实中总不着落脚点，因此这种批判总是不够吸引人。遗憾的是不知为什么德里克中文版文集没有选择这一文献。

从资本主义企业的管理实践与管理理论的历史看，管理的实质是组织控制，而生产的组织变化则必然带来资本主义整个控制方式的变化。因此，对资本主义管理原则、操作方式的变迁的研究能够从微观上捕获资本主义控制手段的变化和意义。事实上，这个问题一直贯穿于左派对资本主义的批判之中，从列宁在20世纪初对"泰罗制"（即我们前面讨论到的"福特制"）的批判，到法兰克福学派对"被管理的世界"的批判无不反映了这个问题的重要性。不过，在当前，我们面临的任务可能更为复杂一些，上文对弹性生产的概要说明已经强调了，资本主义在自身变化过程中已经充分吸收了包括社会主义对资本主义的挑战和批判理论家对资本主义微观批判两个方面的内容，因此，批判的思路不能简单地继续停留在早先的研究上。德里克十分准确地抓住了这一点，他正是看到了资本主义管理变化对"后现代主义"批判的充分借鉴，才提出如果简单地从这一事实出发来肯定资本主义或继续把"后现代主义"的差异立场视为解放的基础，必然会与资产阶级意识形态共谋。

德里克强调，文化问题只不过是生产叙事所呈现的现象，文化变迁与经济、社会、政治变迁之间是一致的。因此，资本主义管理操作面对的文化问题和配置文化以克服结构问题的风格，在文化和当前世界的政治经济之间的关系这个更加一般和有争议的问题上，给我们提供了一个更加具体的理解入口。① 也就是说，德里克坚持从生产方式变化来理解文化，同时反过来又从文化角度对生产方式变化进行透视，从而也解构文化与生产方式之间的固定模式。② 正是基于这一立场，他反对简单地将文化视为当下问题的解决方案，从而形成了与詹明信、伊格尔顿等人较为一致的抵抗立场。

在德里克的理论运作中，他从当前文化研究中极少注意的一个重要问题入手："在当代资本主义管理中作为一个瞬间的文化与那些和后现代术语有关的认识论姿态之间的关系。"在此基础上，他要达到两个目的：一是引起人对"地方文化部署"的注意，它在塑造日常生活及其文化中有着"战略性的重要性"；另一个是基于管理中的文化问题（文化被配置用来克服管理中的物质性问题），对管理中的后现代主义认识和当代权力关系进行批评性估价。③ 在论述中，他试图从资本主义生产条件变化与其管理要求互动关系中透视后现代主义组织理论崛起的政治意义，紧扣资本生产组织所内含的权力关系揭示了它的弹性声称实质。

首先，在管理和组织研究中，文化作为一个问题的出现意味资本主

---

① Arif Dirlik, *The Postcolonial Aura*: *Third World Criticism in the Age of Global Capitalism*, Boulder, Colo.: Westview Press, 1997, p. 186.

② 按照解构论者的立场，解构本身是面对特定的历史解释模式的，如历史决定论、目的论、主体性等，他们认为，这些模式将历史本身解释为按照一种固定方式发展的从而限制了历史发展的可能性。在德里克的理论中，也有解构主义的方法论背景，我们这里说他解构了文化与生产方式之间的固定模式，一方面旨在肯定他对后殖民论的批判，后者简单地抛弃了马克思主义的经济与文化之间关系的结论；另一方面也强调，他本人从这个问题入手，带来了对当前经济与文化之间关系的重新理解。关于这个问题，参见本书第四章第二节、第五章第一节。

③ Arif Dirlik, *The Postcolonial Aura*: *Third World Criticism in the Age of Global Capitalism*, Boulder, Colo.: Westview Press, 1997, pp. 186-187.

义生产条件的变化。

管理研究表明，文化作为管理活动的一个问题和基本对象的出现，它同突然出现的全球资本主义所造成的结构和文化问题有着密切的联系。技术使它得以可能，而它同时使管理和工作的概念都"革命化"了。以"公司文化"为核心的这个管理革命，虽然不同的人对它的意义有着不同的理解，对它的内涵也有着不同的解释，但它无疑和 20 世纪的管理变迁保持一致。按照大多数管理研究者和管理咨询机构、专家的说法，这意味着"新一代管理"的兴起，例如，查尔斯·M. 萨维奇从计算机技术变化的视角为我们指证了这种管理要求与资本生产的组织结构变化之间的关系。[①] 德里克认为，资本主义的组织转型是对其商品生产方式的反应，正如 19 世纪末"批量生产"的要求塑造了"现代主义"，当前的柔性组织形式是对新的要求的反应。[②] 也就是说，不是文化直接推动了组织的转型，而是文化适应了组织转型的需要，这就极为重要地指证文化问题出现的实质。这一点对于评价组织理论中后现代主义立场的意义重大。

在组织理论中，应该说文化问题在 20 世纪六七十年代就引起人们的注意，但是文化真正成为管理的重要问题的出现，却是 80 年代的事情。前面我们在"弹性生产"概述中已经强调，跨国公司实践对管理问题的挑战。正是这一背景，美国才似乎突如其来地把日本称为自己的老

---

① 参见［美］查尔斯·M. 萨维奇：《第 5 代管理》，谢强华等译，7 章，珠海，珠海出版社，1998。

② Arif Dirlik, *The Postcolonial Aura：Third World Criticism in the Age of Global Capitalism*，Boulder，Colo.：Westview Press，1997，p.189.

师。正如著名的《公司文化》的作者阿伦·肯尼迪和特化斯·迪尔所指出的那样，环境的复杂性、变化的加速以及竞争十分剧烈并变得越来越全球化，迫切要求组织的变革，管理者将这种变革落实到文化上。① 德里克虽然没有直接提出这个背景，但是他所把握的问题却是紧扣这个中心的。例如，德里克抓住《追求卓越》(*In Search of Excellence*，该书有不同的中译本)这本管理文化研究的名著，以它为例进行讨论。事实上，这本书以"美国最佳经营企业的经验"批评了60年代以来居统治地位的"理性主义"管理方式，正是它为后现代主义进驻管理学领域打开了阀门。因此，德里克强调它的出现本身只不过是全球或跨国资本主义在管理分析家们意识中的一种反映。这一观点是极为准确而深刻的。

对于当前种种新的管理实验，德里克道：第一，新公司需要面对不断变化的条件解决有效的速度，这意味着限制变化的结构和科层障碍必须破除，因此非结构化组织更为适应"无序"(disorder，这个术语与"非组织化""非中心化"等术语一样指称了资本结构的变化)；第二，公司作为单位的能力比在稳定环境更为重要，与"科层制能够更好地成就团结"的早期假设相反的新实验，通过允许极大的主动性让工人拥有组织的成员感来获得他们自愿的顺从；第三，组织最好的运行是开放的，这将带来高层管理者与工人之间的紧密团结。② 这也正是管理学家自己的陈词，德里克以此作为评论后现代主义组织研究的基点。

---

① 参见[美]阿伦·肯尼迪、特化斯·迪尔：《公司文化》，印国有等译，214—215页，北京，生活·读书·新知三联书店，1989。

② Arif Dirlik, *The Postcolonial Aura：Third World Criticism in the Age of Global Capitalism*, Boulder, Colo.：Westview Press, 1997, p. 198.

其次，当代管理中文化革命的实质是权力控制。

资本主义管理革命几乎贯穿 20 世纪始终，它的后果也是极为复杂的。德里克并没有描述这个历史，但他从当下的管理文献中洞察了目前新管理实验的核心内容——权力控制问题。事实上，组织不仅是资本的生产得以实现的基本单元，而且是资本本身实现对社会控制的基本单元，因此组织中的权力问题是一个核心问题。问题是，当代管理中的文化研究是解除了组织中的权力还是加强了权力？这个问题具有十分重要的意义。在新的管理实验中，分析家们提出的最高目标是"没有工作的工作""没有管理者的管理""没有资本家的资本"，但这是否就是控制的解除而使人们在工作中得到真正的解放？德里克指出，"合作文化"的目的在于控制，这一点在管理文献中也不可回避。①

我无须强调工作及其组织对日常生活和文化产生着巨大的影响。但是新的"工作"概念及实现其操作重组的必要性不仅塑造着人们活动的社区而且影响着个人与集体的身份。在当前的实验中，德里克至少强调了以下后果：

_____

① 即使他不强调，我们也可以在当下流行的管理学经典著作中直接读到。事实上，在管理学发展史上，虽然提法可能有差异，但到目前为止，"计划、组织、控制、指挥"都是其管理的核心要素，这一控制既是对物流的控制，更是对人力资源的控制。在这里，我们引用一本已经译为中文的管理学专著以佐证德里克对当前的评论。在自称为"后管理宣言"的那本《无治而治》中，在论及后管理公司的资本主义改革时，作者直接使用了操纵式的语言，他强调："简化操作""超级领导"，而非公司老板""通过文化和热情的力量来控制""通过信息技术进行控制"，这些措施在当代是具有有效性的，而目标本身则是零叛离文化和终生消费者，也即不仅使员工成为最忠实的成员，而且一劳永逸地获得顾客的忠诚。该书作者强调，在"没有管理者的管理"设想中，这种不靠管理运行的公司将具有很强的领导力和有效的控制力，而且比它的前身更有资本主义特色。（参见［英］理查德·科克等：《无治而治》，张勇译，196 页，北京，外文出版社，1999。）

第一，由于加强了管理权力，管理“革命”使得财富从多数人流向资本拥有者和管理者的巨大转变成为可能。因此，我们能够观察到财富已经集中到20％的人手中。这个结果也是一般研究的结论。例如，相关国际组织早就指出全球不到20％的人消费了全球83％左右的资源，而其余80％的人则拥有17％的资源，在《全球化陷阱》一书中，汉斯-彼得·马丁等也直接强调了所谓“20/80社会”或“五分之一社会”的格局。

第二，所谓无组织或非组织化管理似乎解除了资本的控制，“但是拆除现代经济、社会和政治组织形式——它们自己就是资本主义早期阶段的产物——并非试图解散资本主义，而是承认进一步的全球性的社会再建构与资本主义生产关系的一致性”。资本主义改变它们是因为其在新技术打开资本主义新的可能性时成为一种障碍。这一点可以从20世纪管理变迁的历史中直接得到经验的证明。

第三，“改制”或“业务重整”①导致经济、政治和社会权力转向法人统治阶级的巨大转变，这导致连这一现状的辩护者也抱怨的“富人反对穷人的阶级斗争”。在公司内部，业务重整已使高层管理权力增长，同时击退了一个世纪以来的劳动权利要求。因新技术而成为可能的工作的消减产生的偶然性和不确定性深入了工人们的生活方式，同时强化了对劳动者的要求和对劳动过程的控制。

第四，公司文化成为管理的热点，它带来的是更为深刻的心理操纵。文化灌输已经成为“业务重整”的基本手段，它的目标是“受过良好

---

① “改制”或“业务重整”，英文是 re-engineering，在20世纪90年代中，它是西方一种时髦的管理模式，指将组织内的各个单独业务过程重新系统地整合，以削减成本。它通过推翻过去分散的部门职能来实现，因此加强了高层管理的权力。

教育的员工和有教养的员工"。这种员工的基本标志是有能力和愿意"彻底改造"自我以适应组织需要。因此，这种业务重整使工人对工作性质的变化产生良好的和积极的态度，但实质上创造了在生理和心理上新形式的剥夺。在管理学文献中关于公司结构的讨论，大多数都是用操纵的语言进行灌输，这一点充分说明了当代资本主义管理战略已经转移到更为深层的心理机制方面。

总之，管理革命的后果是，"弹性生产代表着管理权力的扩张，与此同时劳动者进一步对他/她的工作、生活失去控制"，这场以结束劳资战争为目标的管理革命最终还是资本扩大自身权力的游戏，它为资本主义重组全球关系形成新的霸权提供了必要的技术准备。

最后，后现代主义组织研究忽视了物质环境，它们对组织的资本主义性质保持沉默，这是一种意识形态的沉默。①

在组织研究中，后现代主义"以地方性名义反对普遍理性，强调文化超越工具理性，以多元文化的名义批判欧洲中心主义，提升偶然性超越目的论，非稳定性研究，批判本质和主体性暗示，提倡弹性和彻底改造工作，坚持管理是一种公司与工人之间的协商对话，文化在塑造组织中扮演十分重要的自动角色"，不仅产生了组织研究中的后现代学派，以及后现代主义的组织理论，而且产生了对组织研究感兴趣的后现代主义。一句话，不管后现代主义概念如何暧昧和复杂，它已经渗透到文化分析的多个方面，德里克认为管理学文献在术语上与后现代的一致并非

---

① Arif Dirlik，*The Postcolonial Aura：Third World Criticism in the Age of Global Capitalism*，Boulder，Colo.：Westview Press，1997，p. 201。

偶然，因为资本主义的新发展可能成为后现代性的触发器。组织研究与后现代主义发生了共谋，有资格的后现代主义出现在组织研究中，它认识到自己受惠于文化研究的后现代主义，他们引用德鲁兹、加瓜蒂、德里达、福柯、利奥塔等人的著作，甚至吉尔兹、克利福德等文化人类学者的著作，而反对尼采这样的现代主义思想家。然而，虽然后现代主义自称是现代性（资本主义）的批判者，这一点在于它在组织研究中忽视了上述问题，因此"权利声称"最后变成了"帮凶"，所以德里克说，后现代主义是资本主义的自我批评，而非对资本主义的拒绝。

第一，在组织问题中，组织的性质是不是资本主义的？这对于后现代主义来说是一个至关重要的问题，因为后现代主义是以对现代性的批判而登上历史舞台的。在 20 世纪 90 年代，管理中的后现代主义兴起，它提出了对现代主义管理方式的反思，这种反思是否意味着它开始否定自己。答案是明确的，资本主义并没有因为社会主义的死亡和劳工运动的减弱而认为已经克服了其自身问题，资本不断创造着它自身的问题。无论如何，当今的管理实验不是从外部挑战获得它们的资源的，即没有外部挑战，这种管理实验也会发生，因为资源就在于资本主义的动力。① 这样看来，当代管理的变化只不过是其自身历史变化的一种延续，它将形成新形式的权力关系。

第二，关于后现代主义文化自主性的声称。后现代主义的代表性转向就是对较早一些唯物主义关于文化研究不能忽视现实这个主张的挑

---

① Arif Dirlik, *The Postcolonial Aura：Third World Criticism in the Age of Global Capitalism*, Boulder, Colo.：Westview Press, 1997, p. 204.

战，他们主张我们对世界的理解并非直接的，而是通过我们自己的再现从而是中介的。德里克强调，我们时代的问题并不在于文化是否是被决定的，而是同权力要求相一致的文化系统工程。资本生产将文化纳入其过程之中，它假设了文化的自主性，因此，它的操作与物质环境无关。这个问题发生在消费领域、生产领域和其他社会的每一组织中，成为资本主义总体控制的一个方面。在这种条件下，无论是妇女还是种族解放，都不可避免地需要参照处于变化中的政治经济新格局，这种新格局维持着现代主义的目标，但它寻求以新的不同的方式来完成它。后现代主义在抽象的认识论基础上批评对这种新格局的参照，它们否认自身的条件，从而也分不清批评与权力的合法性。

第三，对现代主义元叙事（meta-narative）的怀疑问题。后现代主义拒绝理性主义的管理方式，所以，后现代组织理论家不仅很少疑虑地拒绝"现代主义"的组织概念，而且，他们以这样的方式继续描述"现代主义"理论：它的适当性超越了过去、现在和将来。也就是说，这是另外一种组织的"元叙事"。这导致的结果是，历史不再在评价现代主义和后现代主义组织概念的环境中起任何作用。① 由于后现代主义本身以否定现代性身份出场，在指证现代性的某些不足方面，它获得了人们的同情和认同，不过与此同时，它却试图以某种与当代资本主义权力关系发生共谋的"元叙事"替代现代性叙事，以此作为未来声称的前提。因此，它不仅不能获得真正的解放，相反，却毫无疑问地成为权力的

---

① Arif Dirlik，*The Postcolonial Aura：Third World Criticism in the Age of Global Capitalism*，Boulder，Colo.：Westview Press，1997，p. 202.

帮凶。

总之，在德里克看来，后现代主义自己的"偶然性"和"非主体的"元叙事导致它不仅是"晚期资本主义的文化逻辑"，而且是当代权力关系的神秘主义形式。在组织理论中后现代主义的用法提供了这种神秘形式的惊人例证。所以说，后现代主义组织理论在它与实践中资本的真实运作发生共谋的意义上似乎才是有道理的。另外一个方面，虽然后现代主义在与其物质条件的分离、使压迫局部化、诉诸偶然性、讽喻化等方面是一种"致命的娱乐"，但也使我们洞见当代生活的新型问题成为可能。① 这便是，资本主义有着自己的历史，它过去发生过变化，现在正处于另一种历史变化中。我们必须把握这种变化。

从德里克的讨论看，他的理论目的很明显，就是需要对资本主义最新的生产方式进行批判，并具体地落实到作为前沿的管理方面。就德里克而言，他对于管理中的后现代主义问题的研究还只是一个引子，用他自己的话来说，他希望自己有关组织文化问题的见解能够具有足够的煽动性，从而激起更有成效和更加彻底的研究，这一点对于我们这个时代的知识分子特别是激进主义立场或左派知识分子是至关重要的。② 对于当下的中国来说，德里克对管理的批判或许是一种不合时宜的思想，但是，这却是我们开始遭遇的真实问题。这正是全球化复杂的地方。或许另一句多余的话是，从德里克的讨论来看，他至少提示了我们，在当代对资本主义的批判为什么不是批判葛朗台，也不是批判洛克菲勒，而是

---

① Arif Dirlik，*The Postcolonial Aura：Third World Criticism in the Age of Global Capitalism*，Boulder，Colo.：Westview Press，1997，p. 211.

② Ibid.，p. 191.

批判比尔·盖茨，因为后者代表着最先进的资本主义，也是最具有隐蔽性的资本主义。

三、全球资本主义的霸权与新的话语实践

全球资本主义的形成确实带来了新形式的权力关系，这是对左派实践的挑战。对于德里克来说，如果左派不能充分认识这种权力关系，那么将会陷入"精神缺乏和意识形态的无知"中。因此，指认当前剥削、压迫或其他的边缘化形式对于当前左派实践具有至关重要的意义。在另一个方面，当代资本主义全球化实践所带来的问题，也提出了我们对历史的新理解问题，在德里克看来，如何从全球化角度提出新的历史认识论对于认识未来的可能性也是至关重要的。

(一)全球资本主义霸权形式

对于全球资本主义霸权形式的认识确实已经构成国际左派的理论焦点，但是总体上说，由于不少左派学者实际地"感染"了后现代风格，特别是在后结构主义及其变种后殖民主义逐步成为一种文化研究的时尚之际，对资本主义霸权的认识变成了某种文字游戏。德里克并不赞成这种做法，从上面对组织研究中的后现代主义思潮批判来看，他实际上认为后现代主义并不能提供对当代霸权有效测度的理论。他强调："如果不考虑一种广泛的总体性，那么对于差异的强调在以下两种情况下都是无意义的：一是强调一种社会群体而丢弃其他的社会群体；二是强调一个

地域而忽略其他的地域。"①也就是说他坚持一种"总体性"观点实际地反对后现代的激进诉求，在这一点上，他与凯尔纳等人采取了一致的立场，凯尔纳从总体上批判后现代立场，"无论是他对差异的过分颂扬，还是对增殖语言游戏、艺术作品、知识等事物的强烈欲求，都复制了资本主义的扑朔迷离的、片断化的基本趋势，并且，由于他强调游戏并拒绝给特定话语以特权，因而也就丧失了提出一种批判立场的可能性"。②在德里克看来，由于在某种意义上，对差异的强调是为了避开资本主义面临的问题而设计的，因此指望用它来分析出资本主义霸权只能是一厢情愿、自相矛盾的幼稚想法。

那么，我们如何从总体上来分析全球资本主义的霸权呢？德里克在不同的地方、在不同的层次上提出一些具体的策略，概括起来，我们可能发现在其中贯穿着以下三个核心原则。

首先，从"总体性思考、具体性入手"。在分析全球与地方的关系时，他强调："如果地方不以全球为参照便无从设想，当然也可以说全球离开地方也无法存在。"③

其次，坚持历史之连续与非连续的辩证法。在讨论欧洲中心主义这样的问题时，他强调："不参照过去五个世纪以来产生的欧美权力结构，就无法理解作为一种历史现象的欧洲中心主义。正是欧美权力结构产生

---

① Arif Dirlik，*After the Revolution：Waking to Global Capitalism*，Hanover，NH：Wesleyan University Press，1994，p. 78.

② 参见[美]道格拉斯·凯尔纳等：《后现代理论：批判性的质疑》，张志斌译，360页，北京，中央编译出版社，2000。

③ [美]德里克：《后革命氛围》，王宁等译，45页，北京，中国社会科学出版社，1999。

了欧洲中心主义，把它的影响全球化，并把它在历史意义上声称拥有的所有权普遍化。"①另外，他同时要求把历史的断裂提升到历史认识论的前台，例如，提出从全球化角度重新理解历史的问题。

最后，坚持经济分析与文化分析相结合。这一点我们将在其历史认识论中做出专门讨论。

正是在上述视角上，德里克要求把全球作为一种新的权力构型进行分析。他举证卡斯泰尔斯的研究，强调他的网络社会分析为分析全球资本主义提供了一种基本范式，这种范式"能够把当代变化与过去的遗产、明显的权力集中与最终无权控制全球经济不稳定性、全球化与地方化及民族国家的持续重要性以及早先坚持的世界绘图与其重新构造结合起来"②。正是从这种矛盾入手，德里克强调了全球资本主义当前权力结构的以下特征。

首先，阶级关系的全球变化。德里克认为，以跨国公司为主导的全球化所推动的全球资本主义的形成，它意味着全球的同质化，将资本主义的历史霸权扩散到全球，使之成为一种全球抽象。这一点上文已经强调，与这个特点一致的是，"阶级范畴对所有社会分析范畴都产生了影响。因为它的重要性不是作为具体的社会实体，而是作为抽象的理性范畴体现出来的。阶级以某种方式使得对资本主义的理性批判成为可能，而其他与之竞争的概念则做不到"。因此，他重申在全球资本主义条件下，"资本已经从地域的限制中解放出来、真正成了全球性的，这个时

① ［美］德里克：《后革命氛围》，王宁等译，160页，北京，中国社会科学出版社，1999。

② 同上书，21页。

候阶级比以往任何时候都更真实地成为跨国的"①，它将使强调斯克莱尔在《全球体系社会学》中所坚持的"跨国资本家阶级"和"跨国无产阶级"的二分成为一种现实。② 例如，传统研究中所指认出的第三世界"买办"，由于其直接成为跨国公司霸权集团中的一员（不是过去的代理）而失去"买办"特征，也就是说成为跨国资产阶级的一员。这是德里克为什么说后殖民知识分子问题不是"买办"问题而是阶级问题的原因。在这种复杂的阶级状况中，从根本上来说，一种解放政治的诉求必然是以经济和政治的解放为前提的，也就是说，在全球资本主义条件下，阶级压迫仍然是其核心的方面。这样，我们可以说，阶级压迫问题仍然是霸权的首要方面，它之所以是后殖民的，只不过是与早期的民族国家内发生的阶级压迫不一样，目前是全球资产阶级反对全球无产阶级的斗争。

其次，地域的边缘化。在当代左派理论中，霸权与边缘化是同时发生的。在全球角度上，与全球资本主义扩张对立的便是地域的边缘化。在德里克等人看来，地域是主体位置的条件，这个条件不仅仅意味着地域历史的特殊性，更重要的是它在当代全球权力关系中的特征。因此，关于地域的讨论必须在其与全球的辩证关系中以整体视角进行分析。当德里克基于"整体性抱负"对社会权力的具体形式进行分析时，一方面，他强调霸权的整体性，如以阶级为核心的全球对地方的压迫；另一方

---

① Arif Dirlik，*After the Revolution：Waking to Global Capitalism*，Hanover，NH：Wesleyan University Press，1994，p. 76.

② 斯克莱尔认为跨国资产阶级包括如下人员组成的群体：（1）跨国公司的董事长及董事会成员；（2）全球化了的国家官吏；（3）资本家指使的政客与专业化人员；（4）消费至上主义的名流精英（批发商人和消费品宣传者）。Sklair，*Sociology of the Global System*，London：Prentice Hall，1995.

面，他也诉求不同的地域形式，强调地域"是我们用以思考社会关系或构想这些社会关系的范畴。作为社会关系的特殊混合物，它相应地生出一套特定结构来赋予阶级、性别、种族及地域自身等范畴中所代表的社会关系以具体意义。这种现象在如下情形中显得越发不可避免：首先，当全球资本主义背景下的地域产生（以一种或者创造或者毁坏的方式）转变为一种生存条件时；其次，当对这种状况的不满促使我们对那种存在于与地域相脱离的概念中的霸权主义含义进行质疑时"。他质问道："若与地域无关，阶级如何想象？还有性别、种族呢？……若没有范畴的普遍意义，我们将如何面对所表述的不平等呢？更勿论解决这些不平等性了。"①因此，他将地域视为对全球资本主义进行抵抗的政治场所，在这个场所，霸权直接体现为第三世界的进一步边缘化或者第三世界随着跨国公司的运用而被纳入资本控制之中的过程。

再次，霸权也指在第一世界内部不平等的诸形式。正如其他左派学者指出的那样，在当今社会，边缘化不仅发生在地理空间的意义上，也发生在任何一个社会的内部。事实上，在资本生产的主宰下，第一世界内部仍然存在着阶级、性别、种族以及生态等复杂问题。

最后，和整个资本主义转型一致的是，在资本生产的弹性化和跨国化等变化中，资本的统治也摆脱了其早期的直接控制的形式，而采取了更加隐蔽化的形式。在这一意义上，霸权或"后殖民性"是指压迫和不平等形式的变化，其突出的特点是，将直接控制转变为大众文化和消费主

—————————

① ［美］德里克：《后革命氛围》，王宁等译，46—47页，北京，中国社会科学出版社，1999。

义理念的灌输，如罗兰·巴特所言，中产阶级获得了匿名性质，"他们扩张了，而他们的起源却轻易地遗失了"，"中产阶级将世界的现实转变为世界的意象"。① 正如一项调查所指出的，当今世界形成了"被封锁的社会"。② 德里克用哈贝马斯的语言"生活世界的殖民化"来指称。在这一点上，虽然德里克采取的研究方法与后学研究有着很大的不同，但在论述对象上却是完全一致的。

综上所述，在资本主义社会，"社会和经济的实际上的不平等，这不仅是过去留下的东西，同时也是新的发展的产物"。过去的不平等，从资本主义的内部剥夺和控制到世界范围的掠夺都已经发生过，全球化"试图根据一种比任何东西都更有效地服务于一些利益的新的全球想象来重新构建世界，……它创造了新的经济和政治剥削以及边缘化形式"③。在当前，集中表现在阶级不平等和压迫、性别和种族等少数群体的不平等、对地方性的压迫和控制以及生活世界的殖民化等方面，这些现象都是殖民主义性质的，在当前的全球化背景下被描述为后殖民性。

(二)新的话语实践：从全球化来理解历史和全球资本主义分析范式的崛起

从上面讨论看，全球化，无论是作为历史进程，还是作为新的范

---

① 参见[法]罗兰·巴特：《神话——大众文化诠译》，许蔷蔷等译，200—201 页，上海，上海人民出版社，1999。

② 参见[法]克罗齐埃：《被封锁的社会》，狄玉明等译，北京，商务印书馆，1989。

③ 参见[美]德里克：《后革命氛围》，王宁等译，5 页，北京，中国社会科学出版社，1999。

式，都提出了一个问题，即如果说全球化不是历史的宿命，那么全球化意味着新的历史解释范式。在这一点上，从未来可能性上考虑，它产生了两大需求：对现代性的反思和对当下资本主义权力的重新理解。在这两个方面产生两种现实的理论：多元现代性和全球资本主义分析范式的兴起。这是两个相辅相成的方面，前者适应于全球化带来的新的历史认识论的方面，后者从属于马克思主义对资本主义批判的政治经济分析战略。而它们同时都构成了德里克"后革命"激进主义的理论底蕴。

在第一个方面，由于在欧洲历史意识与现代性意识是不可分的，因此我们可以说，欧洲在遭遇他者之后才能面向其自身的过去，但是这带来的问题是欧洲中心主义。但是，矛盾的是，正是全球意识本身与欧洲中心主义理解历史的方式发生了冲突，也可以说，全球意识引发了历史的危机。在当代，历史危机最深刻的方向并不是欧洲中心主义不再有效，而是过去边缘化的地域逐渐复兴。这种复兴本身构成了对现代性的挑战，它的结果让人发问：除了欧洲的现代性之外，是否可能产生其他非欧洲语境的现代性？考虑到欧洲现代性的深刻矛盾，诸如后现代的挑战，那么这个问题最终将落实在发展主义问题上并得到解决。虽然文化多元主义在这个问题上缺乏自觉的意识，但是我们并不能忽视用其他先前听不到的"声音"写作世界历史的倾向。德里克强调，仅仅因为用"全球化"替代了"宏大历史叙事"（ground narrative）中的西方胜利并不足以克服欧洲中心主义，如我们所知，全球化产生于欧美整合世界的冲动，这种冲动并没有消失而只不过是全球史学并不承认它罢了。此外，我们也看到：欧洲中心主义已经深入带有全球冲动的世界历史观念，作为历史的世界历史以及作为总体的历史，它们都是欧美在全球扩张的产物。

全球在知识上提出包容和规划世界人民的新方式，它在更为基础的意义上提出的问题不仅仅是寻求可选择的历史（alternative histories），而且是对历史本身的选择（alternative to history）。① 在这一意义上，新的历史认识论是全球化带来的新的话语实践的一个方面。

在另一方面，德里克强调，由于激进批判对"总体性"的拒斥，实际上使激进分子丧失了绘制构成世界关系之图的能力，而把这一任务留给了全球资本主义的操作者。可以说，总体性的缺席，为资本运作提供了一个意识形态的遮蔽，它将全球化本身神秘化。在这个背景下，对全球资本主义的批判需要新的激进话语。德里克本人应该是这种新的激进话语的代表之一。另外，无论是从其引述还是从更为广泛的激进理论实际之递进，我们也都看到，德里克的新探索不是没有同志的。在这里，我们首先以"全球资本主义分析范式"来概括当前与他具有类似旨趣的一些研究。

全球资本主义理论范式正是在"全球化"背景下开始浮出水面的，它内承以下两个问题：一，晚期资本主义研究直接揭示了消费至上的文化—意识形态是怎样系统地使资本主义生产方式投入资本主义社会结构，但它又是如何为跨国公司和跨国资产阶级系统地运用去改变世界，并形成全球性霸权的，这个问题并没有得到回答。二，在全球资本主义条件下，霸权的形式是如何的，它又是怎样发生作用的。第一个方面，全球资本主义理论强调在欧洲资本主义霸权这一历史基础上，资本主义由跨国资产阶级主导的"新国际劳动分工"促使资本主义生产方式的全球

---

① Arif Dirlik, "Globalization as the End and the Beginning of History: the Contradictory Implications of a New Paradigm," *Rethinking Marxism*, Vol. 12 No. 4. Winter 2000.

扩张。德里克、哈维、华勒斯坦、卡斯泰尔斯等人都提出了相近的立场。第二个方面，他们强调跨国公司延续着殖民主义，即"跨国公司把殖民主义理想化了，并且以更高的效率和理性主义来实现殖民主义的目标"，虽然它可能采取了协商等表面缓和的方式，但并没有因此消灭专制主义、压迫与剥削。因此，全球资本主义主张对当代的全球化进行分析，反对"文化多元主义"和"后殖民"等理论，将这些理论直接指证为"霸权意识形态十足的帮凶"。在这一点上，德里克与三好将夫、凯尔纳等左派学者又具有相同的旨趣。

当然，全球资本主义分析范式是正在处于建构过程中的一种理论，它在不同立场的理论家那里酝酿和提升着，目前尚未形成强大而统一的面貌。因此，我们也可以把阿明的"全球化时代的资本主义"批判、斯克莱尔的"全球体系的社会学"、弗兰克的"整体主义全球视野"或"横向整合的宏观世界历史观"等看作具有同样冲动的理论。虽然这些人物及其学术主旨都可能带有早期资本主义的影响而显现出复杂性，但是其时代感和问题意识却从一开始就应引起我们的注意：他们试图从经济和政治层面站在时代的高度揭示当前资本主义全球化的性质。正如德里达所强调的那样，"今天……一种新的'世界秩序'谋求通过建立起前所未有的霸权形式，而使一个新的、自然是新的动乱稳定下来"。与这种霸权形式一致的是，"一种独断主义正在企图将其世界性的霸权置于充满悖论的和疑惑的根据之上"。[①] 这种独断主义宣称：马克思主义和共产主义

---

① 参见［法］德里达：《马克思的幽灵》，何一译，73—75页，北京，中国人民大学出版社，1999。

已经死亡，资本主义作为历史的终结者在全球取得了决定性的胜利。在这一真实的背景下，每一个马克思主义者都必将面对全球资本主义，都必将回答"马克思主义往何处去?"这个问题。正是在这一意义上，全球资本主义作为一种分析范式，具有积极的理论意义。

第三章

后革命氛围与文化批评实践

当德里克把种族、社会性别、生态以及地方性等个别权利声称纳入全球资本主义霸权之中与阶级并置，他试图勾勒出这个结构的社会关系网络地形图。虽然他没有采取"告别阶级"的后现代主义立场，但他提出的新的历史认识论要求显然也是对这些权利的合理论证，其"后革命激进政见"也就包容了这些权利声称。从对资本主义的总体替代视角看，这种包容性策略在形式上确实获得了很大的灵活性，即他自己所言的社会主义"弹性政治"。但是，以上述权利为基调的新社会运动不仅没有直接导致社会主义，而且正是在全球资本主义社会关系网络中，声称上述权利的文化批评大都落入了资本意识形态的圈套，如他所批判的组织中的后现代主义思潮那样，因此在提出包容这些权利声称的同时德里克也面临着一个深刻的问题：如何与后现代式的文化批评实践划出清晰的界限。① 在这一点上，他试图通过对“后殖民批评”的批评来实现，② 也正是在这一点上，他提出了与“后殖民”相对的“后革命”概念来指认当下的激进环境，提出了在这个环境中知识分子与文化霸权之间的关系，从而在理论层面为我们理解当下环境和西方激进主义理论的矛盾性提供了一种独特的视角。

一、后殖民：意识形态与知识

在本书第一章中，我已经从马克思主义在 20 世纪的逻辑发展出发说明了后现代话语的兴起。作为一种批判话语，它是在“西方马克思主义”“总体性”逻辑失败之后在西方知识分子群体中兴起的，它与先前批

---

① 值得注意的是，虽然我们提出了分界问题，但不能理解为完全的拒绝。因为，事实上，德里克的包容战略必须包括在理论上对多视角的“接合”。因此，在《后殖民氛围》英文文集的“导论”中，他明确强调：“马克思主义是用以理解‘后现代性条件’下的力量结构的理论资源，这个条件同全球资本主义的结构变化是分不开的。另一方面，后现代主义声称作为一种平等的不可缺少的讨论那个条件的方式，引发了马克思主义作为现代性理论的时空前提问题。我认为，为了回避这个新奇氛围中的意识形态陷阱，维持这两种似乎矛盾的姿态就很重要了。”（Arif Dirlik, *The Postcolonial Aura*: *Third World Criticism in the Age of Global Capitalism*, Boulder, Colo.: Westview Press, 1997, Introduction.）

② 在本书导论中，我已经简要地区分了“后殖民批评”“后殖民理论”和“后殖民论”等几个术语。需要指出的是，德里克自己并没有做出严格的区分。这是因为他的理解是广义的，把“后殖民主义”作为后现代主义的一个分支来看待。我们把这一层意思直接用后殖民话语来表达。当然，在引文中，我们根据德里克的实际用法直接翻译。

判理论的重大差异就是对总体性解放话语的质疑，由此转向差异性。后殖民话语作为一种在跨国实践（跨文化交流）中反对帝国主义的批评话语，内在地秉承了后现代的逻辑，在这个意义上，一般研究都把它视为后现代主义的分支，德里克也是这样认为的。因此，他从差异性的认识论基础以及与全球资本主义意识形态共谋两个方面批评了后殖民话语，强调它作为一个例子，说明了文化批评是如何通过夸大其主张或无度地扩张其范围而浪费它的批判能量，并最终以非批评、自恋和新奇性庆典结束的。

（一）"殖民之后"是什么

全球资本主义作为资本主义新的阶段，它带来了新的霸权实践，即形成了新的压迫与剥削形式。在 20 世纪 70 年代国际学术中，左派理论也已经普遍地关注这一类问题，他们试图回答"在经过民族独立冲击之后，帝国主义如何在全球维持和加强它早先的霸权"这个问题。我们已经知道，这种霸权由于反殖民的胜利在政治中不可避免地断裂了，新型的民族国家实践挑战的正是帝国主义的政治霸权。但是，我们也可以直接观察到，在全球范围内，虽然帝国主义的直接控制与支配不再在政治上发生，但大量的新兴民族国家也都没有能够按照自己的意愿彻底地解决历史遗留问题，特别是夹在发达资本主义与苏东社会主义集团之间的拉美、非洲、东南亚等地区的国家，在这些地域既无法通过直接实行资本主义道路而在资本主义世界体系内获得本民族的长足发展，也不能直接选择社会主义道路彻底摆脱与资本主义的复杂联系。"依附论"正是在这一背景下产生的，而它的马克思主义化只不过在某种程度上说明了在以资产阶级意识形态为基本特征的主流经济学中并不能合理地回答这个问题。而从经济角度阐发的"新殖民主义"论和从政治角度阐发的"后帝国主义"论正是回答这个问题的不同方向。"后殖民主义"试图从文化角度来解释这个问题，它至少说明了帝国主义的后果不仅是经济政治的而且是文化的，或在知识层面上，帝国主义以其霸权支配着科学的标准和认识历史的方式，如果不深入这一点，任何对殖民主义的批判都是不彻底的。

毫无疑问，在起点上，"后殖民主义"的理论冲动和它的实际指向都有着积极的意义。因此，它能够很快受到激进知识分子的认同，但是由于其在第一世界学术体制内诞生，加之在发展过程中由于对理论依赖的寻求，它也产生了诸多问题。从根本上来说，就是德里克所批判的与全球资本主义意识形态的共谋。为此，我们必须简要地对作为一种理论思潮的"后殖民主义"进行描述，以期揭示问题的复杂性并为理解德里克的批判提供一个理论平台。

关于后殖民批评的思想史背景，不同的理论家有着不同的认识。但是，其作为一种话语的兴起，却是与萨义德（Edward W. Said）的"东方主义"研究直接联系在一起的。① 而作为一种话语，又是与斯皮伐克（Gayatri Chakravorty Spivak）和芭芭（Homi Bhabha）等人的文学（文化）批评实践分不开的，同时也不能脱离更为广泛的其他反抗殖民主义的文

---

① "东方主义"作为英文 Orientalism 一词的中译，不同的学者有不同的看法，参见《东方学》译者王宇根的辨析（[美]萨义德：《东方学》，王宇根译，3 页注①，北京，生活·读书·新知三联书店，1999）。在本文的叙述中，我们并不直接涉及学科建制中的"东方研究"，因此用"东方主义"一词来概括相关研究。

学实践或理论思潮。正因如此，一般地使用"后殖民主义"这个术语将会引起学术争论。德里克指出，将萨义德、艾哈迈德、霍米·芭芭、普拉卡什（Gyan Prakash）、斯皮伐克和拉塔·玛尼（Lata Mani）这样一些政治立场各不相同的人通通称为"后殖民批评家"，纯属误人子弟，这一点是完全正确的。后殖民话语的这种矛盾性，我们同样可能在一些重要的介绍性文集的编辑者那里看到。①

在文学研究中，"后殖民"文学并非指帝国主义"之后才到来"的文学，而是与充满欧洲文化至上和帝国主义霸权感的殖民主义文学相对应的，是对殖民关系做批判性考察的文学，它以这样或那样的方式抵制殖民主义视角的文学。② 在这个意义上，它是一种激进主义的文学思潮。当然，这也意味着后（反）殖民主义的文学在欧美之外就有相当久远而复杂的历史，因为殖民活动所引发的反抗绝非仅仅是政治性的，而且直接包括文化方面的反映，如伟大的印度诗人泰戈尔。但是，这却带来了一个问题：由于文学本身并不是孤立的领域，在文学领域以帝国主义霸权对殖民地国家的历史和文化的"任意涂写"与帝国主义政治经济制度、社会生活方式、文化的扩散基本上是同步进行的，并且帝国主义本身就意味着"西方"，反殖民也自然地汇入殖民地与西方的文化对立中，从而引起一系列更大的问题：文化保守主义是否意味着一种反殖民立场，与此相反，对西方科学技术、政治经济的模仿是否就意味着对帝国主义的

---

① P. Williams & I. Chrisman, *Colonial Discourse and Post-colonial Theory*, New York：Columbia University Press，1994.

② 参见［英］艾勒克·博埃默：《殖民与后殖民文学》，盛宁等译，3页，沈阳，辽宁教育出版社，1998。

"屈从"或"崇拜"？如何看待"普遍史"问题？如何看待跨文化交流中的"客观性"问题？……这些问题直接涉及更为基础的对历史的理解问题。事实上，当萨义德从更为久远的历史来追溯"东方主义"起源时，他就立即面临这个问题。为了回避这个问题，所谓"后殖民批评家"也都转向了后现代主义的"反本质主义"立场而声称"差异"，试图在抽象的"差异"上获得各民族（进而少数族群和社会群体）的平等，从而把反霸权立场贯彻到底。正是在这里，它带来更为广泛的问题：是否能够仅仅通过思想文化上的反殖民而实现真正的平等？或者，如果把这种思想文化的反殖民理解为一种知识分子实践的话，那问题就是：是否能够仅仅通过知识分子的实践就能实现反殖民之历史任务？而他们主张的文化多元主义就是对殖民主义的有效解毒剂吗？显然不能这么看，正是在这一点上，我认为德里克抓住了后殖民话语的矛盾。为了分析这种矛盾，德里克暗示，必须从"后殖民"术语的矛盾、后殖民话语的历史认识论、全球资本主义的权力关系等多方面入手。现在我们就讨论第一个问题。

一般而言，在中文语境中，"后殖民"是对英文的 post-colonial 和 postcolonial 两个术语的统一译法，虽然在英语语境中这是两个有区别的术语（在下文中，我们将讨论这两种不同的构词法在后殖民研究中的意义）。它被赋予两种含义：一是时间上的完结，从前的殖民控制已经结束；另一个含义是意义的取代，即殖民主义已经被取代，不再存在。[①] 我们看到，在第一层意义上，它作为一个历史分期概念有着使用

---

① 参见张京媛编：《后殖民理论与文化批评》，前言，第 1 页，北京，北京大学出版社，1999。

上的困难，因为从史实看，连美国这样的国家也都曾经是欧洲的殖民地。更进一步，如果考虑到殖民形式的变化（从直接政治统治到经济控制），殖民过程在当代也并没有结束。因此，用它来作为历史分期概念，必然会将后殖民历史时期从 18 世纪延续到今天，而它的政治后果便是将美国与第三世界不分青红皂白地并置。因此，后殖民话语在这个问题上存在着严重的混乱。第二层意义是从上述对殖民主义文学的抵制演化出来的，然而就算在这一层意义上也存在着广泛的争议。殖民主义真的已经被取代了吗？20 世纪 50 年代兴起的"新殖民主义"激进研究至少为我们指证了当代一直存在着的殖民主义之事实。因此，我们并不能直接地从"后殖民"这一术语出发简单地得到后殖民批评的立场，相反，它搞混了"新殖民主义"这一术语所具有的清晰性，而变成了一种暧昧的立场。①

张京媛指出：后殖民理论不是一种不变的话语秩序中颠倒权力的平衡，而是试图重新界定文化象征的过程，使民族、文化或团体成为话语的"主体"和心理认同的对象。② 这一看法代表着多数国内研究者的立

---

① "新殖民主义"作为一种话语，与"第三世界"话语有着直接的关联，因为正是在 1955 年的"万隆会议"上这一词汇才广泛流传开来，而"新殖民主义"这个术语则指：旧宗主国（如英法等）在对原殖民地失去控制之后，即殖民地独立后，它们对殖民地的经济统治仍然延续着。因此，这个术语也能够顺理成章地把新的宗主国（如美国、日本、德国）在第三世界所进行的资源和市场的掠夺行为包括进来，尽管美国这样的国家从未拥有正式的殖民地。更为重要的是，虽然"新殖民主义"这个术语首先是用来指证帝国主义的经济统治的，但它本身也并不排除这些国家为保证它们的海外利益而进行的政治、军事活动，特别是对别国内政的直接干涉。因此，以这个术语为代表的话语作为第三世界话语清晰地描述了第二次世界大战之后的政治背景。

② 参见张京媛：《后殖民理论与文化批评》，前言，第 5 页，北京，北京大学出版社，1999。

场。在这里，至少后殖民批评与殖民批评有了明显的区分特征，它旨在"打破文本与语境之间从前的固定边界，以显示被征服人民的再现方式和(新—)殖民权力物质实践之间的连续性"①。这也意味着它是一个结构概念，而不是历史概念。

德里克强调，必须对"后殖民"这一术语不同用法中的多种含义进行区分。在他看来："这个词的三种用法格外显著(和重要)：(a)从字面意义上曾是殖民地社会的状况，这种用法中它具体有所指，比如'后殖民社会'或'后殖民知识分子'。不过，需要说明的是，这里所说的殖民地既包括以前归属于第三世界的那些地方，也包括像加拿大和澳大利亚这样通常与第一世界联系在一起的移居者的殖民地。(b)描述殖民主义时期之后的全球状况，在这种用法中它的所指多少有些抽象而不那么具体，就其模糊性而言也与早期的一个术语，第三世界，不相上下，实际上它本来想要替代那个术语。(c)描述论及上述状况的一种话语，这种话语是通过同这些状况产生的认识论和精神的方向来传达的。"②正是基于此，德里克在对这些用法进行具体讨论后，指出："后殖民，与其说是对一种事物的描述，倒不如说是一种话语，这种话语试图用那些将自己看成是后殖民知识分子的(或者渐渐将自己这样看待的)知识分子的自我形象来建构世界。"③这种观点在艾哈迈德那里同样得到体现，后者指

---

① Bart Moore-Gilbert, *Postcolonial Theory*：*Contexts*，*Practice* ，*Politics*, London：verso, 1997, p. 8.

② [美]德里克：《后革命氛围》，王宁等译，114 页，北京，中国社会科学出版社，1999。

③ 同上书，124 页。

证："后殖民理论想用一种非常迂回的逻辑来填补其对于历史的理解：即我们生活的时代是后殖民性的，因此这个世界就是后殖民的世界。但是并不是这一时代和这一世界的所有知识分子和话语都是后殖民性的，因为合乎资格的后殖民话语必须是后现代话语——主要是后结构主义那类后现代话语。因此，只有那些同时具备后现代性的知识分子才能成为后殖民知识分子。"①因此，在面对任何后殖民激进声称时，我们必须看到上述矛盾性。事实上，这种矛盾通过下文介绍的德里克的批评，我们将看到，恰恰可以用他们自己经常使用的一个词来写照：Ambivalence②，在这里用它来描述后殖民批评对当前的全球状况的感情应该是合适的。

基于上述原因，对后殖民批评的定位就必须依赖于对历史形成和具体理论声称的分析。正是通过这一点，德里克揭示出，后殖民批评家在后殖民主义观念与当代资本主义语境的关系问题上保持着沉默，后殖民性观念在文化批判中占据优势地位同 20 世纪 80 年代以来发生的全球资本主义意识之间存在某种对应关系，因此，后殖民这个术语"在政治意

---

①　［美］艾贾兹·阿赫默德：《文学后殖民性的政治》，见罗钢等编：《后殖民主义文化理论》，264 页，北京，中国社会科学出版社，1999。

②　这是一个较为难译的术语，但它在后学话语中特别重要。一般译法有"正反感情并存""爱恨交织"等，在其心理学渊源中，它指"对某事物或相反的等待"，一种主体的期待焦虑。它也指对某个对象、人和行为的共时性好感和厌恶。霍米·芭芭将之引入后殖民话语，它描述复杂的、混合的好感与厌恶，用以刻画殖民者和殖民地之间的关系。从后面对后殖民话语的批评看，无论是德里克还是艾哈迈德等人，都从后殖民知识分子的状况中指认出其作为第三世界出身在第一世界主流学术体制活动，身份难以归属的矛盾情感与其理论表征具有内在的一致性。德里克也在积极的意义上使用它来指称一种具有包容性的后现代主义历史理解视角。

义上和方法论意义上都把某种形势神秘化了，而这种形势表现的不是对先前统治方式的消灭，而是对它们的更换重构"①。在这一意义上，它是全球资本主义的意识形态的共谋。而这种共谋之所以能够发生，就在于上文已经强调的，"后殖民"不是一个历史概念，而是一个结构概念，因此，它在讨论剥削和压迫问题时，把注意力从当前的社会、政治和文化的统治问题上移开，而忽视了一个极其真实的现实条件，即德里克所言的全球资本主义。在第二章中我已经讨论过这个问题了。这个现象是如何发生的呢？

从后殖民研究的历史看，关注在文化和社会方面殖民化后果的"后—殖民主义"（或"后殖民主义"），它起源于第二次世界大战后历史学家们使用的类似于"后殖民国家"这样的术语。"后殖民"拥有一个清晰的以年代为顺序的意义，指示着一个后独立阶段，即一个历史分期概念。从 20 世纪 70 年代晚期开始，这个术语被文学批评界用来讨论殖民化的不同影响，但是，起初学者们并没有使用它来研究有关殖民地的意见和政策。事实上，作为后殖民批评的重要代表的斯皮伐克，她第一次使用这个术语是在其 1990 年的《后殖民批评》文集中。随着后殖民批评家的鼓吹，"后殖民"这个术语逐渐被使用指称文学圈中的殖民社会内部文化的相互作用，这样，萨义德的东方主义研究便理所当然地被作为后殖民批评的起点。（随着后殖民批评的深化，这种起点也被回溯到法农，在方法上溯源至葛兰西等。）由此，这个术语后来用于广泛地指称前欧洲殖民地社会政治的、语言的和文化的经验。然而，这是政治化共同体文学

_____

① ［美］德里克：《后革命氛围》，王宁等译，113 页，北京，中国社会科学出版社，1999。

和英语中所谓新文学研究企图的一个部分，因此，无论"后—殖民 post-colonial"还是"后殖民 postcolonial"，这个术语在开始就是学科和解释争论的一个部分。深受后结构主义影响的殖民话语理论主要代表有萨义德（受益于福柯）、芭芭（受益于阿尔都塞和拉康）、斯皮伐克（受益于德里达），他们将多数批评（这些批评主要集中于殖民主义历史状况的物质影响方面，同时也与其话语权力相关）带到坚持用带连字号的后殖民研究（post-colonial）与殖民话语自身相区别的领域这一点上来。①

在这一背景下，我们清晰地看到，后殖民批评虽然基于第三世界（在独立前，它们大多为欧洲的殖民地）而产生，但事实上最后也都背离了它原来对第一世界和第三世界之间的政治斗争的关系，而成为西方发达国家文学研究建制中知识分子围绕权力的斗争。这正是德里克如下调侃的根据，他说："如果后殖民主义仅仅是英语系修订经典、解读文本的方法，那么它不过标志着大学结构和组成上的变化罢了。"因此，他们必须建构自己复杂的认识论来解决这种立场的矛盾性，而后现代无疑能够为其提供这一基础。这也是当前国际学术界令人感兴趣的一个话题。一般研究认为，后现代和后殖民话语的相遇，产生了一种后殖民的批评，它尤其张扬后殖民叙事中那些对理论特别具有吸引力的方面：它对那些符号示意过程中稍纵即逝、支离破碎的东西充满兴趣；它对任何属性都是一种构成的关注，从而产生对流动主体性的声称；它以文化自主性取消了所谓宏大的历史叙事，等等，基于模仿、杂交、中间性等来建

---

① 这一段描述，参见《后殖民研究的关键概念》（Bill Ashcroft etc.［eds］，*Key concepts in Post-Colonial Studies*，Routledge，1998）之"后殖民主义"。

构差异性、异质性的自我形象。总之，这些都形成了在"后殖民批评"这一总的术语下的种种异质的具有内部张力的激进声称。它们批评一切。

在我看来，无论是批判东方主义，还是直接反对帝国主义意识形态；无论是声张差异性、异质性、多元性，还是直接提出种族解放、妇女解放和第三世界解放，都是一种对权力关系的分析。正是在这一点上，后殖民批评偏好福柯的话语理论，从而导致不同的后殖民批评家关于主体性等重要范畴有着一致的认识。但也正是在权力关系分析这个根本问题上，后殖民批评有着根本的失误，这种失误正是德里克的分析起点。首先我们来讨论"后殖民性"（postcoloniality）这个问题。

德里克在讨论全球资本主义霸权时，从前面的介绍看，似乎与后殖民话语具有内在的一致性。但是，它所强调的种族、妇女和第三世界的权利却不能等同于后殖民话语的"后殖民性"。因为，德里克认为，这个术语本身缺乏对权力关系的现实指认，特别是它通过否定历史而否定了当前的压迫关系，因此，这一概念本身成了掩盖霸权和矛盾的一个含糊的概念。正因如此，他才在《后殖民还是后革命》一文中提出用"后革命"对"后殖民"进行替代。斯皮伐克曾经指出："后殖民性——存在于世界其他地区的帝国主义的遗产——是一种消解性的案例。"[①]这一观点遭到了艾哈迈德等人的批评，后者认为这种定义严重地忽视了前殖民地国家人民的努力。德里克采取了与艾哈迈德相同的立场，他认为"后殖民"之"后"如舒哈特所区分的那样，首先是一个分期历史概念，其次它同样是

---

① 转引自罗钢等编：《后殖民主义文化理论》，255 页，北京，中国社会科学出版社，1999。

一个立场概念，暗示一种新的声称。舒哈特等人认为后殖民论的"后"是两种东西结合的产物，即欧美时间性及其认识论，以及从前欧美控制下的社群的时间性，其认识论呈现于后殖民论中，与欧美认识论合流。但德里克却强调，这样做导致了结果的歧义。事实上，前殖民社群进入普遍化的后现代状况后，他们以相应的后现代认识论为依据改写了自己的现在与过去。而这一点具有关键性意义，因为，这意味着以后殖民知识分子身份出场的那一部分人是以抛弃自己的原初身份为前提的，当他们进一步以这种身份作为激进批判的前提时，立场的矛盾性就呈现了。诚如"post-"这个前缀的多义性(后 after 与反 anti)，"后殖民"立场也是多义的，这一方面表示它与后学话语之间的共谋关系，同时也说明了这种立场本身的含糊性。而要说清楚这个问题，则必须清理后殖民话语的历史认识论。

(二)后殖民话语的认识论失误

德里克对后殖民话语的批判是从多方面进行的，其话语形成过程所内含的理论矛盾也直接暗示对它的批评也必须这样进行。总的来说，德里克认为，后殖民批评是一种缺乏历史感的、方法论有问题的从而立场含糊的知识分子话语，由于其缺乏对当代资本主义权力结构的真实理解，在现实正在展开的新形式压迫面前保持沉默，因此最终成为全球资本主义意识形态的共谋。①

---

① 同样需要说明的是，并不是所有的操持后殖民话语的知识分子都是同质的。事实上，诸如德里克、艾哈迈德，甚至詹明信这样的理论家也都在学术体制中被不加区分地认作"后殖民批评家"，因此，德里克的这种批评不是针对某个后殖民批评家个人的，而是针对整个后殖民批评方法论的。

首先，非历史或反历史的差异性声称是后殖民批评的认识论基础。[①] 德里克认为，在后殖民论的认识论中，它预设了三个基点：第一，后殖民使"在语言遭遇（又译接触，encounter）中意义的产物变成了所有遭遇的隐喻，它致使话语的节约成为适用于所有遭遇者的范式，包括政治经济的遭遇"；第二，在某些相反的视角上，后殖民批评假设"协商的意义好像协商者在协商中具有平等的权力，每一方面都寻求最大化利益"，从而使"这些在语言市场上的遭遇概念化"；第三，后殖民论强调边界的多孔性（porosity），以杂交性（hybrid）和中间性（in-between）作为异质性、差异和多元性的基础。[②] 这三个方面最后的归宿都是流动的主体性（即差异性），这种流动的主体是在一种关于历史的对话中产生的。因此，它必须通过历史文化本身来讨论主体的位置。（事实上，主体的位置并非是自觉建构的，而是历史地承继的，因此主体性取决于主体位置而不是决定它。）

对于后殖民批判来说，差异性不仅作为对状态的描述而展现重要

---

① 值得注意的是，德里克在讨论这个问题时，是把后殖民话语作为后现代主义的一个分支来认识的，因此他把后殖民的认识论基础置于后现代背景上来进行。但这也引起了后殖民批评家们的异议，如萨义德，他在《东方学》新版后记中针对德里克的批评进行了自我辩护，他强调："后殖民主义的急迫的政治历史要求与后现代主义对此类问题的相对漠视之间有重大差异，使二者采用了截然不同的方法，产生了截然不同的结果，尽管二者之间实际存在着一定程度的叠合。"并且在这里，他把后殖民主义的先驱定位在萨米尔·阿明这样的"新殖民主义"批判家那里。（参见［美］萨义德《东方学》，王宇根译，450页，北京，生活·读书·新知三联书店，1999。）不过，我们仍要指出的是，萨义德的辩护即使对他本人是适合的，他也不能否认从整体上后殖民话语的混乱性以及在这个问题上与后现代主义的共谋确实已经发生。

② Arif Dirlik，*The Postcolonial Aura：Third World Criticism in the Age of Global Capitalism*，Boulder，Colo.：Westview Press，1997，p.6.

性，而且因为它形成语言，所以对身份具有关键性意义。因此，他们强调每一种对自我的再现都是在他者（the others）的轨迹中展开的。身份永远不是"本质的"，而是作为关系的产物。无论是源自巴赫金的对话理论还是德里达的"延异"，差别和差异的协商对身份的建构都是至关重要的，并且，进一步扩展，对文化也同样具有重要意义。但是，后殖民批评基于差异性认识论，将社会遭遇隐喻化后，他们乐观地迷信文学的功能，强调在世界和它在文学中的"再现"（representation）①之间仅存在很

----

①　无论是否是后现代主义立场，representation 这个词在文学研究中都是一个使用频率非常高的术语，但在中文语境中，它的译法并不统一，含义理解也无法一致。从其本义看，它包含着"代表"和"表现"两种含义，前者使用于政治语境，后者则为文学艺术所专用。后殖民话语使用这个术语正是因为它的多义性，这是一个不太为国内研究所注意的细节。在斯皮瓦克的《下层人民能够说话吗？》这一文献中，她花了大量的篇幅来讨论这个词，其原因在于一方面马克思曾经在《路易·波拿巴的雾月十八日》中使用过这个术语来讨论"小农"作为一个阶级的问题，在其中马克思强调，小农作为一个阶级是经济事实，但是由于"他们的利益的同一性并不使他们彼此间形成任何的共同关系，形成任何的全国性联系，形成任何一种政治组织，所以他们就没有形成一个阶级。因此，他们不能以自己的名义来保护自己的阶级利益，无论是通过议会或通过国民公会。他们不能代表自己，一定要别人来代表他们"。（《马克思恩格斯选集》，第 1 卷，677—678 页，北京，人民出版社，1995。）斯皮瓦克从这里的讨论入手，强调了政治上的"代表"和理论中的主体"表现"是脱节的，而这种脱节在后来的激进主义理论中也广泛存在，如她直接批评的德鲁兹。斯皮瓦克讨论的目的在于，她要从这种经济与意识（文化）的分裂出发，揭示过去的激进理论由于假设了它们的同一性而实际地忽视了作为一个阶级主体的自我意识。虽然在她的研究中，也深刻地体现了卢卡奇的阶级意识立场，后者曾经在 20 世纪 30 年代的文学争论中讨论过"再现"与阶级意识之间的关系问题，但是她本人却没有进入这个问题，而是转向理论主体和他们的研究对象之间的关系，从而复杂地结合了福柯和德鲁兹关于知识与权力的讨论并扔掉它们转向德里达，将后者的文字学研究批判的矛头转向先前整个知识体系，提出在社会化资本所导致的国际劳动分工体系中"下层人民"（subaltern，这也是一个在中文中特别容易译错的词）是否能够说话这个问题。由于在她的表述中，"下层人民"这个词实际地表示着与精英对立着的大多数人，因此，她提出的问题是在实际社会生活中处于边缘而在权威知识体系中被称为"他者"的被压迫人民（转下页注）

小的差异，从而在历史研究中强调从证据问题向"叙事"和"再现"问题转向，这导致了在文学和历史研究中对历史认识论都会产生破坏。德里克指出，这种语言学转向，因其狭隘地聚焦在"叙事"和"再现"问题上而实际地排除了边缘。这正是后殖民内在矛盾的地方，虽然它因为第三世界或将第三世界作为自己的基础而诞生，但最后却抛弃了对它的关注。由此，它的更大的问题就是历史问题，它们满足于在文学中重构历史，却忽视了真实世界的霸权结构，从而形成对历史的实际拒绝。也就是说，如果后殖民作为一种激进声称是成立的，那它也将自己的批评引入了语言问题，在这个意义上，德里克将后殖民批评的"后殖民性"看作后殖民的主体性与认识论对世界的投射，即与后殖民主体建构相适应的一种关于世界的话语建构，这是正确的。严格来讲，后殖民批评自己杜撰出一个"世界"并与之做漫画式的斗争。更为严重的是，这种对历史的忽视导致一个更为恶劣的后果，它们用第一世界的后结构主义语言所进行的批评恰恰迎合了当代资本主义霸权的需要。因此，德里克强调对它的语言及历史认识的分析。

其次，德里克从后殖民论者自己的"供词"出发，强调作为一种话语，后殖民主义是全球资本主义的意识形态。关于后殖民的立场，德里

(接上页注)是否能够在理论中占有一席之地的问题。在这个问题上，她批判了本质主义（传统的）理论试图通过自己的声音在经济和政治上代表他们，从而歪曲历史的做法，这样也就导致了对理论主体立场的审视。而她本人则要求后殖民批评能够在理论上实现这个目标。应该说，在这里，通过对这个术语的考虑，她完整地说明了后殖民的方法论底蕴之德里克解构的立场。（参见［美］斯皮伐克：《属下能说话吗？》，见罗钢等编：《后殖民主义文化理论》，北京，中国社会科学出版社，1999。）在这里，她与萨义德的立场是一致的，但是德里克对他们的批评也是中肯的，因为虽然作为一种文化实践是可取的，但并没有从根本上解决问题，特别是他们忽视了对"他者"（即斯皮伐克所谓"下层人民"）实际遭受压迫和剥削的政治、经济条件的分析，反而使得解决这个问题变得不再可能。

克在不同的地方引用普拉卡什声称来概括。他指出，后殖民为了阐明自己的主题——取代以欧洲中心主义的主叙事（Master-narratives）为基础的民族主义和马克思主义，在占据着一个既不在西方统治历史之内亦非其外的空间，同时与它保持着一种切线的关系的位置上，揭露统治话语，从而迫使人们激进地重新思考和规划殖民主义和西方统治所创造并权威化的知识形式和社会身份（认同）。它包括以下具体的方面：第一，否认一切主叙事（即生产方式叙事），认为主叙事是欧洲中心主义的，因此，它们将批判欧洲中心主义作为自己中心任务；第二，否认现代化叙事，认为无论在资产阶级还是在马克思主义的模式上，现代化（"发展主义"）代表着"殖民主义现代性……作为经济发展"的自我更新和重新布置；第三，批判东方主义，认为殖民体制内，他者作为欧洲的他者而被创造出来，根本没有历史的他者；第四，对全部的"基础的"（foundational）历史写作进行批判，认为一种基础的视角假设了历史最终是通过某种同一性建立或被描述的（如个人、阶级或结构），这必然会压制"异质性"，在这一点上，后殖民批评将资本主义也作为一个"基础的范畴"加以拒绝；第五，张扬"后基础历史"（postfoundational history），对本质和结构进行批判，它批判任何对"第三世界主体"的"固定"并进一步否定了作为一个范畴的"第三世界"以及当代资本主义的世界结构；第六，在"后—基础历史"前提上，后殖民批评注意力从"民族起源"（国籍 national origin）转向"主体位置"（subject position）。①

---

① Arif Dirlik, *After the Revolution*: *Waking to Global Capitalism*, Hanover, NH: Wesleyan University Press, 1994, pp. 92-93.

针对上述问题，德里克强调，后殖民批评的此类声称，代表了在当代全球关系上的后殖民姿态。他的具体分析概括为如下几点：

第一，注意力需要从民族起源转向主体位置，因此，"定位政治"（Politics of location）优先替代了用固定范畴（指民族、第三世界、阶级等）宣告的政治；

第二，尽管"第一/第三世界"位置可能是不可互换的，但他们是极为流动的。这暗示着对其关系积累中的二元位置的一种必要限制，如果不是批判的话；

第三，在这些关系的形成过程中，地方间的相互作用优先于全球结构，这暗示着对异质性理解不在于结构的"固定性"，而在于历史；

第四，这些结构是由后殖民主体的杂交性和中间性得出的，它不是包含在固定的范畴或二元位置当中；

第五，由于后殖民批评集中在后殖民主体而排除了这个主体之外的世界，因此，由后殖民性暗示的全球状态最好作为后殖民主体和认识论投射而出现。

针对以上立场，德里克指出："后殖民话语是全球资本主义世界形势的意识形态的共谋，它希望自己不仅在自我风格定位的激进主义中，而且在全球资本管理者中获得声望。"他给出了五条理由：

第一，后殖民主义（postcolonialism），使欧洲中心主义成为批评的对象，将注意力从当代压迫和不平等问题转移到历史的遗产上。后殖民话语（postcolonial discourse）中的权力是剩余的权力，并且，因为对文化的强调，权力也是文化批评所揭露的东西。通过否认资本主义"基础"地位，后殖民论（postcolonial argument）也压制了新形式的权力、压迫和不平等在当代资本主义的产生。文化多元主义是后殖民对欧洲中心主义的回答。对全球不平等的这个后殖民式的"解决"符合全球资本主义的意识形态，它跨国操作，因此能够不再像过去那样产生文化的欧洲中心主义，虽然资本的中心仍然位于欧洲和北美。

第二，后殖民话语否认资本主义的世界结构（因此，它也否认殖民主义和新殖民主义以及三个世界的划分，等等），坚持散裂和地方遭遇战的首要地位，批判统一的主体性，主张"杂交"的"二元论"和"文化多元主义"，声称流动的关系和可转移的主体位置，他们经常大量地解读为对全球资本主义条件下生活的描述。然而，后殖民论将这些现象视为解放的关键，而不是新形式压迫、断层和异化的表现。它也将这些现象归于历史以引起对殖民主义遗产的提问，它将"不发达"转移到"不发达的"自身，并且，以历史性（反对结构）的名义，抹去历史意识对压迫和不平等的记忆，以致将历史作为批评现在的视角的资源而抛弃。在这里，后殖民话语同全球资本主义的意识也是一致的，后者试图取消"我们与他们"的差别，将对"不发育的记忆"的坚持作为处理当前问题的最大障碍来认识。在其他方面，现代主义的矛盾被抹杀，它提供了现代化，这种现代化以当前现代性来统一未来。

第三，后殖民主义强调"边界之地"（borderlands）而反对固定的身份，它指望用"边界"标出的工作在最近几年内能够增殖，就如后殖民话语在文化批评中获得普遍深入的在场那样。因为文化和主体性的相互接合，边界之地为"差异政治"（politics of difference）提供了地点。但是在众多的后殖民批评中，边界之地以无历史记载的和讽喻的姿态出现。它或许作为文化平等交流的地点出现，但它们是历史不平等的产物，并且它们的历史遗产继续追捕它们。为对我先前强调过的"我们生活在边界之地"这一观点进行说明，有必要强调，我们并非全都生活在相同的边界之地，差异的声称也非意指所有的差异都是平等的。只要戏剧性的不平等继续存在，穿越不平等地区而发生的文化交流就必然打上不平等的标签——除了下列集团和阶级（如"跨国资产阶级"），它们披上了跨国同质化和平等的外衣，它们赞美自己的"文化多元主义"，它们由于自己成功而对边缘化的文化视而不见。而且，这种不平等不是一种隐喻或仅仅是过去文化态度的遗产，而是资本连续操作的产物。这里的论点是强调"边界之地"，而不是作为全球资本运作的产物的边界之地。Maquiladoras 和经济特区都是"边界之地"的模式，它们的存在并非促进平等交流，而是使劳动的积累更为有效。如果按它当前建立的模式，边界之地解放了什么人的话，那就是资本。因此，边界之地并非自由之地，而是给解放任务带来新的问题之地，或许我们最好将之视为出发点而不是目的地。

第四，后殖民性（后—殖民性）呼唤流动的主体位置，全球资本主义也是如此。游击营销人员试图在日常基础上重构主体性以使消费者适应每一种新产品的市场要求。资本要求从劳动那里得到的弹性——使弹性工作时间同产品需求一致，同生产要求一样，准备着从一种工作到另一种工作的转换，并且，因此，连续地将设备"重新装备"，"重制"它们自己以便适应弹性生产。"主体性死亡"(这种声称)在"工人死亡"中发现了与它并行的产物。马克思区分了"为活着而工作"和"为工作而活着"之间的差异，从非异化劳动中区分出异化劳动。他写道，在异化劳动形式下，工人"同自己的劳动产品关系就是同一个异己的对象关系"，它也使劳动者同他/她的"类存在物"相异化。结果是，"他只有在劳动之外才感到自在，而在劳动中则感到不自在"。马克思相信劳动的尊严，相信工作就是劳动"类存在物"的标志。从其一开始，资本就试图从工人中解放它自身，它使工人非熟练化而使其尽可能地成为机器的附属物，今天它更接近于完成这个目标。那些每日可能重组的工人是模仿生产的工人，所以作为一个批判的概念，异化劳动自身也不再拥有任何意义。莱奇的"常规生产"和服务工人除了能够紧随"常规"外只要求很少的技能；"符号分析者"仍然要求较大的技能——熟练地操作和使生产混乱，他们自己不再比他们产品的市场更重要。从生产和消费过程的角度"仰"视，后—现代论的流动主体失去了它在文化批评领域中的本来面貌，而以对异化的盲目崇拜的形象出现。

第五，后殖民话语提出的问题，或许可能概述为那种将其自身从生活的物质状态中分离出来的解放话语的一个问题，在这种情形下，全球资本主义就是当代全球社会的"基础"原则。它试图批判意识形态，但是最后变成了当前意识形态的一种阐述。它的批评位置是一种"过去"的激进位置，……它忽视(或掩盖)了下列事实：边界地区"多元的、复杂的和矛盾的"主体位置不过是根据语境假设了一致和方向(如果仅在时间上)，所以语境分析成为首要的意义——这是后殖民话语所回避的东西，因为它假设那种分析带有过多的马克思主义的风格。它也忽视了"后殖民话语"的定位——首先，在世界学术体制中，"后殖民知识分子"自己作为跨国知识阶级占据了一个有利位置，他们也同跨国资本家阶级拥有同样多的全球资本主义产品。全球资本主义已经搞乱了时空概念。它也搞乱了政治位置以致今天听起来像意识形态霸权的"激进"声音也不再稀罕。①

最后，后殖民批评的崛起和后殖民知识分子的理论意图也证明了这种话语的意识形态性质。前文已经扼要地提示了后殖民批评崛起的过程，这种提示并没有揭示其与现实世界之真实变化之间的关联性，而这一点对于作为一种激进政见的声称却是重要的。德里克强调：当后殖民批评作为先前对全球关系进行的激进描述的知识运动的继承人出现时，检视其出现的历史环境对于理解它的激进声称就至关重要了。事实上，他在多篇文献中强调"在后殖民批评作为一种激进知识分子运动的时空地图中历史视角的重要性"，并对其进行严肃的批判。他认为，作为思想与文化现象的后殖民主义，若脱离了它产生时的物质环境，便不可理喻。毕竟，后殖民主义不是空中楼阁，它标志着一些知识分子态度上的变化，他们自觉改变了前辈知识分子认识世界的方式。后殖民主义本身是正在形成中的全球资本主义的文化/意识形态组成要素，强调这一点不仅有助于我们理解后殖民主义何以产生，而且可能解释它何以迅速风

---

① 译自《革命之后：警觉全球资本主义》，96—100 页，卫斯里公会大学出版社，1994。重点号为本书作者所加。

靡思想界。因此，揭示后殖民主义问题的关键在于澄清资本主义内部的
变动。那么，当代资本主义到底发生了何种变化呢？本书第二章已经详
细论述了德里克在这个问题上的立场，而从全球资本主义的殖民主义特
征看，"现代殖民主义最显著的特征恰恰在于它与扩张中的资本主义秩
序的关系，这一秩序滋养了殖民主义，并使它成为一种全球现象"。而
另一方面，"(20世纪)80年代中社会主义偃旗息鼓，与现存的社会主义
形式及其第三世界革命变式相关的激进选择也全盘撤退"①。"后殖民主
义"一语的命名正是在这背景下发生的，它是由一群出身于第三世界而
活跃在第一世界学术体制的知识分子命名的，其突然出现并在学术圈迅
速受到关注表明，这一术语不是殖民地居民对自身与帝国主义语言的经
历进行长期反思而积累的产物，而是连锁环境的产物，它使人对过去和
现在的殖民主义经历进行重新解读和重新阐释。而且，命名(及其迅速
受到关注)不是发生在第三世界或本土居民中，而是在第一世界学术圈
内。因此，德里克强调后殖民论对资本主义的"反本质主义式"拒绝。对
第一世界与第三世界历史关系的拒绝等，它们剥夺了殖民主义的历史内
涵。这充分说明，后殖民意识旨在忘掉过去，而某些知识分子正是将忘记
过去视为自我解放的一个基本条件。这种解放必然将第三世界、阶级、种
族、妇女等"差异性"和"异质性"的真正的经济和政治的解放引向文学文
本，似乎只要这种差异性和异质性能够写出不带任何历史遗产(因为只要
进入历史就必然面临殖民—被殖民的关系)和当代意识(因为当代的不平等

---

①　[美]德里克：《后革命氛围》，王宁等译，95—96页，北京，中国社会科学出版
社，1999。

不仅是殖民历史的产物而且是资本殖民的新形式)的文学作品，解放就完成了。这种充满诗意的文化想象却是后殖民话语操持者们自身境遇的一种写照，反映的只是他们自身的文化关怀和现实利益。而这一点恰恰是有利于当代全球资本主义形成和巩固的，因此为它所提倡。不可避免地，后殖民主义成了全球资本主义意识形态的帮凶。所以德里克仍然不满意阿皮亚将后殖民性视为一种"买办知识分子状态"的批评，而直接说它是全球资本主义时代的知识分子的状态，即一种阶级问题。① 他提醒我们，知识分子与资本共谋的原因在于资本生产方式的变化所导致的社会结构转型，从更广阔的视角看，许多看上去很学术的东西实则与这一群体的文化关怀以及资本机构对这些关怀的反应息息相关。也即如胡果维尔特（Ankie Hoogvelt）所言，后殖民话语是对应于后现代或全球资本主义特殊的地缘政治和经济构架的一种文化状况或文化逻辑。②

----

① Arif Dirlik, *The Postcolonial Aura*: *Third World Criticism in the Age of Global Capitalism*, Boulder, Colo.: Westview Press, 1997, p. 77. 这是一个复杂而重要的问题，在当代知识界的状况分析中，知识分子本人似乎更愿意在当代知识场的竞争中强调非意识形态的客观的知识学立场。这种立场是否存在，这个根本性问题大部分被擦掉了。以激进身份出场的后殖民知识分子却提供了一个反面例证，它说明，在当代全球资本主义条件下，每一种理论的建构都与当下社会权力运动密切相关，因此绝不会存在一种纯学术的随感。特别是那些以激进主义批评出现的理论，它的学术论争的"客观性标准"是极为微弱的。当然，我们并非是要从这一点推论出所有的学术争论都应该坚持阶级标准来衡量，而是强调在涉及重大政见问题上离开意识形态标准是危险的，而在一般学术讨论中过分以意识形态作为全部的批评立场同样是危险的。然而，无论如何，这都是一个不可避免的话题。关于为什么后殖民知识分子不是一个简单的"买办"问题，而是阶级问题。我们将在下文强调，正如艾哈迈德、斯克莱尔等人所指证的那样，当代全球资本主义通过跨国公司的操作直接将阶级在全球基础上以资本生产过程来区分。

② Ankie Hoogvelt, *Globalization and the Postcolonial World*: *the New Political Economy of Development*, Baltimore: the Johns Hopkins University Press, 1997, p. 155.

总之，如德里克在《后殖民氛围》这个文集前言中所指出的那样：后殖民批评在校园内是含糊的，在其当前用法上，"后殖民批评家"占据了一种广泛的政治光谱，从斯皮伐克这样的马克思主义女权主义者到斯图亚特·霍尔（Stuart Hall）和保罗·杰尔罗伊（Paul Gilroy）这些试图在资本主义物质环境中建立身份政治基础的人，再到唯心主义的构成主义者，如霍米·芭芭，他的知识姿态暗示着一种"左"倾的自由主义。在美国的大学引发最大影响的"后殖民批评"的译文，是反对结构和总体性而使身份政治走上前台的那些东西，那些在"杂交性""异质性"和"中间性"中发现克服困扰当代社会问题的关键性东西，这一点或许并不令人惊奇。后殖民提供了一个例子，它说明了文化批评是如何通过夸大其主张或无度地扩张其范围而浪费它的批评能量，最终以非批评、自恋和新奇性庆典结束的。①

二、后革命氛围：革命和反革命

如果说后殖民论试图测度当前激进形势的努力，最后以讽喻的景观证明了这种努力是一种失败的尝试，那么新的激进选择又如何可能呢？德里克认为，全球资本主义给今天的激进立场提出的问题是"后革命"问题。作为一种激进的形势，在其中后殖民论等激进主义理论采取了"反革命"（anti-revolutionary）的立场，而真正的激进主义则必须采取"革命

---

① Arif Dirlik，*The Postcolonial Aura：Third World Criticism in the Age of Global Capitalism*，Boulder，Colo.：Westview Press，1997，"Preface".

之后"(after revolution)的立场。他用"后革命"(post-revolutionary)这个合成词的前缀"post"所内含的"反"(anti)和"后"(after)之双重含义指证了当前形势的复杂性，要求在这种形势下"重新发明革命"(reinventing revolutionary)，即一种声张"不含反革命之义的后革命"(postrevolutionary without being antirevolutionary)。①

后革命术语在德里克理论中具有独特的地位，它是针对后殖民批评提出来的。如果德里克将当前的文化批评视为在被概括为全球现代性的当代条件下对全球关系的重绘②，那么作为他新激进主义构想的后革命同样是对这种关系的重绘。但是，与后殖民不同，他的后革命面对着两个世界，即文化批评世界和新近重构的地缘政治的本质主义的世界。后殖民批评作为第一种世界并不反对第二种世界，它只是在自己的理论中将后者取消了。德里克强调后革命旨在对第二种世界的现实取消，而不

①　Arif Dirlik，"Reverals, Ironies, Hegemonies,"*Modern China*，Vol. 22　No. 3，July 1996，p. 277.

②　这个"重绘"，用英文来表示，就是 remapping，正如 mapping 这个术语的认识论用法，remapping 也意味着对一种历史条件的认识，它是理论对现实的一种反应。在讨论中，我们也将遇到另一个术语，reconfiguration，这个术语，我们译为"重构"或"重组"，它表示那种历史条件的变化。由于德里克在历史讨论中已经肯定现实不是自发地产生的，而是和主体自觉的建构直接相关，因此对"重构"的分析，也就意味着对权力关系变化的分析，这一点则必须通过对现有理论的"重绘"来完成。这种区分应该是清晰的。但是，也必须指出的是，德里克的论战对象是后殖民话语，在后者那里，历史与历史认识并没有严格的界限，它们都归结为主体性的文化想象，因此，经济、社会和政治、文化力量的现代化运动本身也不过是文化想象本身，通过改写文化想象则可能达至主体位置的改变。德里克是不同意这个立场的，事实上，通过对"重构"的分析，他不仅指证了资本的霸权，而且也指证了后殖民的意识形态性质。而对于主体性问题，在面对现实社会历史条件正在发生的转型(transformation)时，激进主义能够通过自己的政见选择而得到主体性的原因在于，他们能够在现实的可选择性中进行 project(计划、规划和工程)。

仅仅是认识上的拒绝，因此，在解放政治意义上，我们可以将德里克后革命视为全球资本主义时代的解放议程。

（一）后革命氛围

前面已经强调，对于德里克等西方左派理论家来说，苏联东欧的失败意味着曾经影响了 20 世纪的社会主义革命逻辑也告终了。但是，他们在认识当下形势时并非如资产阶级意识形态那样简单地把这种失败视为激进主义或马克思主义的失败，相反，他们认为这同时意味着资本主义的危机，同时，由于马克思主义不再受到过去模式化的社会主义（即教条的社会主义）制约，它重新焕发出对资本主义的批判力量。例如，詹明信强调："苏联的解体不能说是共产主义的失败，而应归结为共产主义的胜利，假如人们最终只是把这看作是现代化的策略的话。"[①]而这带来的必然是对马克思主义的重新认识，德里克强调的是，由于马克思主义已不足以解释新的世界形势所带来的问题，人们普遍设想的从经济需求、社会和政治剥削及压迫中摆脱出来的人类解放前景，现在必须植根于一种不同于马克思时代的世界形势，必须融合伴随这一新形势而来的新的社会拥护者的观点和想法。[②] 从其对革命的理解看，他的意思是必须重新审视人类对于新社会的实际追求（即社会想象力），这种新的社会想象力当然是对资本主义的替代，它又是在社会主义革命不再有效地

---

①　［美］弗里德里克・詹姆逊：《论现实存在的马克思主义》，见俞可平编：《全球化时代的"马克思主义"》，80—81 页，北京，中央编译出版社，1998。

②　参见［美］德里克：《马克思主义向何处去？》，见俞可平编：《全球化时代的"马克思主义"》，206—207 页，北京，中央编译出版社，1998。

承担未来社会想象之任务背景下发生的，这就是"后革命"问题。

"后革命"作为一个术语，并非德里克首创。① 1980 年，美国著名的马克思主义经济学家保罗·斯威齐（Paul Sweezy）曾用"后革命社会"（Post-revolutionary society）这个术语，用它指称以苏联为代表的包括中国、南亚、拉美、非洲等一系列通过革命方式建立起来的新国家。他认为这些国家虽然打着社会主义革命的旗帜，但是其性质并非马克思所言的社会主义社会，也不是资本主义社会，而是介于两者之间的过渡社会，是一种新的社会形式。② 在这里，如果与前面讨论过的"后殖民"这个术语一致，我们将看到在"后"（post）与"革命"（revolution）之间用不用连接号含义是不一样的，斯威齐的用法恰恰与"后—殖民"（post-colonial）的用法是一致的，因此它指称一种新的社会形式，而不是一般的"革命之后"（after the revolution）的含义。在后一种含义上，图尔纳在 1990 年也使用过，他强调："我们已经置身于由马克思、霍布斯鲍姆和弗兰索瓦·福雷特（Francois Furet）所定义的革命年代之后。"③他用同样的

---

① 德里克中文文集《后革命氛围》的编译者王宁认为，"后社会主义"和"后革命"，这两个术语出自德里克之手，"他不仅对包括这两个术语在内的所有术语（指在当前人文社会科学论域中广泛使用并处于显赫地位的，如'后现代''后殖民''后人道主义'等术语——引者注）所包含的深刻理论的进一步完善和精确界定作出了贡献，而且他还是这后两个术语所展现的现象的权威性描述者和构划者。"（《后革命氛围》，编者前言，第 2 页，北京，中国社会科学出版社，1999。）这是有误的。在这里，我们指出这个术语并非德里克首创，不是为了学术较真，而是旨在强调如果不清理该术语的流传史实，就不能中肯地判断德里克本人使用这一术语的理论内涵，从而揭示其独特的地方。

② Paul M. Sweezy，*Post-Revolutionary Society*，New York：Monthly Review Press，1980，p. 139.

③ Alain Touraine："The Idea of Revolution," Mike Featherstone(eds)：*Global Culture*，London：Sage Publications. 1990，p. 137.

Post-revolutionary 表达了"资本主义体系的胜利",即社会主义革命已经成为过去,也即"革命"之后。德里克在使用这个术语时,他择取的是其多义性,当它用"after the revolution"作为自己著作的标题时,显然与图尔纳是一致的,而在"重新发明革命"这一点上,他又与斯威齐的用法具有某种暗合性,即召唤一种新的不同于先前社会主义的社会形式。他的这种用法,显然与其对中国社会主义性质的看法有着直接的关联,也与其实际地采取了某种后现代主义立场有着一定的联系。因此,我们首先对这个术语进行语境的分析。

我们已经强调,对资本主义进行替代方案的设计显然是德里克的理论重心,但是他并没有将自己的方案直接定义为不加定语的社会主义。这是因为,"社会主义"更确切地是指经典的马克思主义语境。他认为,中国这样的"现实的社会主义"(actual socialism),这种社会主义作为资本主义的替代,作为一种历史现象,它对应于罗道夫·巴罗的"非资本主义社会"和斯威齐的"后革命社会"。而德里克则倾向于使用"后社会主义"来定义这一历史现象,他强调,这种"后社会主义"作为一种历史状态,它提供了对资本主义的替代方案,但是它是介入资本主义与社会主义之间的发展道路。① 他甚至也将这种道路称为"第三条道路",并将之视为第三世界选择的典范。② 而其后革命则意味着这种选择而强调"十

————————

① Arif Dirlik:Postsocialism? Reflections on "Socialism with Chinese Characteristics,"Arif Dirlik and Maurice Meisner(eds),*Marxism and the Chinese Experience*,M. E. Sharp,Inc.,1989,p. 375.

② Arif Dirlik,*The Postcolonial Aura*:*Third World Criticism in the Age of Global Capitalism*,Boulder,Colo.:Westview Press,1997,p. 153.

月革命"路线在当代的不适用性。他强调："（20 世纪）80 年代中社会主义偃旗息鼓，与现存的社会主义形式及其第三世界革命变式相关的激进选择也全盘撤退。"①在这一条件下，重提革命，显然与 20 世纪社会主义革命的传统更为遥远，但似乎与马克思讨论革命的社会历史条件更为接近。不过，诚如上文所论及的那样，德里克绝非简单地号召对全球资本主义的造反，而是在这种新型权力关系中，声张平等，这种声称带有后现代的特征。因此，使用这个术语作为一种环境的特征来替代"后殖民"时，他强调，"因为革命能够有效地说明后殖民主义如何与过去决裂，进而在自己前提的基础上重构过去。我认为，'后殖民批评家'们所宣称的与事实相反，他们重构过去是在对后殖民性议论的历史替代物——其中最显著的莫过于革命——的目的论基础上的"。而"双重意义的'后革命'（'以后'与'反对'）比'后殖民'能更好地涵盖后殖民论的前提和要求"。从时间上说，后革命能够更有效地传达后殖民性所描述的状况及其对这一状况的立场。也就是说，这个术语本身具有双关的特征，一方面它指认后殖民的"反"革命立场，另一方面暗示革命本身具有一种新的条件，因此必须以新的形式展示，后者是其"重新发明革命"的含义，即在全球资本主义条件下重构社会关系。② 因此，对于"后革命"这个具有典型后学话语特征的术语，我们要做两点概括：

第一，就构词法而言，"后革命"是在"革命"之前加一个前缀"后"而成。这种创造新的分析概念的做法是西方包括在"后现代"这个总标题下

---

① Arif Dirlik, *The Postcolonial Aura*：*Third World Criticism in the Age of Global Capitalism*，Boulder，Colo.：Westview Press，1997，p. 174.

② Ibid.，pp. 163-164.

种种"后学"理论家的一种习惯。因此，一旦遇到这样的新术语，我们自然会质询它们与西方"后学"之间的关系。后革命在两个层面上与西方后学保持着某种关系：一是它以后殖民话语作为批评对象，二是它的出现确实受到了"后学"理论习惯的影响。后一个层面提示了它与"后学"理论在形式上的某种共谋关系，而前一个层面则强调它们之间的紧张关系。这样看来，如果后殖民话语自己的激进主义声称成立的话，那么后革命之激进政见则更甚。这是后革命话语作为新激进主义的第一种内涵。在这种内涵中，它也致力于文化批判，甚至包容了后现代话语的某些立场。也正是这一点，它与詹明信的关系非常接近。

第二，就术语含义而言，后革命仍然是一种对社会关系的重构。这一层含义是至关重要的。因为，在德里克那里，他已经将全球化视为资本主义对全球关系的重组，如果这一点成立的话，那么后革命就是反对资本主义霸权的一种选择。在其他激进主义声称中，如后殖民话语，他们也反对资本主义的霸权，但是当他们依赖异质性和多元性在文化上向资本主义提出权力要求时，不能与资本主义全球扩张过程中跨国公司提出的文化多元主义本身区别开来，反而在某种程度上成为其意识形态的共谋。更进一步，在德里克的理论中，社会关系包含着双重要求，一是对以阶级关系为核心的社会性别、种族等少数群体的尊重，二是全球化过程中的地方性(本土)，并且他试图以经济政治为基础将这两种关系统一在资本主义权力关系的整体性上进行认知。因此，在他的理论中包含着从经济关系中颠覆资本主义的要求，虽然在整体理论中存在着矛盾，但就这一点而言，他远比其他马克思主义声称(包括早期的西方马克思主义)更接近马克思主义。

这样看来，德里克将当前的形势用"后革命"来概括，也是复杂语境的产物。值得注意的是，诚如我们在前面强调的，不同的"革命"使用不能回避其历史观的差异，那"后革命"也表达了一种深层的历史观变化。并且基于变化了的历史观，他提出了对马克思主义的批评，同时为其对资本主义发展的替代方案、对现代性的替代方案、第三世界话语、散居、社群等"后革命"形式进行了深入的论证。

(二)"帝国主义结构辩证法"和后革命的辩证法

德里克强调："与以地方化的遭遇和身份政治的名义对全球或跨地方结构和元叙事的后殖民批评相反，我坚持认为，对结构语境特别是全球资本主义语境的关心，不仅对于把握当代全球关系，而且对于把握后殖民批评都是一种必要，后殖民批评坚持文化的自主性和优先权，它将这种自主性和优先权赋予种族和文化问题替代了对早期的阶级和社会性别的关注。"[①]这里的结构语境就是在当代条件下的资本主义霸权关系，它既作为激进形式的"后革命"存在，也是"后革命"所要替代的对象。德里克是如何将这层含义糅合在一起的呢？本书第二章已经对全球资本主义的压迫形式和特点进行了分析，这些形式也是他的革命策略的落脚点。从这个落脚点出发，德里克提出了两个值得注意的问题：一是整体化的革命策略，二是边界之地的激进主义。

在这个问题上，德里克与另一位对后殖民话语进行同样激烈批评的

---

① Arif Dirlik, *The Postcolonial Aura*: *Third World Criticism in the Age of Global Capitalism*, Boulder, Colo.: Westview Press, 1997, "Preface".

学者艾哈迈德的分析有着某种相似之处。后者指出："帝国主义的结构辩证法表现为资本运作对一切现有地球空间的渗透与民族国家形态的强化并驾齐驱。这一辩证过程在文化和意识形态领域产生了诸多矛盾后果。"①在这里可以看出，德里克的后革命提出的两个问题，也恰恰是与这种结构辩证法兼容的。在这一视角下，我们将更清楚地看到后革命所面临的问题和可行性基础。

首先是阶级问题。如果简单地将后革命视为反对资本主义霸权的实践，那么我们将会自然地想到，在德里克讨论和指认的诸种霸权形式中，核心的问题仍然是在全球资本主义条件下的阶级压迫和阶级剥削。这一点德里克本人也强调过，不过，他也强调阶级只是马克思主义用于社会历史分析的一个有效的抽象的范畴，在日常生活中，阶级易被淹没在那些更为具体的社会关系中。因此，他强调阶级分析面临它的简化论的问题，而这将导致它受到资本主义环境的制约。"由于阶级的具体表现从来没有显现出一种纯粹的形式，而只是表现为一种由多种因素决定的具体社会存在形式，因此脱离其他社会范畴来孤立地看待阶级，不仅带来分析上的误导，而且会妨碍日常的解放斗争。"在这里，我们更为深刻地看到，在德里克那里，资本主义发展的一些具体变化以及对这些变化进行分析的理论模式对其有着重大的影响。这便是 20 世纪 60 年代左派力量普遍注意到的随着资本主义的管理而导致的所谓"白领"问题，以及赖特·米尔斯对这些问题的社会学分析，甚至包括丹尼尔·贝尔等人

---

① 罗钢等编：《后殖民主义文化理论》，266 页，北京，中国社会科学出版社，1999。

的分析。在这里，我们还不宜多评论这种现象的变化，以及德里克认识的"马克思主义性质"。事实上，德里克在这里提出的是当前反抗资本主义斗争的复杂性。这种复杂性，在分析第三世界处境时，德里克已经以一个例子为我们强调过，这就是早期第三世界的斗争意义问题，他指出："昔日的第三世界民族融入了全球资本主义，民族解放构想不再创造别样的社会形态，而是创造别样的资本主义形式"，由于融入资本主义，世界体系论者的"脱钩"计划不再可能。（而这一点，也曾是德里克的梦想。）所以，现在必须考虑：一方面，"大多数第三世界国家现在的目标是发展'出口导向的经济'，这能够提高经济增长率，但付出了从前所不愿付出的代价，把相当部分的人口边缘化或推向全球性的剥削"。另一方面，这也导致民族文化的重建，以抵御可能危及民族存在方式的全球力量。① 这种难度将导致所有欠发达国家工人进行阶级斗争的难度。如果直接反对资本，那将面临更大的民族发展困难；如果不反对又将承受新的压迫。或许，正是基于对这种两难的考虑，德里克并没有首先将自己的策略定位在阶级斗争上，（当然，这并不意味着他反对阶级斗争，）而是选择其他能够兼顾这个方面的斗争形式。

其次是后革命的两种策略。德里克提出的后革命的两种要求或两种可能形式，都是直接针对当前全球资本主义权力结构的。作为整体的革命策略，德里克并没有专门地集中论述，而是散见于不同的文本中，这或许是后革命语境的复杂性所造成的困难。因为，正如我们已经强调的

---

① 参见[美]德里克：《后革命氛围》，王宁等译，72页，北京，中国社会科学出版社，1999。

那样，后革命在某种程度上意味着对早期一次性全面彻底的解决方案的"告别"。事实上，20世纪的社会主义革命也不是一下子同时发生的，而是在不同的地域以不同的形式完成的。在这个意义上，它已经告别了马克思基于其时代的欧洲资本主义状况的预言。对马克思主义时空前提情有独钟的德里克不会意识不到这一点，更何况当前全球资本主义的形成本身就与社会主义运动挫折有着密切的联系，它的复杂性导致更难直接提出一次性政治解决的方案。但是，德里克并没有放弃整（总）体性解放要求，而是将这种要求赋予了文化革命。我们将这称为"整体性的理论抱负"。另一方案则是"边界之地的激进主义"或"批判的地方主义"，它要求诉诸具体的地方革命。（详见本书第四章第三节）这种地方革命将以具体的斗争形式解决它的不平等和压迫问题，同时作为对全球资本主义抵抗的场所。值得注意的是，他所言的地方，绝对不是狭隘的地域，即作为纯粹的地理遗产的空间，而是"全球地方"（local in global）的不同构型（formation），① 它不是与全球对立的地方，而是在社会文化中作为普遍范畴的分析概念，故他把全球也视为"地方中的全球"（global in lo-

---

① 全球地方的不同构型，对于这一术语，德里克有着自己的解释。（见《后革命氛围》，45页。）我们注意到，这种解释所内含的方法与詹明信有着极大的相似性，在《政治无意识》一书中，詹明信使用了社会构型（social formation）这一术语，它用以指称非共时生产方式的共存观点。詹明信指认了这种方法源自结构主义的普兰查斯，他指出，每一种社会构形或历史上存在的社会事实都同时包括几种生产方式的重叠和结构共存，包括古老生产方式的残余和幸存，现在被归于新的生产方式之内而在结构上处于依附地位，同时也有潜在地与现存体系不相协调但尚未生成自己独立空间的预示倾向。……共同的不同的生产方式已经明显敌对的时刻，它们的矛盾已经成为政治、社会和历史生活的核心时刻。（《政治无意识》，82—83页。）这种特点，在德里克这里也是明显地存在的。但是与德里克不同的是，他基于全球资本主义扩散的前提，将地域视为全球矛盾的交汇点。有意思的是，詹明信由此导引出文化革命，德里克也走向文化革命。

cal）。因此，它与上述整体化斗争是联系在一起的，甚至就是整体化斗争的最后落脚点。这样，他提出的文化革命与地方性斗争就内在地联系起来，成为一种辩证法的结构。

最后是作为整体性理论抱负的文化革命和"边界之地的激进主义"这两种不同的理论诉求是统一于其方法论基础之上的。这也是其后革命的理论基础。在讨论其历史认识论之前，我们必须予以简单地交代。在《作为遗产和工程的过去：本土历史主义视角中的后殖民批评》一文中，德里克开篇就引用了马克思在《路易·波拿巴的雾月十八日》中阐述历史唯物主义的那个名句："人们自己创造自己的历史，但是他们并不是随心所欲地创造，并不是在他们自己选定的条件下创造，而是在直接碰到的、既定的、从过去承继下来的条件下创造的。一切已死的先辈们的传统，像梦魇一样纠缠着活人的头脑。"[1]他引用这句话的目的在于直接批判后殖民论关于主体性的声称，这种声称我们已经强调，它将主体性本身建立在一种想象的流动性和差异性之上。德里克讥讽他们，"民族是想象的、传统是发明的、主体是流动的、文化认同是神话"。因此，他反对抛弃历史的自由意志论者的遗忘。此外，德里克本人也从结构主义和后结构主义的立场声称文化的自主性或半自主性，（这一点与詹明信一致，）如他强调，"地域并非天然存在的，而是人类活动的产物"；"文化不仅是看待世界的一种方法，也是创造和改造世界的一种方法。简言

---

① Arif Dirlik, *The Postcolonial Aura：Third World Criticism in the Age of Global Capitalism*, Boulder, Colo.：Westview Press, 1997, p. 220. 原文参见《马克思恩格斯选集》，第 1 卷，585 页，北京，人民出版社，1995。

之，它是一种安排世界及其时间和空间的方法"①。他与后殖民论者的区别在于他将这种自主性视为一个历史问题。而历史问题则是一个基础的(本质的)和总体的问题(这几个特征都是后殖民论者所反对的)，因此，无论是地域意识还是文化认同都是一个历史问题，它们的替代建构(也即基于历史实践的后革命)是"不能同特定语境中的斗争的总体性分开的"②。

(三)后革命与革命：一个简要的评论

从本书第一章的讨论看，在整个20世纪关于解放议程的马克思主义探索过程中，如果我们用"帝国主义论"到"全球资本主义论"来概括它的发展大势，便能肯定下面这个观点。虽然在这条线索中不同的马克思主义者与马克思之间的距离并不一样，但他们却都共同提出一个问题：如何使马克思主义的经典理论适用于当下资本主义批判。德里克提出后革命问题，无论它是总体性的文化革命还是局部范式，都是在这个线索中生长出来的。作为一种"新探索"，它是新瓶装旧酒的中间道路的回潮，还是柳暗花明又生的新枝？对这个问题或许不能简单地回答，因为在没有穿透革命形势的暧昧性之前，关于革命的形式讨论就是不确定的，而德里克恰恰用"后革命"的矛盾性指证当前激进主义形势的矛盾。不过，有一点是确定的，这就是，德里克在"告别革命"思潮渐成一种时髦之际，他明确地将当前的全球化与资本主义霸权联系起来，要求对它

---

①　Arif Dirlik，*The Postcolonial Aura：Third World Criticism in the Age of Global Capitalism*，Boulder，Colo.：Westview Press，1997，p. 25.

②　Ibid.，p. 232.

的新形式压迫与支配进行批判分析，并在解放立场上提出"重新发明革命"的口号，这在当前恰恰是最为重要的东西。

我们强调，无论如何，在马克思主义的视野中，革命不是一种简单的政治事件，而是总体性的社会解放的完成。因此，虽然革命本身最终必须具体落实到经济、政治或文化方面，也有可能在不同的历史条件下选择其中一个方面作为入口，但任何一个单个和孤立的方面都不能被视为马克思主义的全部，也因此，我们不能以单个的经济、政治、文化纲领来替代马克思主义。此外，政治、经济、文化等诸方面的革命要求，在特定的社会历史条件下也并非是同质的，任何一个方面的优先性都取决于物质环境所提供的可能性，其中经济方面在阶级斗争背景下具有首要性。这样，我们就必须看到在当代全球生产方式"非共时性结构"条件下，发达资本主义社会与其他落后国家以及社会主义社会，这几种不同的社会历史形态下的革命要求与手段是不一致的。诸如总体性革命与"飞地抵制"的辩证法关系就是在这种背景下成为新激进主义理论的核心问题的。例如，在我国政治革命趋于完成的背景下，继续进行经济的革命就是一种必然，而在发达资本主义条件下不进行彻底的政治革命，它高度的生产力水平则必然表现为资本主义发达的控制手段。而在这两种背景下，导向彻底解放的文化革命虽然最终是必要的，但在目前却仍然是一种乌托邦。这也是为什么把以文化为基础的心理结构革命为首要诉求的马尔库塞式"总体的社会主义"在西方必然找不到现实落脚点的原因。

在当前，随着科学技术的发展，人类实践水平的不断提高，历史时间急剧加速，特别是 20 世纪末，全球化在广度和深度方面的突破使人们感觉到前所未有的不确定性。在这种背景下，以控制人类未来风险为核心的"生活政治"也作为一种"新激进主义"成为争夺选民的理论。但是，这种"新激进主义"则不过是一种资本主义改良的舆论，它与以解放政治为核心的左派激进主义传统是不一样的。因此，吉登斯以"第三条道路"为这种实践做理论论证时，他强调"告别革命"是必然的。就问题本身而言，它并不是新的，20世纪六七十年代知识界和政治运动中"现代性与革命"问题的背景造就了这一形势。在这种讨论中，资本主义似乎倒成了革命的。例如，柏曼借用马克思的"一切等级和固定的东西都烟消云散了"这句名言描述了20世纪资本主义的"革命"。① 但是，柏曼等人并没有实际地揭示这种变化的原因，而只是以浪漫主义的知识分子情调搞混了问题的性质。所以，安德森对其进行了批评，他强调资本主义的当代剧变不过是资本主义生产方式的自我修正，并没有给人类带来最终的希望。他认为，为反对把革命概念贬值及其所带来的政治后果，必须坚持将革命视为即时事件而不是永久的过程。也就是说，革命是激烈政治变革的一个篇章（事件）。因此，他重申："'革命'是一个具有精确含义的概念：从底层政治地推翻一个国家的秩序并用另一种来替代它。如果通过时间来弱化它或者将之扩展至社会空间的每一部分，那么我们将一无所获。"②

---

① Marshall Berman，*All That is Solid Melts into Air*，New York：Simon and Schuster，1983，p. 15.

② Perry Anderson："Modernity and Revolution，"in Cary Nelson and Lanwrence Grossberg(eds)，*Marxism and the Interpretion of Culture*，Urbana and Chicago：University of Illinois Press，1988.

可以说，在当代的讨论中，革命概念的连续扩大，革命的政治含义被资本主义意识形态有意识地消解了。在这种情况下，全球资本主义条件下激进的政治解放可能性将决定性地在后现代主义氛围中产生。所以，革命本身将体现出一种后现代性的特征——非中心化、散裂、拖延，犹如德里达的"延异"概念所表达的那样。因此，虽然安德森指出了问题所在，但由于他不能提供实际的解决方案，最后也不得不面对"后革命"世界的乌托邦。

在进行激进声称时，德里克在新的现实格局和理论形势之下，已经充分照顾了后学研究所提到的少数话语和日常生活斗争。（关于这一点，我们在其方法论讨论中解决其来源和合法性。）但是，却也明确反对后殖民对革命的否定，更是批判后殖民话语激进声称所依赖的认识论基础。他指出，新的经济关系、新通信手段以及新生社会力量重新结构了全球，在这一条件下，我们不能不重新思考激进政治。他认为，革命意识形态的根据无非是有可能理性地把握历史。这一点，也正是本书第一章中强调的革命的理论前提。但是后殖民论挑战了这一预设，并以此为基础，建构主体性和社会身份。它们强调过去是建构出来的，无法指导未来，并排斥了基础结构、二元对立、本质化身份以及"人本"主体性等概念，从而把革命扫地出门，除非革命作为偶发的可能性。所以，后殖民论以激进身份出场，却否定历史，否定革命，从而否定了解放的可能性。① 为此，他强调，在当前，权力结构比以往任何时候都在滋生着日

---

① Arif Dirlik, *The Postcolonial Aura：Third World Criticism in the Age of Global Capitalism*, Boulder, Colo.：Westview Press, 1997, p. 178.

常生活中的争夺，跟不上的就要被边缘化。争夺既包括对历史的争夺——直到最近，历史引发了革命，以造就资本霸权的替代物——也包括对革命这一概念的争夺，20 世纪 80 年代以来，右翼政治势力利用了革命。在这种新的形势下，进步革命的前提与实践不再有效，但它们的记忆对于反抗权力结构比以往任何时候都更有必要；斗争的性质可能变了，但引发斗争的环境依然如故。①

　　在这一背景下，德里克强调后革命氛围也只是指认了当前革命环境的复杂性。当他声称由于现实社会主义的"死亡"，马克思主义可以名正言顺地回到它本来应该成长的故乡时，他希望将 20 世纪革命的积极成果提升到一个点上，这就是对资本主义的替代。应该说，这就为我们以新的眼光审视从 20 世纪 20 年代的卢卡奇到 90 年代的詹明信的种种"马克思主义"声称提供了又一个理论平台。更为重要的是，如果说上述提升形成的只是一个质点，那它还准备将这个质点置于当代的时间维度之上，形成具体的社会变革力量。

　　现在远未到达总结革命的时刻，后革命作为一种思潮是否将成为一种不可避免的选择，我们也不得而知。正如 20 世纪马克思主义不同话语的产生和发展与社会历史变化是直接相关的，我们也必须按照马克思主义"具体问题具体分析"这一核心的方法论要求来清理时代的理论，也就是说，在当代我们也不能不考虑社会历史条件的差异而强求一律。或许，保持马克思主义在全球的差异性可能是马克思主义自身活力的一种

---

　　① Arif Dirlik, *The Postcolonial Aura : Third World Criticism in the Age of Global Capitalism*, Boulder, Colo. : Westview Press, 1997, pp. 180-181.

重要保证。在这一前提上，我们能够积极地探索在全球资本主义历史条件下人类解放的可能及其实现途径，从而回答西方激进左派学者关于"马克思主义往何处去"（whither Marxism）的提问。

在这里，我们只是从马克思主义或左派思潮对资本主义分析的历史线索导引出它的当代特征，对当代西方语境下的一种可能的马克思主义话语进行简单的描述，而不是针对西方社会本身的历史分析，所以并没有直接提出一个替代术语作为评述标准。但是，必须强调的是，我们本身是有立场的。这就是坚持马克思在分析资本主义生产方式时所采取的理论策略：从生产力所决定的生产特征中考察资本主义生产方式的变化，而在生产方式分析的基础上全面解剖资本主义生产关系。这样，我们就必须围绕资本生产和再生产的历史变化来描述当代资本主义社会特征。这也是分析当代西方（也包括中国）学术界所热衷的"全球化"思潮的根本立足点。撇开围绕"全球化"所展开的多维度理论争论，仅从资本主义生产方式在当代的全球扩散来看，全球资本主义也是我们这个时代的最重要特征。这样，文献史所勾勒出来的问题变化以及回答本身不再是纯粹中立的理论，而是政治的。这也符合当前全球化的特点：商业在资本主义生产方式之下不再是无辜的。对于中国人来说，在全球化思潮中尤其需要清醒的是：当中国开始步入国际市场时，绝不可能仅仅简单地享有"牛奶和蜜糖"去收获由 500 年资本主义建设带来的物质成果，而不承担伴随它产生的罪恶和灾难。应该说，在"全球化"背景下，第三世界市场化的过程使得传统马克思主义所呼唤的对资本主义的"飞地抵制"成为一种泡影。在这一条件下，我们必须重新考虑适应晚期资本主义特征的"解放议程"，这将成为 21 世纪社会主义运动最核心的问题之一。德里克所讨论的正是这样一种解放议程。

三、知识分子：解放和权力

德里克提出"后革命"与后殖民话语在对当前激进环境的测度上进行的竞争，在某种意义上虽然只不过是当前激进理论之间的认识分歧，这种分歧已经从根本上涉及了历史认识论的差异，从而直接提出了作为被压迫和被剥削人民之代表的激进理论的位置问题，即知识分子在解放和霸权之间的关系中所处位置的问题。20 世纪 60 年代以后，在西方左派知识分子实践中，它占有特别重要的地位，因为它不仅提出了知识分子文化实践的合法性问题，而且直接改写了解放话语的理论指向。后殖民话语之所以将自己的理论矛头定位在反对欧洲中心主义上，是因为他们的理论和这个背景是直接相关的。应该说，这也是当代中国知识分子在实践中遇到的一个极其重要的问题，因为 80 年代以来，在紧跟世界潮流的冲动下，中国知识分子也移译了西方学者反欧洲中心主义之立场，但是由于缺乏对自身历史的理性反思，反欧洲中心主义在部分知识分子那里变成了批评一切，而这种批评本身却是对西方话语的直接依赖。德里克针对上述现象提出了三个问题：第一，文化与霸权的关系究竟是怎样的，在这种关系中激进知识分子如何定位？在其中，他公开提出了对"文化多元主义"之流行观念的批评。第二，反欧洲中心主义应该是怎样的理论姿态，又如何把它与彻底的反霸权实践联系起来？在这个问题上，他强调反欧洲中心主义不是一种反对地方中心的实践，而应该是对资本主义或资本主义现代性的反抗。第三，知识分子如何可能承担反霸权实践的历史重任，对此德里克的回答是在激进的历史环境中塑造一种新型的没有中心的解放文化。

(一)文化、霸权和解放

在后现代主义激进主义者看来，文化作为一种建构甚至作为一种言说，与当下的主体位置是一致的，但后现代主义者并没有进一步论证为什么会产生这种流动的主体位置，而是直截了当地通过否定"宏大历史叙事"，以反本质主义的名义取消了先前的历史，即把历史变成当下冲突的经验，而把过去和未来都当成可以任意涂写的文本。德里克赞成后现代主义的开放性立场，但是反对它们对元历史的否定，而把文化纳入其历史主义结构分析方法之中，由此导引出文化通过半自主性作用承载着反对霸权的功能，同时也规定了文化本身是受到社会历史条件所制约的。这就决定了他与文化多元主义的差别，既能够声称一种"文化革命"的立场，又不落入仅仅在意识中解放的理论窠臼。

什么是文化呢？美国人类学家詹姆斯·克利福特指出："文化，一个集体的想象，是个体自身和自由的土壤。马洛所谓的'自己真正的东西'，是工作的产物，是一个基本的意识形态结构，是道路规范的基础。但是一旦文化成为可见的，就像一个目标和基础，一个存在于其他东西之间的有意义的系统，人类学的自身就不能再扎根于没有中介的本体之中了。"①这个论断对于后殖民论文化的基本立场有着影响。后殖民论普

---

① 张京媛编：《后殖民理论与文化批评》，269 页，北京，北京大学出版社，1999。

遍认为文化是一种认同想象，这种认同想象在自我建构中具有决定性的作用。因此，他们将文化问题视为第三世界（包括种族、妇女等）自身价值建构的核心问题。

事实上，在当前全球化研究中，左派学者大都转向一种文化研究的立场，这种立场源自英国马克思主义文化研究。在这种立场中，如E. P. 汤普森解释的，文化不是一件事物，而是一种关系，它并不仅仅是一种表现由这些关系构成的整体的自主原则，这个整体似乎一旦形成就成了一张无缝的网，而文化就是织就它的结构原则，身处社会政治关系之外却又逻辑地优先于它们。德里克认为，这种把文化自主化的倾向同时带来了把文化产生过程中的社会政治关系的优先性地位神秘化。因此，他强调，文化是我们能够理性地理解世界（如果理性能对生者的世界发生任何影响的话）、把世界变得更合理的唯一基础。换言之，文化还是理解理性事物的方法，理性事物不是从生者的世界中剥离出来并作为后者的评判而与后者相对的抽象理性，而是生者的理性。[①] 简言之，他将文化视为人类在特定的历史条件下创造活动的全部产物，它同时构成我们当下实践活动的前提。这与他对马克思的理解是一致的，他也将文化视为那种历史所支持的理性活动，这样，"对文化作为活动的意义加以再确定，可以使文化活动的再现成为一种解放实践"[②]。正是在这一点上，我们看到，因为他已经把革命视为一种根据理性把握历史从而

---

① 参见[美]德里克：《后革命氛围》，王宁等译，183 页，北京，中国社会科学出版社，1999。

② Arif Dirlik，*The Postcolonial Aura*：*Third World Criticism in the Age of Global Capitalism*，Boulder，Colo.：Westview Press，1997，pp. 23-24.

建构主体性和社会身份的活动，在解放意义上，文化恰恰是它的一个核心内容。

德里克认可下列说法：文化主义代表了“一种与理念发展和复杂经济主义的决裂，以及转向对‘文化’和‘经济’的压倒一切的关注”①。但是，他并不认同文化多元主义。因为，历史经验证明，文化主义会不可避免地推远他者，而自行导致霸权。他强调，真正的“解救”活动要求的不只是简单地把隐没者重新带到历史的显眼处。因此，他以汤普森为例对作为解放实践的马克思主义的文化主义进行了讨论，认为其核心问题是确立工人阶级在历史中心的位置。这样，它至少也否定了历史的中心。一旦失去了中心，文化主义的霸权就被剥夺了参照的框架。他强调马克思主义的文化主义通过对历史中心提出质疑，凸显了解放实践。因为，“霸权要求有中心，不仅要求空间上的中心，也要求时间上的中心。把霸权集团从中心赶开，不管是阶级集团，还是国家集团，这样做都使历史失去了中心，也剥夺了霸权集团对历史的所有权。实现这个目标的文化主义意味着一种解放的可能，即使只有一种可能”②。

在这种文化主义立场上，霸权以及与霸权发生共谋的东西都是理论批判的对象，文化多元主义、抽象的马克思主义的文化主义都不例外。在反对文化霸权的过程中，文化主义，特别是后殖民论，德里克认为，他们虽已“东方化”了，但自以为自己具备的是东方的异国情调，这使他们常常遭到忽视和排斥，在本国内部常受到思想方面的怀疑。这一点不

---

①　[美]德里克：《后革命氛围》，王宁等译，191 页，北京，中国社会科学出版社，1999。

②　同上书，191 页。

可避免地提出了有关东方主义和权力的关系问题。他认为，亚洲社会的精英曾参与了东方主义产生的整个过程，甚至在目前比以往更甚，因为"国家"这个概念越来越成问题，随着全球化和人们散居游移的日益发展，文化变得更加复杂了，以国家定义的一国文化亦受到地方化文化的挑战，国家已难以被定义为一个文化本体。因此，在西方的东方主义建构中，东方人参与这一有关东方话语的展开是一个重要问题，萨义德所说的东方主义欠缺就在于它忽略了这个问题。这样，从长远观点看来，正是"自我东方化"有助于把目前存在的各种权力形式恒久固定下来，它不能提供一个正确的观察尺度，因为其直接就是镜中像。德里克强调的是，自我本质化也许有助于对"西方"支配的情况加以改变；但同时也由于吸收采纳了东方主义对历史的一些设想与观点，所以反而巩固了"西方"意识形态的霸权地位。①

　　形成这种情景的原因或许是复杂的，但有一点是不能回避的，这就是文化主义作为一种知识分子的话语建构，它与知识分子在整个霸权结构中的位置有关。这不是说他们有意识地直接借助了霸权，而是说他们由于对自身位置的无意识性而导致在某些方面对霸权要求的无警惕性。德里克反复强调作为一名历史学家的自觉意识，恐怕原因也在这里。他强调：历史学家作为社会现存权力结构的一部分，与本社会保持着霸权的关系，而对历史主体的霸权不过是这种霸权关系在过去的延伸罢了。而文化主义作为霸权主义原理和作为解放实践之间的斗争、唯社会学论

---

　　① 参见[美]德里克：《后革命氛围》，王宁等译，293页，北京，中国社会科学出版社，1999。

和历史主义之间的斗争、经济主义和人文主义之间的斗争，这种种斗争的社会背景皆在于此。与其说文化主义的马克思主义是马克思主义的反映，倒不如说它是那些"离开了中心的"知识分子的反映。①

从上述讨论看，抽象的文化主义是一种非社会化非历史化的文化观的产物，这种文化观以文化替代了历史，将历史文本化。因此，在抽象的文化主义讨论中，作为讨论对象的特定社会就不具备真正的历史性。那接下来的问题是：是否能够克服文化霸权主义？又通过什么方式克服？

我们认为，文化霸权主义是帝国主义政治经济霸权的一个集中体现，但是仅仅从文化上来反对帝国主义无异于"秀才造反"。既然文化多元主义提出了文化问题的解决方案，在其成为霸权的共谋情况下，我们首要的理论任务是清除它的影响，从而恢复它神秘化了的权力的经济政治条件。这也是德里克的思路，在这一思路中，对文化霸权主义的批判至少面临着以下三个层次的基本问题。

第一，对文化多元主义的批判。文化多元主义核心失误在于其自身非历史化的认识论。从理论上看，抽象化正是作为霸权思想的文化主义认识论方面的出发点。这种抽象化拒绝进入特定的具体的历史情境对权力关系进行认知测绘。因此，对作为霸权的文化主义的克服，在认识上，首先是对具体权力关系的分析，而不是对抽象的霸权的反对立场。为了做到全面，对文化主义霸权的批判必须延伸到文化在社会内部所扮演的霸权工具的角色上。对内部霸权的批判不仅是必要的，而且还是整

---

① 参见[美]德里克：《后革命氛围》，王宁等译，202 页，北京，中国社会科学出版社，1999。

个社会获得文化解放的先决条件。如果把文化主义看作一种全球的思想现象，那么就可以昭然揭示出现于社会关系中的文化问题，并且可能对文化概念在文化主义意识形态中所承担的霸权功能进行更全面的社会批判。他认为：文化主义的马克思主义说明了一个具有重大社会意义的认识论问题。如果抽象概念取代了活生生的人，那么不管使用抽象概念的人出于怎样的好意或对解放事业表达出怎样的同情，这些抽象概念还是可能成为霸权的工具。① 在这一点上，德里克坚守对全球资本主义的具体的权力结构进行认知测绘的立场。

　　第二，必须创造出一种既普遍又特殊的新文化，才能克服文化主义霸权。② 这种文化立场必须是马克思主义经典作家已经反复强调过的真正的从狭隘走向世界的国际主义立场，德里克强调的是，这种国际主义立场应具有辩证法立场，即主张一切都是普遍的，但一切同样是地方的。在这一点上，他似乎坚持了列宁有关民族主义与国际主义的立场。基于这一点，他重新审视了第三世界的激进马克思主义关于文化革命的思想，提出对其经济主义替代的文化革命问题。他强调，文化在革命变化中至少具有半自主性的作用，认识到这一点对激进社会主义及其文化革命的意愿都是具有基本意义的：创造新文化必须以彻底推翻现存社会关系为出发点，而这样创造的新文化会成为社会主义进一步变化的源泉，或者能够推动社会进一步变化。③ 从这里入手，它把经济与文化的

---

① 参见［美］德里克：《后革命氛围》，王宁等译，200 页，北京，中国社会科学出版社，1999。

② 参见同上书，221 页。

③ 参见同上书，213 页。

关系辩证地联系起来，提倡通过文化的创造推动革命的进程。这便是重新组合起现在和未来、理论和历史范畴以及社会主体，最重要的是认知主体和历史主体；换言之，有一种真正意义的解放实践的可能，它只能作为一种可能性存在，它必须把它的前提定为剥夺社会进程的中心，剥夺历史的预定方向。

第三，文化问题是异化和霸权问题的表现，它也是一个社会问题。因此，只有通过社会变革才能彻底解决文化问题。[①] 在解放政治层面上，革命的政治实践面对文化问题时，并不当它是外在的力量，故而也就不当它是抽象力量，而只是把它看作存在于社会现在结构内部的矛盾。也就是说，只有彻底的社会革命才有可能真正解决文化霸权问题。这个问题恰恰也是欧洲中心主义问题的关键所在。

(二)反对欧洲中心主义还是反对资本主义？

"后殖民"在霸权中的共谋作用在于，后殖民主义把注意力从当前社会、政治和文化的统治问题上转移开，淡化了自己与本身产生条件的关系；这个条件就是全球资本主义，虽然它表面看上去支离破碎，但却是全球关系的构成原理。[②] 但是，恰恰是后殖民论，在他们大谈反对欧洲中心主义和强调多样化和差异性的同时，从未要求解决资本的霸权。马克思曾经批评蒲鲁东等"要资本而不要资本家"的做法是极其愚蠢的，后殖民论者是否也存在着这种情况呢？他们是否能够既保留资本，又消除

---

① 参见［美］德里克：《后革命氛围》，王宁等译，211 页，北京，中国社会科学出版社，1999。

② 参见同上书，113 页。

欧洲中心主义呢？换句话说，事情是否真得像他们认为的那样：如果我们能摆脱欧洲中心主义，那么世界上的所有问题便都会迎刃而解了。这个问题并不难回答。

欧洲中心主义问题有着复杂的历史起源和表征。在本文的讨论中，我们不可能涉及众多问题。但我认为，如果说欧洲中心主义在当代学术（而非政治）论域中已经是一个相对独立的子论域，那么这个论域得以存在的基础问题必须被反思，即为何只有欧洲中心主义才是当代的一个突出问题。这个问题和目前的研究所忽视的核心问题是直接联系在一起的，即欧洲中心主义本身作为资本主义生产方式的"文化"后果，在当代它之所以能够成为学术体制的一个显性论域，和这种体制本身积累了容纳它的能力有关。在这一点上，对于欧洲中心主义的克服必然是与克服资本主义生产方式一致的，否则有关这个论域的讨论往往成为全球资本主义的意识形态共谋。这一点，德里克有着极为清醒的意识。

德里克指出，欧洲中心主义必须被看作"一种历史现象，而它的形成以及使它成为可能的种种因素不只是欧美现代性的形成契机，还是全球现代性的形成契机"①。因此，我们应该更关注现代性，而不是欧洲中心主义。②

第一，和全球主义、后殖民主义等激进主义认识相反，欧洲中心主义不是一个文化现象。从现象上看，欧美人征服了世界，重新命名地点，重新安排经济、社会和政治，把现代之前对时空的认识和许多其他

---

① ［美］德里克：《后革命氛围》，王宁等译，160 页，北京，中国社会科学出版社，1999。

② 参见同上书，179 页注 10。

东西一笔勾销或者驱逐到边缘地带。在这个过程当中，他们以前所未有的方式用其自身的形象一统历史。① 对这个自我形象来说至关重要的是一种欧洲启蒙主义所建立的模式，它以理性的、人文主义的主体作为历史的主体，以理性和科学武装自己，以普遍理性的名义征服时间和空间，为了把社会归入理性的疆域之内，对它们重新加以组织，制服那些不同于此的历史轨迹并产生出一种统一的历史。这种历史永远朝着满足人类进步目标的方向前进。这个模式把欧美的历史经验融入人类的命运之中，这样一来，为它想要改造世界的雄心而大肆施于世界的痛苦便找到了一个理性化的借口。但是，它未必只是来自地理意义上的欧美，其行动主体也未必出身欧美。前面已经讨论过当代世界的复杂性，以欧美资本主义为核心的现代化成为一种普遍的发展模式也意味着第三世界的参与，在这个过程中，第三世界的知识分子精英直接参与了以欧洲人的眼光著述历史的行动。特别是在全球化过程中，第三世界的民族解放不再创造出别样的社会形态，而是创造了资本主义的形式。因此，"不参考欧洲中心主义，就无法理解现代性。同样的，作为一种概念，欧洲中心主义只有放在现代性的语境中才是明确的"。对此，德里克强调，"认识在历史上的巧合、出现在彼此的结构关系和建构关系中的多种现象，并不需要把这些现象还原成其中的一个或几个，也不需要我们忽略它们之间的矛盾关系——实际上那样做只会削弱使结构功能化的努力"②。因此，他坚持自己的结构的历史分析强调：如果没有从资本主义、帝国

①　参见[美]德里克：《后革命氛围》，王宁等译，155页，北京，中国社会科学出版社，1999。

②　同上书，161页。

主义和文化霸权统治获得的活力，欧洲中心主义的全球化和普遍化是不可想象的。也就是说，没有资本主义的权力和一切随它而来的政治、社会和文化组织的结构革新，欧洲中心主义会和任何一种种族中心主义一样，没有什么特别之处。在整个霸权的历史中，"欧洲中心主义不是第一个霸权统治的例证，看来也不是最后一个"①。在这一背景下，全球主义和后殖民主义将反对欧洲中心主义视为对霸权的最后一战都极端地表现出理论的幼稚。因为，"如果我们能摆脱欧洲中心主义，那么世界上的所有问题便都会迎刃而解了。这当然是很愚蠢的想法"②。事实上，在这里，后殖民主义取消革命而声称激进主义的做法的理论自满性也表现得一览无余。

第二，欧洲中心主义是一种具有意义普遍性的中心主义。虽然欧洲中心主义只是历史中可能存在的霸权的一种，但是由于资本一体化结构作为它的推动中介，它在当代却是一种普遍性。③ 德里克强调，这种普遍性集中表现在以下三个方面：首先，在全球都有欧美现代性的原则和文化存在；其次，它可以借助非欧美的机构散播；最后，也许欧洲中心主义因为不允许任何外在的存在而没有普遍性，但是，如果我们把外在理解为欧美习俗影响范围之外的地方，那么，我们就越来越难以想象欧美的外在之所在。也就是说，当代的全球化过程也正是以欧美价值为核心的全球价值的形成过程，我们很难在当代设想出一块没有受到这种价

---

① ［美］德里克：《后革命氛围》，王宁等译，164 页，北京，中国社会科学出版社，1999。

② 同上书，154 页。

③ 同上书，168 页。

值影响的地域。在前面，我已经讨论了这种全球化与资本的关系，事实上，从历史发展的进程看，正是资本本身在 19 世纪以后急速地推动世界市场和世界历史的进程，在当代资本获得其最大的存在范围。与此一致，作为一个现象，欧洲中心主义也获得了最大的存在范围。在这一背景下，从文化的角度来看，要挑战欧洲中心主义，就必须挑战那些已经成为全球传统之一的价值观和结构。[1] 而从根本上说，对于欧洲中心主义的解决，它的前提是对资本问题的解决，也就是对资本主义的历史解决。

第三，反对欧洲中心主义和反对现代性、反抗当前的资本主义统治是一致的。德里克认为，欧洲中心主义这一复杂的术语掩盖了欧美内部各种各样的关于"欧洲"和"现代性"意义的斗争。但是，即使欧洲中心主义本身不是一个历史过程，也是一个历史过程的产物。[2] 在提出欧洲中心主义与现代性的关系后，德里克强调，对欧洲中心主义进行彻底的批判，其基础必然是对现代性整体进行彻底的批判。由于缺乏这个前提，文化主义忽视了"用欧洲中心主义概念化的世界去重塑时间性，在这样的世界里，欧美社会具体的历史轨迹到头来竟然成了标志时间的全球范围的目的论"。正因如此，它在全球巩固了资本的霸权，对资本主义作为历史之终结的目的论加以肯定。从这一意义上说，对于欧洲中心主义的当代克服，并非是简单地设想一个与它抗衡的中心，而是彻底地反对任何中心，而首要的是反对资本的中心。例如，在对东方主义这样的问

---

① 参见[美]德里克：《后革命氛围》，王宁等译，168 页，北京，中国社会科学出版社，1999。

② 参见同上书，164 页。

题上，德里克认为"更重要的是对东方主义背后的资本主义现代社会的种种观念(不仅是欧洲中心论)提出质疑"。在这一点上，他既不简单地认同萨义德的自我东方化而不直接反对资本，也不同意弗兰克在《白银资本》中"以中国为中心的历史"来对抗"以欧美为中心的历史"的做法。①他强调的是，必须将资本主义现代性历史化，并且承认其他现代性的存在。这样，根据曾被资本主义现代性的霸权压制了的其他轨迹，我们可能想象未来的可能性。正如中国在历史上曾经无力过渡到资本主义的情况使得儒学被归斥到一个已过时无效的过去一样，现在也正是中国在世界资本主义中的成功使它得以进入全球现代社会的中心，并被欧美思想家们看成是欧美资本主义之外的另一种选择。在这个意义上，我们承认欧洲中心主义的普遍性恰恰是为了其他的可能的替代而反对它。正是在这种认识上，他才在"后革命解放议程"中转向一切可能挑战以资本为中心的现代性。

在这里，我们看到，如果不对资本主义历史目的论进行更为彻底的批判，欧洲中心主义问题将没有合适的答案。这正是为什么德里克大谈历史主义，反对资本主义历史目的论的关键原因。在这个基础上，下述立场就显得特别重要。面对已经全球化的欧洲中心主义，"我们于当今看到的是大获全胜的欧洲中心主义，还是行将就木的欧洲中心主义，取

---

① 德里克对弗兰克的批评，参见《后革命氛围》，33页注1。在这里，需要进一步说明的是，德里克的批评可能也是对弗兰克的一个误解，因为，似乎通过与古典经济学的十分相同的方式也可以反对资本主义发展的普遍化。弗兰克说明的是资本主义何以能够成为世界体系的中心，而历史上曾经以中心地位存在过的亚洲又何以衰落。这个问题恰恰对于反对资本主义和想象别样的未来具有关键的作用。

决于我们怎样理解这个词，取决于我们把它定位在何种地方"①。

第四，反对欧洲中心主义的当代意义。"欧洲中心主义是这样一种中心主义，它在历史进程中已经横扫全球，涉及到了其竞争对外不甚关心的生活层面；它使全球生活发生了革命，在新地方重新安排了各种社会的位置，还改变它们的历史轨迹——已经到了这样一种地步，不提及欧洲中心主义，谈历史就是毫无意义的"②。

欧洲中心主义不是事后发明，而是在资本主义生产方式支持下的欧洲对其他地区的霸权。在这个语境下，帝国主义无疑是欧洲中心主义的最集中体现。在当代，反帝国主义问题直接演变为学术的反欧洲中心主义问题，似乎在学理上问题更深入一步，但这种形而上倾向导致的后果却是对现实生活中最真实地作用着的权力的漠视。所以，德里克批判文化多元主义是全球资本主义的帮凶，因为它们把人们的斗争从当前的权力关系上引开而事实上肯定和张扬着当下的压迫性。这是全球资本主义条件下一个新的问题。既然全球化是已被欧洲权力全球化了的资本主义现代性的最后一章，它是根据一种比任何东西都更有效地服务于一些利益的新的全球想象来重新构建世界，不断创造着新的经济和政治剥削和边缘化形式；那么，在当前，反对欧洲中心主义问题就是反对全球资本主义问题。

就理论研究而言，当代的诸学术问题由于资本的作用而内在地关联在一起。欧洲中心主义不是一个文化或意识形态问题，而是一个核心的

---

① ［美］德里克：《后革命氛围》，王宁等译，153 页，北京，中国社会科学出版社，1999。

② 同上书，166 页。

政治问题。在这一意义上，我们想既保留现代性（当然是到目前为止的资本的现代性），又要反对欧洲中心主义；既要保留资本主义的霸权，又要声称文化多元主义；既要保留同质性的资本，又在反对同一性和声称差异性；……这些问题就像早期空想主义者霍吉斯金和蒲鲁东那样——"既要资本，又不想要资本家"——既是幼稚的，又是反动的。德里克可能并没有为我们最后解决这个问题提供任何可操作的方案，但他至少在理论上提出这个问题。同时，通过他的讨论，我们也将看到，所谓欧洲中心主义的问题，绝不是地理中心和种族主义问题，而是资本主义是否具有普遍性和永恒性的问题，因此这个问题的讨论不是一种理论视角问题，而是是否能够坚持开放性未来的立场问题。它的核心问题仍然是，在当代，资本主义取得全球霸权的条件下，我们如何通过对它的批判而走向一个自由的未来。因此，我们必须注意当下的欧洲中心主义讨论所缺失的前提，警惕它的导向。从现实上看，社会主义不是简单地反对美国或英国等任何一个具体的资本主义生产方式的地方性版本，而是在整体上拒斥它。这是我国当前为什么必须与每一个具体的资本主义国家建立经济、政治和文化的联系，而又必须采取独立自主的发展道路的原因之一。

(三)知识分子和解放文化

从上述文化多元主义和欧洲中心问题来看，当反霸权问题在知识分子的文化实践中变成一种纯粹的认识革命时，虽然它确实对于理解帝国主义霸权的实际后果是有益的，① 因为它至少强调了帝国主义已经深入文化与学科知识之中，但是对这种认识的留恋却也在客观上造成了对霸权的实质的误解。德里克的批判十分尖锐地指出这个问题，从而也把知识分子与解放文化之间的关系推向更深层次。由于解放文化本身是直接指向霸权的，因此，关于这个问题同样可能从知识分子与霸权的关系入手来讨论。在德里克那里，这种讨论倾向是明显的，因为即使在当前从正面直接定义一种解放文化确实存在着诸多困难，但这并不妨碍从理论上和事实上说清某种话语与霸权的关系。

知识分子与权力的问题，似乎是由福柯率先突破的，虽然这个问题可能是数千年的人类思想史中始终困扰人类的难题。如果说，在过去知识分子曾经参与了霸权实践而实际地糟蹋了解放，那么在未来，由于不可能想象离开知识的解放，所以，在进行文化主义声称时，我们不得不面临着这样的困境：文化既可以是某种霸权的象征，又可能是解放实践的形式。在这一意义上，当强调由知识分子来完成打破知识霸权的宏伟大业时，必须面临这样一个重要的理论任务：弥合知识分子所倡导的解放实践与他们作为一种代表的批评实践之间可能存在着的内部冲突。后殖民话语作为一种批评实践在整体上没有实现这一区分，至于德里克所指认的萨义德、斯皮伐克等立场并不同质的理论家之间，对于这个关系

---

① 对于德里克和三好将夫的批评，萨义德强调，类似拉纳吉·古哈(Ranajit Guha)等人所代表的研究成就应该被承认，把他们视为跨国新殖民主义的同谋和帮凶是错误的，这一陈述我个人认为也是中肯的。但同样也不足以推翻德里克等人的批评，这不仅涉及后殖民本身就是一个鱼龙混杂的论域，而且在基本层面上，它的总体失误是不可忽视的。事实上，并没有任何经验层次的证据表明后殖民研究在推动对资本主义霸权批判方面获得了哪怕是微小的成功。

的处理不尽相同。对于大多数后殖民主义批评家来说，他们都把福柯作为不言而喻的前提，似乎只要进行话语批评，知识分子就自动地承担了解放的实践。例如，萨义德的"东方主义"批评旨在提呈一种重新定义和改变语境的工作。但是，也正是在这样的实践中，萨义德也面临着深刻的矛盾，特别是由于其反本质主义之理论前提的影响，他拒绝从根本上定义一个合法的身份，这就直接导致：要么流连于批评，把文化批评当作解放事业的全部，即"只破不立"；要么把"东方自我本质化"，从而使批评本身适应于资本对"东方"的定位，满足于体制内的学术建构。正是这个问题的存在，使萨义德招致了不同学者的批评，尽管他本人对这些批评也进行了积极的回应，但遗憾的是由于他没有办法解决上述基本矛盾，时至今日也没有说清这一问题。应该说，德里克结合"新儒学"对他的批评是中肯的。

事实上，从福柯的话语理论出发虽然能够批判地揭示出某种既定话语之内含的霸权，但却无法因此直接导引出一种"解放的"或"非霸权的"文化。关于这种文化，德里克也面临着定义的困难，因此在他的文本中也极少见到他的正面定义，如果有的话，那便是"非中心"的文化，由于现实的中心在欧美，而这个中心又是受资本力量直接支持的，因此，他把解放文化视为当下反对资本统治的全部权利申诉。从这个立场出发，我们将会直接切入一个重要问题：彻底的非中心的文化何以可能？对于这个问题的回答将直接决定德里克的理论性质。德里克也没有直接回答，而是把这个问题引向两个思考。

第一，如果知识分子不离开权力中心，一种新型的文化是否可能？对此，德里克通过对全球主义和文化多元主义两种激进主义话语的批判考察，强调由于他们在依赖话语理论揭示权力之后，并没有从历史中导引出反霸权的基础和力量，即把欧洲中心主义同资本主义联系起来，因此，他们并没有把握权力和中心问题的实质。在这一点上，他要求参照过去五个多世纪以来产生的欧美权力结构的变化来理解欧洲中心主义，强调其中经济、政治、社会和文化等多方面的内容，识别如果缺乏资本力量的支持欧洲中心主义最多是一个地方的种族中心。这样看来，只有脱离与资本的关系，我们才能想象一种新型的文化。那如何脱离呢？这就是第二个方面的问题了。

第二，离开中心的有效方法是解除对权力的种种神秘化的理论，自觉地服务于反中心的文化。在德里克以及艾哈迈德这些马克思主义批评家看来，大多数理论家，特别是后殖民理论家们都简单地从差异性出发来要求历史的断裂，从而把解放的可能性置于共时性的流动的主体性结构上，并且由于他们否定了阶级，解放便成为一种种族权利、一种文字游戏。[1] 而它的后果则是，把霸权本身神秘化了。为此，德里克强调，对于霸权的批判必须深入社会历史情境，即进入或融入当下的社会具体性中。这也是其批评全球资本主义的基础冲动所在。由于他把霸权本身视为整个资本主义现代性的产物，因此，在要求对现代性整体进行彻底批判的立场上，他强调必须审视那些曾经被现代性压抑了的其他历史的

---

① 关于这一点艾哈迈德有过精彩的批评，参见《〈东方主义〉及其后》《文学后殖民性的政治》等文，见罗钢等编：《后殖民主义文化理论》，北京，中国社会科学出版社，1999。

权利，在这一点上，他认可了后现代主义立场的合理性，① 强调在后欧
洲中心主义之后的历史中，"新的解放文化必须建筑在革命的社会变革
之上，没有了革命的社会变革，这样的希望的结果就是折中主义，它代
表的不是一种新文化，而是新文化的幻象"②。这样看来，虽然全球主
义和文化多元主义表示出善意的动机，但它们本身却不仅没有能够达到
自己的政治目标，反而因把权力神秘化为跨国资本主义的同谋。为拒绝
这一现象，德里克要求必须"把霸权集团从中心赶开，不管是阶级集团，
还是国家集团，这样做都使历史失去了中心，也剥夺了霸权集团对历史
的所有权。实现这个目标的文化主义意味着一种解放的可能，即使只是
一种可能"。更进一步，他认为，这才是马克思主义的文化主义的意愿
和意义，在他看来，正是在马克思主义的历史主义中能够发现一种对抗
过去和现在霸权的手段。③ 在这里，我们也可以进一步解释德里克所声
称的"文化革命"与马克思主义的关系了。不过，需要强调的是，德里克
在这里强调的"无阶级"和"无国家"霸权的文化并不能简单地视为马克思
主义所设定的无产阶级革命的目标，因为德里克本人要求内在地否定马
克思主义之世界历史前提（前面已经讨论过他这一的立场）。事实上，本
书第一章已经提出这个问题：德里克的革命理解是否包含着无政府主义

---

① 他以中国历史研究个案强调："正如和其他地方一样，如果中国的现代情景有什
么新颖的地方，那就是另类历史要求获得合法地位。这或许正是历史中的后现代主义意
义最重要的地方。"参见《后现代主义与中国历史》，载《中国学术》2001 年第 1 期，总第 5
期，40 页。

② ［美］德里克：《后革命氛围》，王宁等译，189 页，北京，中国社会科学出版社，
1999。

③ 参见同上书，197—202 页。

的情结？在这里，这个问题仍然是存在着的。由于这个背景，德里克事实上反对英国马克思主义的文化研究。例如，他对 E. P. 汤普森关于"工人阶级必须占据一个中心或成为中心"的观点提出批评。有了这个背景，我们也就能进一步理解他关于后殖民研究与体制关系的看法，即关于历史学家必须离开历史中心的看法。

总之，诚如萨义德所言，"身份的建构与每一社会中的权力运作密切相关，因此决不是一种纯学术的随想"①。这不仅对于霸权批判有效，而且对于解放同样有效。也就是说，如果解放本身是对一种身份的获得，那它同样是通过占据权力中心来实现的。但是，这一立场在包括他本人的诸种文化批评家看来都是矛盾的，因为解放作为一种预设，非霸权性、非本质主义必须是其最后的基础。正是这个问题的存在，他们独特的批评位置就非常真实地表现出他们在解放问题上的矛盾：作为第三世界出身的知识分子，他们提出解放要求，却必须通过在第一世界体制中被确认来实现，而这一实现的结果是自己成了中心，他们所代表的那种声音在历史中却因为作为他们批评的资源而被永远地本质化和边缘化，因为只要他们获得解放，后殖民批评就失去了自己的价值。换一种说法，"后殖民主义"作为一种在西方主流学术体制中生长出来的批评理论，在某种程度上，它类似于大量第三世界国家在联合国等国际组织中获得席位，即拥有了一个发言的机会，这个机会当然是重要的，但最后也只是在思想上站了起来，他们所代表的民族国家、族群实际站立起来

---

① ［美］萨义德：《东方学》，王宇根译，427 页，北京，生活·读书·新知三联书店，1999。

的程度并不完全取决于这一点。更为重要的是，由于在联合国等这样的国际组织中同样存在着内部不同的利益集团之间的斗争，这导致有时代表本身会因为其自身的利益而失去代表性，而成为不同集团竞争的一个筹码，代表自身会按照自己的利益而不是它所代表的利益而选择自己的站队立场，这就犹如斯皮伐克所问"下层人会说话吗？"这使人想起马克思曾极为严正地指出，工人阶级没有自己的利益，他们在与资本家的对立和斗争中，消灭既往统治得以存在的全部生产关系之后，也消灭自己的统治。因此，马克思和恩格斯强调工人没有祖国。反讽的是，后殖民批评也试图消灭既往历史的全部霸权，但是他们却都选择了种族或其他少数群体的立场，并且要求把这一立场作为解放的最后前提。难怪他们要否定阶级、否定宏大的历史叙事。

德里克和其他批评家当然没有深入这个层次，但是他们从不同的方面指证了下述事实，即由于后殖民对霸权体制的依赖而产生了严重的政治后果。德里克强调，在欧美中心地位的体制中，后殖民批评"既可保留文化差异，又可以分享中心地带的权力。在中心地带，文化不仅被用作规避阶级内部关系中不平等和压迫问题的借口，其本身就是一个有用的手段，可以借之获得身份，参加阶级内部关于权力的商讨"①。他对"商讨"这个后殖民主义的核心策略进行了批判，指出其正是当代全球资本主义霸权实现的一种手段。这样看来，后殖民批评作为一种学术，它的反动性也就不打自招了。关于这个问题，不同的学术以他们自己的

---

① ［美］德里克：《后革命氛围》，王宁等译，174 页，北京，中国社会科学出版社，1999。

表现进行了深入的批判。例如，艾哈迈德尖锐地指出："那些以研究生身份而来，随后加盟教师队伍——尤其是人文学科和社会学科的教师队伍——的人，往往来自本国的上层阶级。在重新确立自身在宗主国的位置的过程中，他们需要能支持他们权利主张的文件证明，也就是证明他们一直在受压迫的证据。那些与阶级压迫有关的书本对他用处不大，因为他们既非来自工人阶级，又无意在新定居国加入这个阶级。"①也就是说，就后殖民批评而言，他们依赖的基本的实际生存状况对他们是不重要的，他们并不关心这一点，他们关心的是自己在第一世界学术体制中的地位。对此，国内学者杨乃乔的研究不能不引起我的注意，他强调："以东方主义为核心的后殖民理论西方的迹象说明了两点：第一，第三世界学者要获得国际学术界的显赫地位，必须要在西方学术界占据一席地位，也因此必须向西方挑战，但是，向西方挑战实际上已承认了西方文化中心论，其实西方文化绝对不会因为少数人的挑战而放弃业已获取的世界文化中心的地位，倒是挑战成全了这些东方人在西方的生存。第二，我们也就理解了为什么赛义德、斯皮伐克和芭芭对他们的后殖民理论读本翻译为汉语或转让版权不感兴趣。因为远东大陆在他们这些功利上旨在西方的东方学者心目中，还是世界的边缘。他们的兴趣在于从边缘逼向中心，而不在于从一个边缘再度走向另一个边缘。"②从这个批评出发，他指责那些"巧借原住国落后与贫穷在欧美获取东方之另类身份，

---

① ［美］艾贾兹·阿赫默德：《〈东方主义〉及其后》，见罗钢等编：《后殖民主义文化理论》，64 页，北京，中国社会科学出版社，1999。

② 杨乃乔：《后殖民主义话语的悖论》，见王宁等编：《全球化与后殖民批评》，181—182 页，北京，中央编译出版社，1998。

学成后归返讲学的西化了的本土学者"，他们拒斥西方的文化传统与后工业文明对他们原住国落后的启蒙，误导本土文化的民族主义而持有西方学者的傲慢，这些学者是缺少学术道德感的。[①] 从这里看，德里克等人对后殖民主义的批评是与国内学术研究中的问题直接相关的，他提出的问题值得我们认真关注。

---

① 参见杨乃乔：《后殖民批评及其世界宗教背景》，载《中华读书报》，2001 年 7 月 18 日。

第四章 | 解放议程和地域政治学

　　理论的活力必须通过准确地把握现实生活而生长出来。在这个意义上，詹明信强调"理论出现于伟大体系的终结点，出现于一种市场环境"是有益的。就德里克而言，关于理论的"时空前提"（spatial and temporal premises）是他的一个基本的认识，在这一认识上，他要求随着时代的变迁更新对未来想象的前提，提出了"重新发明革命"的问题，而它的结果便是把解放议程的视角由社会主义转向文化革命和地域政治学。

　　文化革命和地域政治学坚持了左派马克思主义学者在 20 世纪的整体性解放诉求和对资本主义进行"飞地抵制"的战略，在全球资本主义条件下，德里克试图在一种开放的历史性基础之上将之引向日常生活。

一、从革命到解放议程

对于西方马克思主义者来说，资本主义以及不同于资本主义的选择的可能性一直是迫在眉睫的问题。[①] 随着现实社会主义制度和运动的挫折，以及全球资本主义的兴起，这个任务显得更为严峻了。因为，如果说在列宁所说的社会主义与资本主义的和平竞赛条件下，社会主义不仅有效地承载了反抗资本主义全球扩张的历史使命，而且它也真实地为替代资本主义提供了一种社会想象力，那么在当前的西方语境中，我们必须重新考虑新型的社会主义的形式。在这个意义上，从解放政治的角度看，革命重新回到了马克思的语境中：构想出一种对资本主义进行总体替代的方案。当德里克在对全球资本主义进行测度的时候，他便直接提出了这个问题，他的《革命之后》的主题就是由对激进环境的认识转向对适合于时代环境的马克思主义的认识。

在这个认识过程中，他也必须解决"为什么社会主义关于解放的许诺失效了，而新的许诺是什么"这样的问题，在这个问题上他转向马克思之后资本主义与社会主义关系的思考，并得出 20 世纪现实社会主义在发展问题上延续了早期资本主义的发展梦想的结论，因此在资本主义不断改变自己生产方式（即本书第二章讨论的弹性生产问题）之际，它显得落伍了。因此，它不可避免地要转向那些被传统社会主义所忽视的新的社会运动，从中选择那些能够打开未来可能性的形式作为新的解放议程的起点。

---

① 参见[美]詹明信：《晚期资本主义的文化逻辑》，张旭东编，23 页，北京，生活·读书·新知三联书店，1997。

(一)历史分期中的马克思主义与资本主义

历史唯物主义(马克思主义)"是按其真正的本质理解过去事件的一种科学方法"①，卢卡奇的这一论断极大地影响了后来的"西方马克思主义"研究。从这一立场出发，人们引申出两种重要的理论意向：其一是通过主客体关系历时性的结构变迁(即坚持历史的连续性和断裂特征)来把握任意一个时代的社会关系性质，德里克在分析全球资本主义霸权时实际地应用了这一方法；其二是从一种理论的"时空前提"出发来理解它的当代有效性，在这一点上，"西方马克思主义"从一开始就提出了把马克思主义应用于马克思主义自身的理论口号，要求根据时代的变迁来实际地理解马克思主义对于无产阶级运动的指南意义，德里克抓住这个问题，试图通过考察20世纪进程中的资本主义与社会主义两种制度的"现代化"指导思想的性质，来回答"为什么资本主义取得了长足的发展，而社会主义则相对落伍了"这个问题。

值得说明的是，由于"历史分期"(periodization)本身涉及对历史的理解，在后现代"反对宏大历史叙事"的语境中，它也遭到了一些后现代论者的批评。这一点德里克也十分清楚，但他并非就因此放弃了对一种历史叙事的元理论的诉求。他强调："后现代历史，就像它所表明的那样，极有可能也应当是后历史意义上的，即包含了一个重要的历史时刻，即在否定它的时候，它也提醒了人们历史的力量。"②换句话说，正

---

① [匈]卢卡奇：《历史与阶级意识》，杜章智等译，307页，北京，商务印书馆，1992。

② [美]德里克：《后现代主义与中国历史》，载《中国学术》，2001年第1期，总第五辑，12页。

是某种元理论才能承担对资本主义发展"叙事"的批判。他认为这种发展叙事包含着资本主义的目的论，它适应于资本主义不同历史阶段的变化，以不同面孔展现出来。因此，关于历史叙事的元理论的建构与对资本主义历史叙事的目的论批判是同构的。为了把德里克"历史分期"这种方法策略说得更为清晰一些，在讨论其对资本主义和社会主义的分期前，我们先做一些理论背景的必要铺垫。

1. 作为一种理论策略的"历史分期"

在反对资本主义历史目的论时，有效的方法是将其历史化。在传统的研究中，历史分期是一种习惯的做法，但是阿尔都塞指认了分期本身可能是对一些想象的结构的命名，因此可能是意识形态的。这一思想在解构主义那里，被推到极端，如米勒认为，阶段名称的问题完完全全是个形而上学的问题，因此他们将之视为必须予以解读的一种修辞手段。① 问题提得没错，但结论却是建立在对阿尔都塞的误解之上的，事实上，阿尔都塞并不是取消科学，而是提醒人们在更深层的历史理解上不要简单地把个别话语本身等同于历史逻辑，而将科学界划在主体活动范畴内。任何一个被命名的时代，都是"高深莫测"的历史性的彰显，是历史性的连续性和断裂性两个方面的辩证展开。因此，在时代的命名上，人们会对连续性和断裂性产生不同的依赖，这可能是人类政治生活中保守与激进两种基本态度区分的哲学底蕴。然而，作为一种主体性活动，命名本身不是简单的事件，而是深刻地包含着对那个历史性之主体

---

① 参见［美］J. 希利斯·米勒：《重申解构主义》，郭英剑等译，87 页，北京，中国社会科学出版社，2000。

和客体辩证关系的理解。因此，詹明信从阿尔都塞出发将"历史化"置换为对"叙事的再现"的分析是有道理的。① 正是在这里，结构及其再现问题作为新历史主义的一个核心问题出现。德里克也强调这一点，不同的是，他并没有因此把历史文本化，他仍然强调作为基础存在的结构关系的重要性。因此，当他以"时空前提"作为分析历史依赖时，他暗示着这样的问题：后殖民论通过否定历史来反对帝国主义时，他们忘记了帝国主义不仅仅是一个人为的分期而是真实的存在。在这里，我们看到后现代反对所谓"本质化"的分期而导向对"瞬间"崇拜的反动性。

事实上，历史分期不仅仅是一种历史研究的常用方法，通过它能够实现德里克的"具体性"要求。我们看到正是通过对马克思主义与资本主义的关系变化的分期，德里克确证了讨论"马克思主义为什么没有实现其对资本主义的批判"的两个重要前提：一是资本主义的发展性质；二是马克思主义的局限性。前者导致他对资本主义的重新定位，特别是对当代资本主义全球化性质的认识测绘，而后者则将他引向更为基础的关于马克思主义的时空前提（局限性）的分析，这两者都直接构成其在马克思主义基础上发展出一种新激进主义历史认识论的基础。更进一步，他提出的"后革命"问题也是一个历史分期问题。②

2. 马克思主义的时空前提和两种马克思主义

"时空前提"，我们可以用更为传统的理论术语来表达，即社会历史

① 参见［美］弗雷德里克·詹姆逊：《政治无意识》，王逢振、陈永国译，19页，北京，中国社会科学出版社，1999。

② 参见［美］德里克：《后革命氛围》，王宁等译，84页，北京，中国社会科学出版社，1999。

条件性。在传统的马克思主义研究中，它作为具体性生成的不可动摇的前提而存在。这样看来，没有任何时空前提的元理论（即放之四海而皆准的真理，或绝对真理）是不存在的，正是在这一点上，德里克认为，它意味着元理论的局限性。① 在这一意义上，当我们将马克思主义视为一种不需要时空前提的元理论时，同时也是对马克思本人的一种拒绝。德里克并没有直接讨论马克思是否界定了自己的时空前提，而是从当代社会历史变化出发指证马克思基于自己时代的结论必然是和它们得以诞生的时空前提一致的，如果不考虑它相对于当代的局限，我们就不能走向未来。

在理论层面上，作为一种元理论的马克思主义的时空前提或它的适用性问题，首先是由卢卡奇等人提出来的。卢卡奇曾经强调："经典形式的历史唯物主义意味着资本主义社会的自我认识"，它"首先是资产阶级社会及其经济结构的一种理论"。② 柯尔施也说："马克思和恩格斯唯物主义的历史与社会观的表达方式，在严格意义上仅仅运用于对资产阶级社会的经验研究，仅仅以适当的扩展用于其他历史时代。"③也就是说，一开始西方马克思主义学者就将马克思主义历史观圈定于特定社

---

① 本文仅仅从"西方马克思主义"背景讨论了这个问题。事实上，与这个背景有着复杂关联的一个问题是后现代主义问题，因为元理论首先是由后现代主义思潮提出的。后现代不分清红皂白地将元理论否定了，德里克是不能同意这种观点的。因此，在某种程度上，关于元理论的时空前提的讨论也是对后现代主义的一种回应，对它的多样性的增殖提出异议。（*After the Revolution：Waking to Global Capitalism*，Chapter 1.）

② ［匈］卢卡奇：《历史与阶级意识》，杜章智等译，312 页，北京，商务印书馆，1992。重点号为原文所有。

③ ［德］卡尔·柯尔施：《卡尔·马克思》，熊子云等译，128 页，重庆，重庆出版社，1993。

会历史背景之中。德里克直接引用了卢卡奇的上述论断，并由此出发来讨论马克思主义的时空前提。他至少从这一立场引申出两个重要推论：一是马克思主义是特定社会历史条件的产物，这种社会历史条件与资本主义生产方式是内在一致的，因此，在这一观点指导下的无产阶级革命或实践必须是循着资本主义发展模式进行的，进一步，对当代资本主义发展的批判也必须包括对马克思的批评；二是随着资本主义对时空结构的重组，"马克思主义已不足以解释新的世界形势所带来的问题。人们普遍设想的从经济需求、社会和政治剥削及压迫中摆脱出来的人类解放前景，现在必须植根于不同于马克思时代的世界形势"①。因此，即使从马克思主义立场来讨论适合于当代形式的解放议程也必须包括对马克思主义的"自我批评"，所以他说自己走得比卢卡奇更远一些，强调即便在资本主义社会的内部，一种批判理论要想超越资本主义生产方式，就不可避免地也要超越马克思主义。这是由于：

第一，作为马克思主义时空前提的"世界时间"(world-time)与"世界空间"(world-space)问题，德里克认为，在马克思那里，所谓"世界空间"就是由欧洲资本主义经济扩张而形成的社会同质性，而"世界时间"则是指欧洲资本主义的暂时性。一句话，马克思在《共产党宣言》中清晰地阐明了空间的同质化就是时间的全球化，即说明了资产阶级是世界历

---

① Arif Dirlik, *After the Revolution*：*Waking to Global Capitalism*，Hanover，NH：Wesleyan University Press，1994，p. 4.

史的创造者，它的历史同时提供了一种过去必须以此进行测度的当下标准。① 从这一点出发，德里克认为马克思主义包含着欧洲中心主义的倾向，由于马克思肯定了资本主义生产方式提供了支配时间和空间的准则，他把资本主义普遍化了。因此，他进一步强调："在马克思主义提出的替代资本主义社会存在的理论构想外表下，因为马克思主义是资本主义生产方式的产物，它在其时空前提上饱受这种生产方式的意识形态霸权之苦，这制约了马克思主义寻求对资本主义的真正替代选择的构想能力，'社会主义'社会的毁灭为此提供了悲惨的例证。"②但是，德里克本人对马克思的这种批评并非要从根本上否定马克思，也不是"要在激进主义面临新的危机时再一次对马克思主义进行重新评估，以便将其从自己的历史中解救出来"，他的目的是"要将那些缺陷摆到台面上来，以便在设想未来的激进前景时能够正视这些缺陷，无论这些前景看上去有多么遥远。"③不管怎样，在过去的 150 多年中，正是马克思对资本主义

---

① Arif Dirlik, *After the Revolution：Waking to Global Capitalism*, Hanover, NH：Wesleyan University Press, 1994, p. 24. 需要进一步讨论的是，德里克对马克思的这一指认是正确的，因为马克思确实强调大工业塑造了世界历史，如果这个大工业指的是生产力的话，那么资产阶级确实占据了这个生产力。不过，并不能从这里简单地得出马克思还局限在资本主义的时空前提内，因为当马克思区分出生产力与生产关系时，他把生产力作为历史发展的客观维度和标准，并进一步强调了正是生产力本身造就了资本主义生产方式的内部矛盾，这种矛盾决定了资本主义社会解体的必然性。由此，马克思强调必须否定生产力的私人占有方式，而通过全社会占有生产力的途径来实现社会的解放。（参见《德意志意识形态》，第一章，见《马克思恩格斯选集》，第 1 卷，北京，人民出版社，1995。）由于德里克并没有讨论历史进步之客观向度，所以他误解了马克思的"世界历史"。

② Arif Dirlik, *After the Revolution：Waking to Global Capitalism*, Hanover, NH：Wesleyan University Press，1994，p. 11.

③ Ibid.，p. 5.

的批判激发了各种各样的社会主义，激起人们对资本主义替代的诸多想象。因此，马克思主义的历史意义就在于它是任何对资本主义进行批判的活动都不能回避的元理论。这也正是从萨特、詹明信和德里达等人所强调的"马克思主义是我们时代的绝对地平"。这样，当德里克重新审视马克思之后资本主义的变化之际，他就区分了两种不同的马克思主义，即指导未来的马克思主义（Marxism as a guide to future）和批判资本主义的马克思主义（Marxism as a critique of capitalism）。在他看来，由于马克思并没有超出资本主义的时空前提，所以并不能直接指导未来，而我们能够依赖的和必须依赖的则是后者。通过这种区分，德里克顺理成章地解决了一个问题：社会主义的失败是否意味着马克思主义的失败。他认为"马克思主义与资本主义是同时代的，而与现实的社会主义则不是同时代的"，因此社会主义的失败不仅不是马克思主义的失败，相反，他强调，"由于社会主义已经死亡，马克思主义可以回到资本主义社会中来了！"①

第二，德里克通过对马克思之后的马克思主义与资本主义的关系变化做出分析，他进一步指认了资本主义时空前提的变化，从而为导引新型的马克思主义理论奠定了基础。他认为这种关系呈现为三个阶段：一是 19 世纪资本主义的普遍化和马克思主义关于社会主义通过无产阶级革命推翻资产阶级社会而实现的预见；第二阶段是 19 世纪末资本主义到第二次世界大战，资本主义的扩张并没有使世界同质化，而是产生了

---

① Arif Dirlik, *After the Revolution：Waking to Global Capitalism*，Hanover, NH：Wesleyan University Press，1994，p. 13.

新的分化，造成了发达与不发达的两个世界。在这种背景下，社会主义作为革命的民族主义源泉之一，表现为民族发展的工具。即争取民族解放和独立发展与反殖民、反霸权运动成为时代的主线；第三阶段是第二次世界大战之后资本主义的全球化，即弹性生产时代的资本主义。在这个阶段，马克思的预见被证实，但是资本发展的新道路穿越了民族国家的界限使得与资本主义世界脱钩式的社会主义发展变得不可能。但是，从另一个方面看，更为重要的是，由于全球资本主义的最新发展使得资本主义的时空体系发生了断裂，这也意味着削弱了马克思主义的时空前提，并且可能使马克思主义摆脱与资本主义生产方式的历史联系，从而使得马克思主义可以真正地成为重新构想一种激进社会理论的有效理论工具。正是在这个意义上，德里克把自己的激进政见置于马克思主义之上，并积极探讨"弹性生产时代的马克思主义"。

从上面讨论看，德里克从时空前提的讨论出发，试图回答马克思主义的局限性和当代的有效性，从而为其在"革命之后"来命名新的解放议程提供最重要的前提。当然，"后革命"也不过是西方马克思主义要求的一种具体化，作为一种激进政见，它导向的是新的乌托邦，一种具体的乌托邦。对于这个乌托邦，我们同样必须具体地讨论。我们强调过，在西方马克思主义那里，由于其直接面对的物质环境是发达资本主义，而不是以某种方式开展的社会主义。因此，其马克思主义理论建构的指向和这个物质环境是具有同质性的。如果说，西方马克思主义者试图不断地发展对资本主义社会这个物质条件的批判武器，那我们就必须正视马克思曾经强调的那句名言，"批判的武器当然不能代替武器的批判，物质力量只能用物质力量来摧毁"。不过，就西方马克思主义而言，他们大都将批判武器内置于现实的批判之中，甚至他们把批判理论的建构置换为对现实的批判。这就带来一个问题：即在很大程度上将这种批判变成了"磨枪"活动，如果找不到目标或舍不得出手的话，枪磨得越亮，人们就越是迷恋枪本身，正如德里克批判的后殖民话语的"自恋性"那样。

(二)20世纪的资本主义与社会主义

从本书第一章关于马克思主义的"革命"思想的讨论中，我们看到，马克思主义不仅提出了与资本主义相对立的一种历史叙事，而且它在人类史基础上解决了元叙事的可能性，从而也就解决了对资本主义目的论进行批判的基本问题。这个基础正是人类历史在自身发展过程中积累起来而被资本主义占据的物质生产。后现代论者以及后马克思主义者提出马克思主义的元叙事问题，表面上它们准确地把握了马克思基于生产方式进行叙事的特征，但实际上它们没有能够理解这种叙事正是对资本主义进行批判的确定基础。因此，仅仅简单地从批判目的论的角度来反对资本主义的叙事，将马克思主义连同资本主义一起抛弃的同时，却也否定了对资本主义进行批判的可靠基础。

与后学研究和后马克思主义者不同的是，德里克在强调马克思主义叙事的时空前提之时，并没有在历史之外重新确定一种叙事的基础，而是要求一种与资本主义结构变化相适应的马克思主义。他认为只有如此，对资本主义批判的马克思主义才能获得对资本主义目的论的彻底批判。因此，他的理论焦点之一便是资本主义的历史变化，这种历史变化也造就资本主义的意识形态变化，掩盖着它的历史目的论。

德里克将资本主义叙事定位在"发展主义"上。前面，我们已经讨论了资本主义三个重要的发展阶段，每一阶段都代表着资本主义的重大变化。而资本主义意识形态在其中都适应于该阶段要求，以及与资本主义的替代政见的形式保持着关联。由此，我们可以从早期的自由主义到 20 世纪的国家干预、新自由主义的理论变化来洞悉资本主义意识形态的变迁。德里克并没有讨论这个问题，而是直接批判 20 世纪以"发展主义"为中心的理论，即现代化（包括现代性）和全球化，他将这些理论视为资本主义的"发展议程"，而自己的"解放议程"则是对它们的替代。

现代化与全球化，在当前的理论中都是一种极为复杂和庞大的问题群，在汗牛充栋的文献中梳理出一种可能为大家公认的说法委实不易。德里克的研究也不是对现代化和全球化理论的完整研究。因此，在这里，我们也将回避对这一专题的更进一步的评论，而只是重申德里克的两个基本结论：

第一，现代理论结构中保留着资本主义的时空目的论，它们认为生产的发展自然而然地会产生现代性的政治、社会和文化特征，包括普遍的福利。它为自己设定了无时空界限的发展，通过抽象的理论变成一种"暗藏的对欧洲中心主义的资本主义目的论的辩辞"。

第二，现代化作为一种社会想象，它是全球化话语的直接先驱者，后者只不过是前者的一个替代。德里克说："它是一种全球性的当代意识对整个过去的具体化，因此不仅在不同社会间的物质互动上抹擦了全球性的不同形式和方面之间的重要历史差别，而且或许在全球性意识方面也这样做了。它同时也抹擦了对它自身的产生条件所持的批判意识。"[1]关于

---

① ［美］德里克：《后革命氛围》，王宁等译，6 页，北京，中国社会科学出版社，1999。

这一点，我们已经在本书第二章专门讨论过了。

在这两点认识基础上，德里克要求对全球资本主义进行认知测绘，而在反资本主义霸权的意义上提出了替代性的解放议程，当然这个议程本身意味着对现代性的全面而深入的质疑。应该说，对资本主义现代性的质疑必然会转向对社会主义的诉求，因为在过去的150年中，只有社会主义真正提供了对资本主义的挑战实践。因此，我们看到，在西方，左派（包括第三世界的依附论、不平等交换理论）在相当长的时期中也都把社会主义视为唯一可能的新型社会形式。但是，在社会主义遭受普遍挫折的背景下，人们必须重新思考这个问题。德里克也不例外，故而在是否把这个替代的落脚点定位在社会主义上之前，必须重新审视现实社会主义叙事历史的局限性。

客观上，社会主义在20世纪的崛起大都超出了马克思的预见，因为这些社会主义的物质前提无不是相对落后的国家和地区，而不是马克思所设想的西欧发达的资本主义。虽然它们的相继建立都是由特定的历史条件催生的，但还是带来一些极为根本的问题，如在社会主义建设过程中如何坚持马克思主义的理论预见。在这些方面，现实社会主义有着各种各样的经验和教训。

德里克在不同的地方都强调现实社会主义与资本主义历史叙事同质性的问题，从这个问题出发来说明现实社会主义为什么会衰落。他认为，社会主义体系一出现就被绑定在资本主义的变化上，解释它的衰落也要求注意这个世界体系的语境。当然，社会主义并没有从一开始就模仿资本主义，只是在过去的几十年中，资本主义经济在贸易、金融、科学技术方面的变化迫使它们扮演在世界体系资本主义组织中已经设置好的角色。在这种背景下，社会主义按照从资本主义历史经验中衍化出来的现代化进程发展，无疑是灾难性的。基于资本主义的历史分期，德里克认为，"社会主义社会分享了资本主义第二阶段的某些基本特点，我们甚至可以说它是在这些特点作用下形成的。经济上，生产的集中两者都很平常；……其次，经济和社会的国家管理被视为当然……最后，社会关系特点将由社会分工决定为两个主要阶级，如马克思预言的那样，这个假设在两个社会也都是一种共同的信仰。在资本主义社会，从 19 世纪末起，担心社会普遍被划分为两个冲突阶级是对国家干预社会进行辩护的主要借口。在社会主义社会中，无产阶级历史地替代资本主义这个意识形态假设导致一个无情的许诺：通过消灭资产阶级和使每个人都成为无产阶级而实现同质化"。也就是说，"尽管政治现实与马克思对社会主义的预期相反，社会主义仍然坚持马克思主义发展叙事的基本假设。这些假设现在已经合并成社会主义国家的政治意识形态，它甚至进一步使资本主义的发展主义具体化，以及使社会主义致力于为获得欧美通过资本主义所取得的成就而奋斗"①。在这里，德里克实际上在说，由于现实的社会主义采取与资本主义大工业生产一致的方式来完成社会主义的目标缺乏灵活的政策而导致了落伍。在他看来，既然资本主义在起点上与马克思的预言并不一致，就应该积极寻求其他的道路。客观地说，他这是给现实社会主义出了个难题。因为，从最终社会解放的目标看，马克思最重要的意义在于揭示了这种解放离开强大的物质基础和现

---

① Arif Dirlik，*After the Revolution*：*Waking to Global Capitalism*，Hanover，NH：Wesleyan University Press，1994，p. 41.

实条件是不可能的。而在这一点，似乎詹明信要比德里克更为现实，他强调，"无论是对马克思或是列宁来说，社会主义都不鼓吹回到一种更小型（因而便显得更少压抑、更加全面）的社会组织体系。其实马克思和列宁都能正视资本的发展在当时的社会发展过程中的地位，并视之为迈向一个更全面的社会主义体制的必经阶段。总之，资本主义成为一种承诺，一个架构，一项先决条件"①。而德里克则从对资本主义的替代出发，在否定资本主义的同时也否定作为社会主义前提的资本主义，这不能不说是一个问题。当然，在假设资本主义已经形成全球同质空间的条件下，提出对资本主义的全面替代在理论上也是成立的，只是德里克本人并没有在这个问题上解释清楚。

不管怎么样，德里克下列看法却是十分准确的：资本主义通过弹性生产不断改变着自身的同时，社会主义社会在其基本经济假设上维持着其早期的限制，这是灾难性的。事实上，这个观点，在与德里克《革命之后》同一年出版的《时间的种子》一书中，詹明信基于对华勒斯坦的认同也强调："各种社会主义都是在资本主义世界制度本身的力量领域里的反体制（anti-system，按照一般对华勒斯坦的译法，应为反体系，即反对资本主义世界体系。——引者注）的运动；由于只适应于单一形式的资本主义，它们大部分都因资本主义预想不到地突然转变到一个不同的阶段而失败。"②

这样看，德里克只不过强调了现实社会主义的失败与它所选择的对

---

① ［美］詹明信：《晚期资本主义的文化逻辑》，张旭东编，507—508 页，北京，生活·读书·新知三联书店，1997。

② ［美］弗雷德里克·詹姆逊：《时间的种子》，王逢振译，80 页，桂林，漓江出版社，1997。

资本主义道路的模仿有着直接的关系。也就是说，现实社会主义的落伍和溃败在于资本主义在第二次世界大战后能够改变其自身，而社会主义则在其基本经济假设上维持着早期阶段的限制，这是社会主义发展叙事的根本性局限。对于德里克的这一结论当然可以进一步讨论，但他所提出的问题却必须予以高度的重视。自从第一个社会主义国家——苏联——诞生起，在过去的数十年中，现代化问题是一个长期困扰着社会主义发展的核心问题，我们也看到在这个问题上除了独特的探索（如中国），大部分社会主义国家都采取了与资本主义现代化共谋的形式，甚至在现代化理论研究中，将马克思作为现代化理论的先驱。德里克直接提出了社会主义不能通过简单地在经济上模仿资本主义的成功而获得自己的社会发展这个基本问题，并且直接反对把马克思与现代化理论联系起来的做法。在这一点上，他无疑也是十分正确的。

当然，德里克并非就此主张放弃社会主义的构想，在其《革命之后》一书中，他一开始就强调：当前的危机不仅仅是社会主义或马克思主义的危机，也是资本主义的危机。在德里克的讨论中，他内在的理论冲动是在代表着垄断资本主义阶段的马克思主义之后，适应于资本主义新变化的马克思主义。在这一点上，他与曼德尔、詹明信等人也是相同的。这将导致他对资本主义和马克思主义这两种对立着的力量的重新审视，在这一点上，德里克应该说是非常清醒的。而最终的结果便是转向对新的解放议程的探索。

(三)五大议程：后革命激进政见的叙事起点

前面我们已经讨论了以后殖民论为代表的激进主义问题，德里克认为其（进一步拓展至后现代论）由于没有能够图绘当代资本主义的权力结构，而事实上与全球资本主义的意识形态发生了共谋。他强调，后现代主义、后殖民主义在反抗欧洲中心主义的现代性的极限的后结构主义那里有着它的知识源头，它满足了一种非常真实的批评的需要：不仅仅质疑现代性一般观念中对地方的遗忘，而且将人们的注意力引到最近全球政治和社会关系转型中出现的新奇的本质。从这一话语的角度，他将后殖民性视为全球资本主义时代的知识分子状态，强调问题不在于这种全球知识分子是否能够（或应该）恢复民族国家忠诚，而在于，在承认它自身在全球资本主义中的阶级地位的基础上，它是否能够对它自身的意识形态进行全面的批判，提出反对全球资本主义世界体系的抵抗实践的方案。他深感当前激进政见的"无思想性"，而早先的形式又与当代环境不甚相关，并因此强调从把握社会政治环境入手，紧守解放政治进行激进想象的必要性。

在《颠倒、反讽和霸权》一文中，他以激进史学为例，提请了下列五大议程，现在我们简单评论它们。

第一，替代性发展（alternative development）。德里克认为，虽然资本主义的发展观已经遭到质疑，但是它仍然是测量发展和不发展的标准。为解决这个问题，必须从根本上质疑发展这个概念。在这一点上，他支持从社会和生态、技术的可持续性角度入手的新社会运动。

第二，另类现代性（alternative modernity）。这是一个老话题，霍克海默和阿多诺等人提出对启蒙的质疑后，资本主义、现代性和启蒙之间的同一性便逐步为人们所认识，在这个问题上，德里克提出，要反欧洲中心主义，就必须反对资本主义和现代性，从而激活在历史上被它们压迫的其他历史。

第三，第三世界话语(Third word discourse)。在 20 世纪的历史上，第三世界作为一种力量，不仅提出了对资本主义发展的替代，而且强化了本土现代性立场。在全球资本主义形成之际，从第三世界出发来构想激进的未来想象是重要的。

第四，散居(diasporas)。散居或移民现象具有古老的历史，但是随着全球化进程的加强，它在当代形成了一个复杂的论域。德里克认为，它将可能挑战民族国家和民族文化的目的论，在世界范围内建立新型的地方性文化。他强调这为用不同于民族的概念想象一种新的世界提供了可能性。

第五，社群(community)。他认为，在全球资本主义环境下，已经出现了把地方社群视为反对支配斗争的落脚点的新型激进主义。他认为，上述四种议程都必须最后关注社群，因为社群不是从过去继承下来因而延续了压迫的地方，而是由自由的现代力量和反压迫斗争所推动形成的地方。正是这一原因，他认为必须把社群看作对当前的反霸权斗争具有贡献的地方。①

二、乌托邦时刻：作为整体性理论抱负的文化革命

诚如 E. M. 伍德所言，除了对"全球化"的时髦讨论方式，我们很难

---

① Arif Dirlik, "Reversals, Ironies, Hegemonies," *Modern China*, Vol. 22 No. 3, July 1996.

发现比马克思 150 年之前所写的更为有效的对今天资本主义变化的描述。①德里克要求的是穿透这种变化，从而揭示当代资本主义世界中存在着的诸种压迫和不平等。一般说来，如果这些压迫和不平等仍然是旧有的性质，那么对于激进左派而言，重新回到马克思在《共产党宣言》中所强调的无产阶级革命道路上来就是一种自然的政治选择。然而德里克证明了：第一，全球化带来的新形式的压迫和剥削，详见本书第二章；第二，从过去的资本主义与社会主义关系看，社会主义的指导理论之时空前提遭到资本主义生产方式的制约，并且新的变化也开始挑战这个前提（本章上一节），因此，我们面临着新的激进形势（即"后革命氛围"，详见本书第三章）。这样看，对资本主义的总体替代必须诉诸新的革命，他开出的药方就是"文化革命"。

"文化革命"在当前激进左派中具有很大的市场，但是这个术语有着一个复杂的文献史，在不同的理论家那里表征着不同的策略。在基本含义上，它有很深刻的"西方马克思主义传统"，即主张对资本主义的总体替代。文化革命在 20 世纪西方的马克思主义论域中是一个焦点问题，它既与西方马克思主义理论前提和认知方法的变化一致，也与中国"文化大革命"和 60 年代的巴黎红五月运动直接相关。就德里克而言，他保留了这一核心内涵，也带来了一些新的认识。事实上，德里克把文化革命当作自己"后革命"声称的一个重点问题，它既体现了他的文化自主性立场，也反映出他对第三世界反对资本主义道路的基本认识。

---

① Ellen Meiksins Wood，"The Communist Manifesto After 150 Years，"*Monthly Review*，Vol. 50 No. 1，1998.

（一）文化革命：旧瓶新酒

文化革命，詹明信曾将之诉诸列宁，指在整个社会革命中，经济、政治之外的社会革命，这种运动在一种生产方式向另一种生产方式转变的过程中，具有关键性的意义。[①] 在马克思主义的传统里，他将文化革命的当代意义与葛兰西（Gramsci）、威廉姆·赖希（Whilhelm Reich、范农（Frantz fanon）、马尔库塞（Herbert Marcuse）、罗道夫·巴罗（Rudolph Bahro）、保罗·福赫（Paolo Freire）等不同性质的理论先驱联系起来，强调这个概念的核心就是葛兰西的"臣属"（Subalternity）范畴。[②]

应该说，詹明信正确地梳理了文化革命的思想史线索，他罗列的这些人物在思想史中并非是同质的，他们之间也不存在着直接的连续性，这也造就了当代语境使用"文化革命"的歧义性。现实情况正是这样的，文化革命作为解放的政治策略最初正是由葛兰西明确提出的，他的文化霸权分析在政治学上奠定了文化革命的合法性基础。不过，在葛兰西的研究中，文化革命同样没有太多地超出卢卡奇的阶级意识或意识形态斗争的含义。在这一点上，我们看到，文化革命问题的出现正是阶级斗争形势暧昧、以解决制度问题为核心的政治革命处于低潮之际。这一点决定了文化革命的一个深层次的悖论：它既意味着一种新的积极的探索，又意味着现实的物质实践没有出路。事实上，这个问题贯穿于几乎全部的"文化革命"立场持有者那里。

---

① 参见［美］杰姆逊：《后现代主义与文化理论》，唐小兵译，76 页，北京，北京大学出版社，1997。

② 参见［美］詹明信：《晚期资本主义的文化逻辑》，张旭东，编，532 页，北京，生活·读书·新知三联书店，1997。

20 世纪 60 年代之前的法兰克福学派从不同的方面深化了文化革命的思想，从总体上说，它倡导一种感性的解放，因此其理论前提不再是政治结构分析和国家理论，而是一种深刻的“新”人本主义的解放观。70年代马尔库塞曾经以某种方式对这种解放观进行了指证，他强调：“解放要以激进的另一种意识（一种真正的对抗意识）为前提，因此这一运动的意识应该能够打破对消费社会的崇拜，必须要有一种知识和一种感性，而已有的秩序通过阶级教育的制度禁止大多数人民获得这种感性。在现阶段，新左派被迫主要还是一种智力运动，而他们在自己队伍中实行的反唯智主义被统治集团利用了。”在这里，文化革命当然包括葛兰西的文化领导权或霸权问题，不过，马尔库塞也明确地表示，文化革命从根本而言是焕发出社会主义之道德和美的力量。更进一步，当他的讨论深入马克思早期著作并把革命的依赖落实到人的感觉和特性上的时候，便强调“发达资本主义进行的社会监督的规模是空前的，这一监督一直渗入到实存的本能的和心理的领域，在这种情况下，发展合理而独立的感觉就具有重大的政治意义”。甚至，“个人感觉的解放应该构成普遍解放的序幕，甚至是基础；自由社会应该建立在新的本能需要上”。这样，在反对“第二次异化”（异化之异化）的斗争中，文化革命就意味着“向物质需要彼岸的整个领域发展，并把目标指向传统文化的彻底改造”。①在这一点上，文化革命不仅较为彻底地偏离了马克思主义传统，而且带来了对早期“西方马克思主义”的反驳，而在另一条线索上，阿多尔诺也

---

① ［美］马尔库塞：《反革命与造反》，见《工业社会和新左派》，任立编译，105、130、138、144 页，北京，商务印书馆，1982。

以"否定的辩证法"实际地开启了后现代"反人学"的逻辑。

　　事实上，马尔库塞的文化革命与赖希是一致的，后者在 20 世纪 30 年代就在弗洛伊德的心理分析中找到了革命的心理学依据，他强调我们正经历着一场我们的文化存在的真正革命性的变革，不过，这种文化革命之"革命"并非指马克思所强调的改变现实的物质实践，而是一场用真理拯救那些在资本主义条件下因异化而发生"情感变态"的世俗群众的运动，是一场"性革命"。① 这种本能的革命，它的经验证明了并不能直接完成自己提出的任务。反讽的是赖希本人被美国 FDA（食品与药物管理局）以败德为由起诉而落入牢狱致死。因此，他关于"身临大火的人难道还能悠闲地撰写关于蟋蟀颜色感觉的美学论文吗?"这一惊叹，与阿多尔诺关于"奥斯维辛之后不再写诗"都只是倾诉了一种深刻的知识分子的社会和历史责任感，而它的反面则是美学救赎的浪漫与无力。这也证明了除非占据现实的物质力量，否则任何对资本主义的反抗都不足以解决它的霸权问题。

　　事实上，20 世纪 30—60 年代的文化革命，只是表达了下列含义：我们必须考虑到资本主义通过提高劳动生产率而扩大居民依赖性的努力确实也产生了显著的效果，② 在这一背景下必须重新审视革命的群众基础和寻找积极的革命主体。而这一层含义经过 60 年代学生运动的洗礼后发生了较大的转移。而 70 年代通过文化重塑革命（如伊格尔顿等编《从文化到革命》）策略则转向对文化的理解，他们更为广义地将文化理

---

　　① 参见［德］赖希：《性革命》，见《二十世界哲学经典文本：西方马克思主义卷》，上海，复旦大学出版社，1999。

　　② 参见［美］马尔库塞：《反革命与造反》，见《工业社会和新左派》，任立编译，北京，商务印书馆，1982。

解为"制度意义上的社会的整个生产方式"，"它们构成生产经验的总体，决定了这样而不是那样的社会"。当他们进一步在共同文化的意义上指证，"文化共享就是必须让全体人民参与并控制作为整个生活方式的文化生成过程；现实地，这个运作过程就是革命政治"①，很显然，是经过阿尔都塞回到了葛兰西的领导权(也即控制权)的斗争。

更进一步，文化革命继续作为西方激进左派的主要策略选择，在文化的理解上也发生了与英国唯物主义文化研究传统的融合(后者也与阿尔都塞、葛兰西有着复杂的关系)，但这也意味着其后的文化革命声称与其 20 世纪 60 年代的传统在形式上就有了很大的差别，它实际上走向作为批评的广义文化研究，也同时开启了后殖民批评之门，即要求跨地域、跨阶级(阶层)、跨种族之间的平等权利，这当然改写了文化革命的含义。同时，我们必须看到，后殖民研究不是严格意义上的文化革命倡导者，如果把这一传统追溯到法农，那他们也只是在法农之后看到了民族文化与自由斗争互为基础这一历史经验，而试图通过民族文化反对殖民(心理的)统治。正是在这一前提上，萨义德的"东方学"研究才成为反中心反霸权反殖民的典范，詹明信才将第三世界文学研究视为对帝国主义文化抵制的典范。但是，这种文化研究也包含着一些重要的矛盾，例如，德里克对萨义德将东方"自我本质化"的提问，艾哈迈德对詹明信"隐含的帝国主义"前提的质疑，等等。这些争论的焦点问题是历史。

从上述讨论看，詹明信所言文化革命之核心的"臣属"(Subalterni-

① ［英］特里·伊格尔顿：《历史中的政治、哲学、爱欲》，马海良译，129 页，北京，中国社会科学出版社，1999。

ty)范畴，也即斯皮伐克强调的"下层人民"（subaltern），确实是理解文化革命的关键。按照詹明信的理解，这一概念指在专制情况下必须从结构上发展的智力卑下和顺从遵守的习惯和品质。因此，我们看到，很容易也很方便地从这个概念出发来解释殖民地的经验，它们在心理上表现出来的"逆来顺受"的异化现象。德里克无疑受到这种思想背景的影响，在讨论后殖民问题时，他就以"东方主义"为例强调东方人参与了这个西方文化霸权形成的过程。但是，德里克旨在解决的问题却又比后殖民批评要远得多，因为他指出这一实际情况后，他要求正视后殖民批评主体在反思和质疑文化霸权过程中自己与霸权的关系（本书第三章最后一节已经讨论了这个问题）。他最后提出的问题是，这种霸权到底是什么？我个人认为，这是文化霸权问题的一个核心。我已经强调，彻底的社会解放并不能通过简单地改造旧有的国家机器来完成，因此无产阶级的解放不可能仅仅停留在一种反霸权的策略上，它必须是一种总体的革命。这是由于文化霸权的本身并非源自文化的优越性，在文化上占据有利地位只是经济和政治霸权本身的一种体现。在这一点上，德里克要求把文化与政治经济分析结合起来无疑是正确地坚持了分析的路线。因此，他强调，必须清算欧洲中心主义或东方主义背景下的资本主义霸权，只有这样才能解决所谓"臣属"问题，而在这一意义上，他把文化革命的含义与罗道夫·巴罗的非资本主义道路更为直接地联系起来。就后者而言，他从对现实存在的社会主义批判直接强调了文化革命实践的五大内容：争取改变分工，争取对完全社会化的人实行统一教育，争取改善儿童接受教育的能力和学习动机，争取新的集体生产的条件，争取普遍认识过程和决策过程的社会化(民主化)。① 对照一下在前面讨论到的德里克解放议程的五大内容，就不难发现其中某种共通的地方。事实上，我们可以大致地把德里克的五大议程视为巴罗某些原则在全球的放大，如反对经济主义而改变分工、少数人和社群的权利。在这一点上，德里克较之后殖民论者或文化多元主义者更为彻底地坚持了由"臣属"到平等的立场。由此带来的进一步问题便是，必须把文化革命视为对整个欧洲(资本主义)现代性的替代，也正是在这里，他在理解中国社会主义当前的矛盾时依据巴罗的思想提出了"后社会主义"问题。

这样看来，在德里克那里，文化革命本身也是一种总体性的概念，他试图用这个概念推动对资本主义的批判，由于现实社会主义没有能够直接带来新社会，在这个背景下，他采取了巴罗的一个否定性的提法，文化革命本身应该被视为对非资本主义社会的一个总体性的想象。由此，合理地解决由于社会主义失败所引起的左派理想和目标的丧失。在这里，我们可以说，从消极的意义上，他采取了一个无奈的选择；从积极的意义上，他采取了一种灵活的策略。至于这种理解对于推动整个左派实践具有何种作用，则有赖于经验的进一步证实，不过，从这一角度提出的问题确实也能够引发人们更进一步的思考。

(二)非资本主义想象：全球霸权与文化

文化革命问题的提出，不仅仅是一个文化的问题，也不仅仅是一个

---

① 参见[德]鲁道夫·巴罗：《抉择：对现实存在的社会主义的批判》，严涛译，311页，北京，人民出版社，1983。

革命的问题，而是基于新的历史理解重新提出了革命与文化的关系。在讨论德里克的历史认识论之前，我们还是有必要进一步把他作为非资本主义想象的文化革命引向深入，这种深入同时有助于我们理解他的历史认识论。

詹明信认为，文化可以走在前面，预示尚不存在的生产方式的未来形式。这实际上是经济基础和上层建筑相互作用不平衡的旧概念的最基本的含义。[①] 如果说詹明信试图通过自己的"认知图绘"这个独特范畴将当下生存的（后现代）经验与"非经验的、抽象的、涉及地理整体性的种种观念互相配合调节"，从而超出当前跨国资本主义格局，那么德里克也就是要求在总体性意义上重新安排时间与空间从而打破当下的资本主义全球霸权。他们在下列认识上都是一致的：在目前环境下，人类生活业已被急剧地压缩为理性化、技术和市场这类事物，因而重新伸张改变这个世界的乌托邦要求就变得刻不容缓。不过，詹明信似乎采取了比德里克更为乌托邦的想象，因为德里克在作为革命根据的"理性"理解上比他现实许多。詹明信在推崇毛泽东、布洛赫之际，德里克则转向对于那些被资本主义霸权长期压制着没有展开而抗争着的生产方式。这样，它诉求的就不仅仅是一种未来的抽象平等，而是现实的权利，由此非资本主义想象就不是一种简单的历史哲学结论，而是当下的一种要求。

在当前的全球化过程中，从文化角度进行想象，面临着诸多问题，詹明信自己也意识到了这一点。他以某种方式自问道，"因为现在'地

---

①　参见［美］弗雷德里克·詹姆逊：《时间的种子》，王逢振译，80 页，桂林，漓江出版社，1997。

域'本身成了全球性、与美国迪士尼乐园相关的那些大公司的业务，它将为你重新装饰你自己的本地的建筑，而且比你自己做的更加精确。难道全球的'差异'今天与全球的同一性一样？"①这就意味着，他自己企盼的"飞地"正受到无情的侵蚀，他必须面对，"好莱坞不仅仅是一个商业名称，而且也是一场根本的晚期资本主义的文化革命"②。创造一个新的文化，这个提法是没有问题的，但是，是否脱离现实的社会经济过程仅仅凭想象就能够创造出来？这恰恰是德里克需要进一步追问的。作为整体性抱负的文化革命，在德里克那里并非纯粹的"文化"革命，而是试图将文化与政治经济的重新结合，形成一种对资本主义生产方式的"物质化"替代。在这个前提上，我们便可能进一步追问：这种现实的权利要求能否实现，或最终能否形成对资本主义的替代？德里克认为这是可能的。在这里，我们从文化与霸权的关系简要地讨论两个问题：

第一，德里克认为，文化在革命变化中至少有一个半自主的作用，认识到这一点对激进社会主义及其文化革命的意愿都是具有基本意义的：创造新文化，必须以彻底推翻现存社会关系为出发点，而这样创造的新文化会成为社会进一步变化的源泉，或者能够推动社会进一步变化。③ 关于它的方法论前提，在第五章第一节中还要讨论，这里强调的是，德里克是从文化角度来讨论当代全球关系并揭示霸权性质的。他认

---

① ［美］弗雷德里克·詹姆逊：《时间的种子》，王逢振译，218 页，桂林，漓江出版社，1997。

② ［美］弗雷德里克·詹姆逊：《作为哲学问题的全球化》，载《外国文学》，2000 年第 3 期。

③ 参见［美］德里克：《后革命氛围》，王宁等译，213 页，北京，中国社会科学出版社，1999。

为，从文化角度构想出来的身份政治，与从集体利益或公共身份之角度加以界定的政治截然不同，后者是从有体系的整体性（例如阶级）定位中演化而来的。因此，在某种意义上，文化仍然是由历史地建构起来的现实的生活方式决定的。文化研究也肯定这一观点，但当文化研究试图反过来从文化角度建构一种新的生活方式经验时，他们以文化替代了历史，这就是所谓将历史"文本化"。德里克由此强调，这样做，特定的社会就不具备真正的历史性。[①] 而真正的历史性隐藏于复杂的日常生活之中，在真正彻底的历史主义视角下，日常生活的结构安排着文化，而文化又可以通过重新组合社会主体而实现对霸权的剥夺。

第二，在当前的全球化过程中，如果不清楚霸权的实质及其与文化之间复杂联系，不把反霸权与非资本主义想象联系在一起，一种文化声称容易成为霸权结构的一个部分。前面我们已经看到德里克在反对中心主义时将欧洲中心主义与全球资本主义联系在一起，他认为离开资本主义，欧洲中心主义最多是一种地区性种族中心主义。因此，他并不主张用个别的地区中心来反对欧洲中心，而坚持在反对全球资本主义霸权过程中构想对它的替代。

在这里，我们以德里克以东方主义与中国历史的讨论为例进一步说明这个问题。东方主义作为对霸权的批判，在国际学界产生了很大的反响，它成为一些知识分子重塑"地方历史"的理论活动。特别是在当代全球化过程中，它似乎更是第三世界抵抗欧洲中心的依据。德里克认为，

---

① 参见［美］德里克：《后革命氛围》，王宁等译，275 页，北京，中国社会科学出版社，1999。

不能简单地将东方主义看作欧洲近代社会的本土产物。从文化交流的角度，将它当作欧洲人与非欧洲人相遇的"接触区"的产物倒更有些道理。正是在这些接触区内，欧洲现代社会不仅造成一些影响及后果，同时又受到其他现代社会的挑战，欧洲之外其他的现代性乃是其他社会步入这一有关现代性的话语时所产生的。

"接触区"（contact zone）这个问题显然和后殖民有关，因为接触区概念本身是就后殖民研究所提出的一个概念。[①] 在接触区内，跨文化性成为一个突出的特征。接触区是一个支配的区域，因为它并未取消它为之代言的那种权力结构，并且它作为一种中间区域在为这一结构服务。然而，接触区同时也意味着一种距离，与自己也与他者的社会相远离。[②] 因此，就中国而言，中国的民族主义，如同东方主义一样，也是文化具体化的源头之一，而它是由作为接触区产物的知识分子创造出来的，不管他们是在中国的中国人、在海外求学的中国学者，还是海外华人。也就是说，亚洲社会的精英曾参与了东方主义产生的整个过程。他强调，这种情形目前比以往更甚，因为"国家"这个概念越来越成问题，随着全球化和人们散居游移的日益发展，文化变得更加复杂了，以国家定义的一国文化亦受到地方化文化的挑战，国家已难以被定义为一个文

---

① 按照德里克自己介绍，这个概念借自玛丽·路易斯·普拉特所著的《帝国的眼睛：旅游写作和文化移入》一书，它的含义是"殖民遭遇的空间，在这个空间里地理与历史上彼此分离的各民族相遇，建立起持续的关系，但经常又有威胁、极端的不平等和无法控制的冲突等情况出现。"（转引自《后革命氛围》，第291页。）

② 参见[美]德里克：《后革命氛围》，王宁等译，291页，北京，中国社会科学出版社，1999。

化本体。① 在这里，他提出的问题是，在第一世界活动的第三世界出身的知识分子以自己的理解重塑某种本土性，他们的做法是否适当？应该说，从跨文化交流的角度，德里克用"接触区"概念解释了东方主义的复杂性，即东方主义不仅是帝国主义的产物，而且是东方人参与建构的。这正是其对后殖民的"杂交性"的批判的底蕴之一。从这一立场出发，他以"儒学复兴"为案例讨论了对文化的"自我再造"的当代问题。

德里克认为，过去十年中的儒学复兴表达了一种重新找回权力的感觉。而这与东亚社会的经济飞跃是直接相关的。正是经济的成长使东亚社会开始反对欧美的支配，并要求有自己的地位。因此，正如中国无力过渡到资本主义的情况使得儒学被归斥到一个已过时的无效的过去一样，现在也正是中国在世界资本主义中的成功使它得以进入全球现代社会的中心，并被欧美思想家们看作欧美资本主义之外的另一种选择。②

在当代活动的精英学者，他们倡导的儒学复兴"基本上是一次传播已经抽离化儒学的努力，'东方人'自己离开具体的历史和社会环境，再生产出东方主义的基本程序。这种'儒学'与世界资本主义霸权话语相连结，把东方主义推向全球权力的中心，但这并非'东方'的客观写照，而是把东方化了的主观性作为竞争取胜的普遍模式"③。德里克直接强调，杜维明努力将儒学的声音置于世界文化的大合唱中，但必须记住的是，这一世界文化彻头彻尾地渗透着欧美文化霸权主义与全球资本主义的意

---

① 参见［美］德里克：《后革命氛围》，王宁等译，294 页，北京，中国社会科学出版社，1999。

② 参见同上书，296 页。

③ 参见同上书，228 页。

味。而现实的状况却相反，儒学的复兴，虽然以寻求一个民族的强大为目标，但它导向的是以传统文化重建自己的资本主义历史。因此，在挑战韦伯的过程中，"儒学的核心价值观与全球资本主义的意识相嫁接，在世界中的文化中国得到重新肯定，这是全球经济、政治和意识形态目标作用于地方的又一实例。"①

从上述讨论中可以看出，德里克认为，从长远的角度看，这种自我东方化有助于目前各种权力形式恒久地固定下来。但是问题本身却是，对东方主义背后的资本主义现代社会的种种观念（不仅仅是欧洲中心论）提出质疑。因此，他强调，需要将资本主义现代性本身历史化，并且承认其他现代性的存在，对它们的认同不是根据各种具体的文化，而是根据曾被资本主义现代性的霸权压制了的其他轨迹。②

通过这种讨论，我们发现，在文化问题上，德里克强调的是对历史的尊重，以多样性的历史为基础塑造开放性（不同于资本主义）的未来。这样看，他的文化革命本身是一种极为现实的考虑。但是，我们必须注意他已经意识到而没有说清的一个问题：在这种替代过程中，由于资本主义所压抑的其他历史轨迹本身存在着两种形式——传统的前资本主义和从资本主义内在矛盾中正在生长着的后资本主义，我们就不能简单肯定非资本主义生产方式能够实现对资本主义的替代，这至少在逻辑上是有问题的。在当前，我们必须肯定，凭借与落后的生产方式一致的文化来完成跨越资本主义卡夫丁峡谷的历史使命是可笑的。他对试图通过

---

① ［美］德里克：《后革命氛围》，王宁等译，260 页，北京，中国社会科学出版社，1999。

② 参见同上书，297 页。

"儒学复兴"来完成中国现代性的批判是准确的，因为它并不能承载反对资本主义的霸权，并且必然会走入资本的意识形态，这一点经验事实已经证明。从总体上，德里克并没有完整地说清这个非资本主义究竟指的是什么，在其中西方新社会运动、中国特色社会主义以及所谓"第四世界的土著运动"这些并不同质的东西都被并置起来，但他并没有解释能够并置的原因，在这一点上，他给我们留下了不少问题。

(三)未完成的现代性事业?

由于德里克并没有区分"非资本主义"这个概念所隐含的矛盾，文化革命的指向虽然是明确的，但它的历史负载就不清晰了。或许，这也正是当代激进左派所面临的一个矛盾：一方面要反对资本主义，另一方面却不能直接设想出可行的、高于资本主义的生活方式。在马克思看来，资本主义前提上的解放必然是"后"资本主义的社会形式，这个"后"按照德里克对"后革命"的解释，它也应该是"之后"和"反"双重含义，不同的是，这两个含义必须同时具有：一方面必须是反资本主义的，另一方面意味着在它之后会有比它更高的社会形态。德里克是否完全忽视了这一点呢?

从现有的文献看，德里克已经意识到了这个问题，但立场是矛盾的：一方面，他把反资本主义、反现代性、反欧洲中心主义等不同论域的理论指向统一起来，以反霸权概括了对资本主义的替代，因此解放在文化意义上成为"欧洲中心主义之后的历史"，而这个历史应该是没有任何中心的历史。由于实际描述这个问题有些困难，他便转向了知识分子、文化和霸权问题，要求至少想象一个没有中心、没有知识分子异化的理想情境。另一方面，他的立场是内在地倾向于社会主义的，他采取了曲折的讨论路线旨在寻找一个落脚点，这在当前恰恰是十分困难的。德里克的思路是：由于不能在历时性方面直接解决资本主义霸权问题，即没有直接发生社会主义对资本主义的替代，那么对这个霸权的解决是否能够通过共时性的非资本主义来完成呢？关于这种转换的历史认识基础，我们将在本书第五章中讨论。在这里，我们对照詹明信来扼要地阐述。

詹明信曾经使用"社会构型"进行共时性分析，这个共时的东西就是生产方式的"概念"：几种生产方式共存的历史时刻在这个意义上不是共时的，但却以辩证的方式向历史敞开着。所以，在全球资本主义条件下，不同地域的构型表示着未来展开的多种可能性。詹明信认为，这种可能性不能在个别的生产方式中完成，而必须诉诸文化革命。① 德里克与之不同，他没有如此论证，在他的文本中多次出现过不同的"世界体系"的提法，并且在实际地分析资本主义权力结构时，他也强调权力的构型问题，即从权力关系出发，要求以那些非资本主义"世界体系"（它们因遭受资本主义的压抑从而是非中心和非霸权的）作为基础来对抗资本主义的霸权，在这一意义上，他关注第三世界、种族、妇女等问题，即一切在历史中被排斥在权力中心之外的他者的解放实践。他认为，它们面临的第一个现实的具体的问题是能不能构想出一种解放的文化，因此要求从文化上解决这个问题。为什么会产生这种情况呢，德里克强

---

① 参见[美]弗雷德里克·詹姆逊：《政治无意识》，王逢振、陈永国译，84 页，北京，中国社会科学出版社，1999。

调，关键原因在于：经济主义将"全球还原成为一块清一色的文化领地，而经济力量就在这块领地上演绎着自己的命运"①。也就是说，在经济主义发展中，文化是被忽视至少也是不被重视的，所以它们演绎出一套同质的经济模式，这显然扼杀了多种可能性的未来，从而也否定了从全球资本主义体系中解放的可能。正是基于以上认识，德里克强调：

　　第三世界的革命把文化问题在马克思主义中的重要性淋漓尽致地表现出来了，这不仅因为其社会环境中缺乏原先在马克思主义中所想象出的社会主义的文化前提，文化变革因而就显露成为一个革命的中心问题，而且更是因为经济发展的规则提出了种种的问题，在一个资本主义统治的世界里，经济革命本身就没有许诺任何从资本主义霸权中所获得的解放，它许诺的只是更密切地介入归属到资本主义的范围中去。不顾其他，一味地只考虑经济发展的问题不可避免地把经济主义引进门来，而经济主义则是资产阶级的意识形态，随着经济发展而不断壮大，因为后者产生的是这样一些社会集团和社会阶层，它们把自己首先和社会变革的经济逻辑依据相认同。

　　在这样的情况下，文化就不得不担负起实现社会主义的重任。在为社会和政治解放进行斗争的过程中产生了革命传统，第三世界的社会主义者们在这个传统中看到了（或者说曾希望看到）一种新文化的因素，这种文化既不是西方的，也不是过去的，换言之，它可

　　① Arif Dirlik，*The Postcolonial Aura：Third World Criticism in the Age of Global Capitalism*，Boulder，Colo.：Westview Press，1997，p. 27.

以是民族的而不必是封建宗法的，可以是世界的而不必是异国
的——一种全新的文化，它的形成必须与一个新世界的形成相伴而
行，但如果没有它，就无法构思后者。甚至在经济主义已经接管了
的地方，社会主义的领导层仍很难摒弃创建一种新文化的希望，他
们仍然希望建立一种既是当代的、又不是西方的或资本主义的文
化；经济主义必然产生资产阶级的霸权，要想对抗资产阶级的霸
权，一种新的反资本主义的文化是很关键的。①

这样看来，通过把文化重新与经济联系起来，德里克从批判经济主
义的文化反过来把经济纳入革命的进程，从而进一步把文化革命作为解
放议程的实际手段。在上述意义上，激进主义面临的问题便不是"文化
问题是不是一个意义重大的问题"，而是如何构想一种不是为霸权目的
服务而是为解放目的服务的文化。

在这里，我们看到，虽然德里克从文化角度似乎将解放本身导入了
一种想象，变成了一种话语权的争夺斗争，但并非仅仅局限于此。他指
出："马克思主义历史主义与某种反理论历史主义之间的区别，前者清
楚地意识到历史话语的思想本质，而后者则只是妄称掌握了真理……文
化主义的马克思主义说明了一个具有重大社会意义的认识论问题：如果
抽象概念取代了活生生的人，那么不管使用抽象概念的人出自怎样的好
意或对解放事业表达出怎样的同情，这些抽象概念还是可能成为霸权的

---

① Arif Dirlik, *The Postcolonial Aura*: *Third World Criticism in the Age of Global Capitalism*, Boulder, Colo.: Westview Press, 1997, p. 27-28.

工具。"①也就是说，他本身要求的却不仅仅是一种文化的解放，或许话语争夺只是最后物质条件解放的一个必经阶段。德里克反复强调：虽然全球资本主义表面看去支离破碎，但却是全球关系的构成原理。因此，后殖民不能完成自己所提出的解决不平等、压迫，反对帝国主义、欧洲中心主义，伸张主体性、差异性和异质性的理论目标。德里克认为，解决这些问题的"基础必然是对现代性整体进行彻底的批判，这个现代性是以生活世界的角度加以理解的，而生活世界既是文化的，同时又是物质的"。正是在现代性之中，他强调了文化的自主性，从而确证文化革命的有效性。

在前面的讨论中，我们已经强调了资本主义对全球关系的重组这一观点。事实上，当代资本主义作为人为的建构，这一问题的重要性在这里得到部分彰显。在霸权的意义上，"欧美人征服了世界，重新命名地点，重新安排经济、社会和政治，把现代之前对时空的认识和许多其他东西一笔勾销或者驱逐到边缘地带。在这个过程当中，他们以前所未有的方式用其自身的形象一统历史……对这个自我形象来说至关重要的是一种欧洲启蒙主义所建立的模式，它以理性的、人文主义的主体作为历史的主体，以理性和科学武装自己，以普遍理性的名义征服时间和空间，为了把社会归入理性的疆域之内，对它们重新加以组织，制服那些不同于此的历史轨迹并产生出一种统一的历史，这种历史永远朝着满足人类进步的标的方向前进。这个模式把欧美的历史经验融入人类的命运

---

① Arif Dirlik, *The Postcolonial Aura*: *Third World Criticism in the Age of Global Capitalism*, Boulder, Colo.: Westview Press, 1997, p. 200.

之中，这样一来，由于它想要改造世界的雄心而大肆施于世界的痛苦便找到了一个理性化的借口"①。这一点，正是帝国主义意识形态长期承担的职能。因此，"全球化范式是对现实世界的反应，故而并不像其倡导者所声称的那样，只是在描述这个世界，而是如早期的现代化话语一样力求根据资本主义现代性所勾勒的幻景来改造世界。尽管有种种不合理之处，但全球化话语仍表达了对全球政治经济权力关系的一种构想，即通过霸权排除其发展主义前提的其他一些可能性考虑。甚至对全球化话语的批评，也不是与这些基本前提相对立，而是更加巩固了它的霸权"。"相反，如果把文化主义看作是一种全球的思想现象，那么就可以昭然揭示出现于社会之间的关系中的文化问题并且可能对文化概念在文化主义意识形态中所承担的霸权功能进行更全面的社会批判"②。这就是说，在实践地导向一种解放之前，对于先前或当下的霸权合法性理论模式的颠覆将是一个重要的理论任务。德里克虽然并没有直接强调将这种理论直接变为实践的力量，但其理论冲动却是明显存在的。

因此，我们看到，作为整体性抱负下的文化革命声称，德里克也深刻地带有强调如何让历史主体首先出场的问题，在这一点上，他不得不将批判的矛头指向包括"马克思主义"在内的体制内或体制外对历史的"真理性"解释，并且重点讨论马克思主义历史学问题以期对这种话语的解放。如果进一步考虑他本人所处的"后现代"背景，那么我们将会清晰地看到他论说的理论意义。

---

① 参见[美]德里克：《后革命氛围》，王宁等译，155—156 页，北京，中国社会科学出版社，1999。

② 同上书，38、191 页。

从以上讨论看，文化革命在当代的左派政治中恰当地提出了问题，但它自身却不能解答这些问题。这也反过来说明，马克思所强调的生产力革命在今天，对于落后的国家和地区而言仍然是一个关键问题。而在当代资本主义社会中，彻底摆脱它的物役性，除了从根本的制度上改变它的经济和政治运作方式，也没有其他的道路。也就是说，解放在今天，仍然是彻底的社会革命，而不仅仅是文化的革命。文化革命究竟是有效地反抗资本主义霸权的斗争形式，或者仅仅是漫长的解放道路上的一种呐喊？这个问题是值得继续追问的。

三、地域政治学：边界之地的激进主义

德里克主张文化革命，包括后殖民在内的后现代话语也主张"文化造反"，但为什么后者就落入抽象的声称，而前者就具有合理性呢？这个问题同样得在"后革命"的辩证法中解释。后殖民强调流动的主体性，这个流动的主体性却找不到现实的落脚点，一直浮游在发达资本主义（第一世界）的学术体制上空，飘荡在现代化的大学课堂中，甚至他们对自己的学说在第三世界传播都不感兴趣。德里克至少在这一点上表现出理论的彻底性，可以说他一直在积极地寻找其激进主义立场的落脚点，例如，中国革命一直是其关注的中心问题，他也通过自己的深入研究来理解当代中国发生的变化，把中国特色社会主义作为弹性生产时代的马克思主义的一种典范。事实上，我们可以把他的"边界之地的激进主义"（borderlands radicalism）视为其理论的归宿。

按照字面含义的理解，德里克把最后革命的希望置于"边界之地"，这个"边界之地"并非是边缘的含义（虽然它可能包含了这一含义），而是在全球资本主义复杂权力格局中那些汇集不同权力要求的地域（local）。基于这种理解，德里克要求对共时性的空间进行结构分析，确证地域在当代作为压迫和解放之实际承载地的矛盾性，从这种矛盾出发透视当下社会解放的可能形式。

（一）世界体系与资本主义霸权

资本主义对整个世界的结构作用正是历史的构造要素，不论各个地区和民族的历史在这个体系内是多么的异彩纷呈。因此，如果承认资本主义仍然是我们时代的主题，那么对当下空间的共时结构进行战略分析有助于揭示全球体系的权力性质。德里克正是这样操作的，不过与传统的研究不同的是，他不是直接基于任何一种现成的资本主义分析理论进行的，而是通过对资本主义发展的目的论分析对这些理论进行了修正，从而为共时性分析提供了历史性基础。而他的切入点就是"世界体系论"，他认为由华勒斯坦等人倡导的世界体系分析指认了"全球与地方的矛盾"，因此对于认真思考社会主义的现状和未来是至关重要的。不过，在另一方面，他同样认为特定的地域结构包含着"过去与现在"的对立，也就是说如果不能在历时性上做出区分，那么对于地域的矛盾性分析同样是有局限的。正如他在全球化问题上的看法：历史地理解全球化和从全球化角度来理解历史，在地域分析上同样要求结构分析的历史维度，因此，他本人将自己对于全球资本主义特征的分析是一种"经过修正后用来解释东西方新发展的世界体系分析"。

在这一个分析框架中，存在着多个世界体系，20 世纪 90 年代之前泾渭分明的"第一世界"与"第三世界"的对立只是以民族国家为基础的全球体系的显性特征，而 90 年代之后在跨国公司作用影响下的所谓"民族国家消解"问题则是一种新的矛盾，他认为从"第三世界角度"对全球体系进行分析有助于揭示当前霸权的实质。

1. 作为一种结构分析的世界体系论

德里克认为，世界体系分析构成了现代化理论的主要挑战，它对"现代化理论"的基本假定提出了怀疑。因此，世界体系分析的最具根本性的观点也代表了它与现代化理论的区别。他认为世界体系分析主要特征是：

第一，世界体系分析把资本主义当作现代化的核心论据，它力图把资本主义对现代世界的建构理解为一种生产方式。在这一点上它显然受到了马克思主义的鼓励。

第二，世界体系分析不同于正统的斯大林式的马克思主义，它坚持认为不能根据个别国家的内部发展来理解资本主义，而必须根据超国家的空间关系来理解并给它们归类。因此，"世界体系"这一术语不是指整个世界，而是指那些或多或少在商品交换方面自给自足的空间领域。

第三，世界体系分析将空间作为核心论据而引入发展分析。这带来对现代化的目的论的有效质疑。

第四，在分析空间关系时，世界体系分析把"核心"与"外围"的关系看作最重要的关系。

第五，世界体系分析主要关注的不是独立自主的经济、社会和政治单位，而是这些单位之间的相互关系，以及这些单位本身怎样被这些关系所决定。核心外围的关系不是资本主义发展的前提，而是其结果。按照这种对发展的分析，发达与不发达并不表明国家的相互独立，它们是资本主义关系的结果。

第六，世界体系分析对于社会主义的意义。只要资本主义的生产方式是世界体系的结构原则，那么，社会主义便只有在挣脱这种世界体系的条件下才有可能。①

在本书第一章中，我们已经简单地讨论了世界体系论的背景，它的重要意义在于揭示了资本主义的外部关系和这种方式之间的复杂作用。在德里克看来，结构主义用来说明历史上多种因素共存的"关联"观念最适合解释像资本主义这样复杂的体制的产生。世界体系分析对"关联"的认识正是其优点所在。但是，他进一步认为，世界体系分析至少存在着三个方面的缺点：一是由于过多地关注商品流通、财政和生产等，而忽视了为这些经济活动提供背景的社会和政治关系；二是它的反历史特征，它忽视那些可能改变结构关系的具体历史情况；三是极少问及政治和文化。这三个方面，也是德里克对资本主义权力关系进行分析时所要重点强调的方面，在这一意义上，他修正了世界体系的分析方法。

德里克在实际分析全球资本主义时，确实依赖了世界体系分析方法，但是也很显然在"世界体系"理解上与世界体系分析的主要代表人物有着一定的隔阂，其中最关键的在于"世界体系"是多元的还是单一的。德里克认为是多元的，即存在着多个世界体系。而华勒斯坦和弗兰克等人都坚持一个世界体系的说法。德里克认为，单一的世界体系不可避免

———————————

① 参见［美］德里克：《世界体系分析和全球资本主义——对现代化理论的一种检讨》，载《战略与管理》，1999 年第 1 期。

地带来"中心之见"。确实在到目前为止的"世界史"叙事中，历史学家们很少能够真正摆脱欧美中心的立场，容易以欧美的先入之见作为整合世界体系的基础。因此，德里克在对弗兰克"5000 年世界体系"说法进行批评时强调，即使转向其他中心，事实上也把欧美资本主义普遍化了。他为这个问题提供的解决方案是"网络"。这个比喻按照他的提示来自于卡斯泰尔斯的"网络社会"研究，他认为后者提供了一种重组全球关系的范式，"能够把当代变化与过去的遗产、明显的权力集中与最终无权控制全球经济不稳定性、全球化与地方化及民族国家的持续重要性，以及早先坚持的世界绘图与其重新构造结合起来"[1]。正是在这个点上，他转向全球构型中的地域，试图分析当代全球权力关系中的地域复杂性，并把地域看作"用来创造和建构进行政治思考及知识生产的新的语境"[2]。

2. 当代世界体系或三个世界问题

20 世纪 90 年代世界体系的最大变化莫过于苏联东欧作为"第二集团"的社会主义的瓦解，这种瓦解直接为全球资本主义的扩张铺平了道路，在本书第二章中已经介绍了德里克这一方面的看法。在这里需要进一步研究的是，这种变化是否使得过去世界体系研究常用的"第三世界"这个分析概念失效了？我们又应该从怎样的角度来重新理解当代世界？

如 J. E. Goldthorpe 考证，"第三世界"在某种程度上是对冷战的政治反应，它可溯源于 1947 年英国议会一群劳工成员的工作，他们指认

---

① ［美］德里克：《后革命氛围》，王宁等译，21 页，北京，中国社会科学出版社，1999。

② 同上书，39 页。

了在苏联共产主义与美国资本主义之间的"第三种力量"，尽管这种思想最初受到一些国家和地区的反对，但随着这些国家和地区在国际事务中日益活跃而逐步被认可且成为主导，1955 年的"万隆会议"充分肯定这一术语的意义。[①] "第三世界"作为一支活跃的政治力量在抵制资本主义全球扩张和争取落后地区的民族利益方面发挥了极为重大的作用。在第二世界不复存在的条件下，"第三世界"该如何重新定位自己？在理论上，大多数学者们都认为随着第三世界产生条件的消失，"第三世界"已经成为过时的概念，因此重新提出"第三世界"或新世界划分问题。[②]

这个问题也是后殖民论对"第三世界"进行批判的前提，他们从"第三世界"术语的残余性质、松散结构、对社群之间的复杂性和内部差异的掩盖、第三世界本质化倾向等诸多方面提出质疑。对此，德里克并不过分反对，因为他本人也反对资本主义的终极"自然"性以及建立在这个前提之上的资本主义霸权假设。但是，他并不简单地认同后殖民主义的批评，他认为在当前仍然有充分的逻辑和政治理由来保留这个术语，因为决定全球关系的力量造就了它，而这些力量在第三世界概念出现之前就存在了。他强调在理论上：首先主张多样性不能以否认全球性结构力量为前提；其次作为一种理论建构不能作为被质疑的理由。此外，在过去的理论建构中，"第三世界"确实也提出了某些具有共同性背景的（民

---

① J. E. Goldthorpe，*The Sociology of Post-colonial Society*，Cambridge University Press，1996，p. 15.

② 这个问题几乎在当代社会科学诸领域同时被提出，例如斯特兰奇就强调这种区分现在不存在了，而主张从单个金融体系来承载世界体系的分析，从而确证这个体系的性质。参见［英］斯特兰奇：《疯狂的金钱》，杨雪冬译，4 页，北京，中国社会科学出版社，2000。

族)国家和地区的解放问题。因此，"第三世界"作为一个认识范畴对于当代的霸权关系分析具有某种作用。[①] 相反，不分青红皂白地取消这个概念，主张无结构的多样性，也就取消了全球关系。所以他强调："我们不应该简单地抛弃第三世界概念，而应该考虑到，随着社会主义的衰落，一些潜在的可能是否已重整旗鼓，再振雄风，尽管语汇改变了，由第三世界的归属感限定的民族解放道路被还原为民族主义道路。在当今形式下，第三世界主义确有可能在国际和国内起到积极的作用。"[②]

在德里克看来，资本全球化使得全球性的(而并非只是民族的)阶级第一次成为可能，而在这一历史进程中，基于"自足的民族发展道路"(如中国近代以来的探索历程)恰恰是和第三世界联系在一起的"第三条道路"——非资本主义的和非教条的社会主义的民族发展道路。这条道路能够有效地防止"第三世界"被本质主义化。在当代，对第三世界概念进行彻底的批判必须包括：首先是区分现在与过去；其次是区分不同的第三世界话语隐含的结构情景；最后，同样的话语也适用于第三世界概念本身固有的批判政治议程。[③] 因此，这个问题和对资本主义的权力关系进行测绘是直接联系在一起的，它不是一个简单的概念批判的问题而是对当代世界体系下的结构划分以及这种结构对于以前第三世界的影响问题。

全球资本主义条件下，资本流动不再受到从前与资本主义和社会主

---

① 参见[美]德里克：《后革命氛围》，王宁等译，66页，北京，中国社会科学出版社，1999。

② 同上书，69页。

③ 参见同上书，69页。

义相联系的政治形式的限制，结构问题既是全球的，又是地方的。资本在所有方面，尤其在生产方面，取得了跨国性，超越了地区和民族的界限，形成了真正意义上的全球阶级。非领土化资本对于世界划分产生复杂的影响，在从前第二、第三世界里产生了第一世界形态，而在第一、第二世界里也产生了第三世界形态。也因此，早期第三世界斗争的意义发生了变化。现在，"昔日的第三世界民族融入了全球资本主义，民族解放构想不再创造别样的社会形态，而是创造别样的资本主义形式"。由于融入资本主义，世界体系论者的脱钩计划不再可能。"大多数第三世界国家现在的目标是发展'出口导向的经济'，这能够提高经济增长率，但付出了从前所不愿付出的代价，把相当部分的人口边缘化或推向全球性的剥削。在这种现存权力结构中，第三世界的知识分子本身产生了一种使人异化的意识形态，它拉开了他们与本社会的距离，而他们与那个社会之间必然维持着一种霸权的关系。"①

以上这种第三世界本身的复杂化，在理论上直接要求重新估价第三世界全球关系中的地方。由此德里克讨论地域，讨论基于地域的新的革命。

（二）全球化背景下的新的地域：作为遗产和事业的地方

地方或地域，在任何时候都不是孤立的，它是在全球整体之中的具体性。在后现代背景下，德里克似乎并非直接从马克思的历史主义进入

---

① ［美］德里克：《后革命氛围》，王宁等译，72 页，北京，中国社会科学出版社，1999。

地方性，而是用马克思主义的历史分析为地方性提供了合理的论证，这种论证的结果也就是清理后现代理论的失误，在这一点上，他与凯尔纳等人的主体性政治有着一致性。（见本书第五章第二节。）但不管怎样，从马克思主义历史理论对地方性进行论证是可能的。

前面我们已经讨论过德里克的地域范畴，这个地域范畴帮助德里克识别出那些在资本主义生产方式霸权中被压制的"他者"，这些"他者"不仅是历史的产物也是当代权力结构中能够真实地对抗资本主义霸权的根据地。因此，我们将之称为"作为遗产和事业的地方"（local as legacy and project）。这个"地方"，在全球化境遇下，它直接表现了这样一种谈判的场所：在其中，解决历史遗留的阶级、性别、种族方面的剥削和压迫，以及人与自然环境的直接关系问题。作为别样构想的源泉，地方范畴在历史认识论中深刻地指称下列含义：

第一，它是能够在实践中将生产方式历史化的具体性，因此也是历史与未来发生连接的"瞬间"（moment）。从反对霸权的角度，德里克强调除了一种既是地方的也是普遍的文化之外，没有别的目标，而且不给任何一方以中心地位。这种构想是通过将资本主义叙事历史化来实现的。但它必须能够有所体现、有所落实，而不能最后流于德里达的"幽灵"——永远作为一种不确定性的未来消息。这就存在着一个问题，即必须给解放安个家。德里克没有简单地指认这个家在哪里，他希望将解放的希望赋予当下每个具体的地域。因此，在历史认识论上，他强调地方化本身应该是能够在实践中将生产方式历史化的具体性。① 如果考虑到马克思的具体性是指现实存在的多样性的统一，那我们发现，德里克对这个具体性做了多义的解释，一方面它是可以确定的当下权力结构；另一方面它是生成性的历史中必然在消解的开放性时空结构。地方实际地承载着历史地积淀下来的压迫，它也必须是新的未来的开端。特别是在当前全球化背景下，如果说资本主义成为一种全球抽象，那任何关于社会主义的现实考虑都必须落实到地方。从前面的讨论我们已经指出，德里克正是基于前一个方面而导向后一个方面的，这是他与后殖民论不同的地方。当然，这里的解释可能简单化了，因为德里克在做自己的理论分析时，如前所述已经大大地融合了后现代话语和表述方式，因此在后一个方面，他内在地强调了"瞬间"的含义，以突出他自己所指认的地理位置或在场的不确定性，从而为开放的主体性设置了落脚点。在这一意义上，诚如解构主义的"那个等待命名的东西"，这样的命名本身作为一个历史的活动，它的重要意义便再次彰显。

其次，它也可能是抵抗资本主义的"飞地"。德里克通过将资本主义生产方式历史化，不仅是为了给其他生产方式同时也是给其他叙事方式留出空间。在这里，他的问题仍然坚持了两个维度，一是现实存在的非资本主义生产方式，二是与资本主义叙事不同的其他的叙事方式。前者在世界体系中作为讨论的重点，也是世界体系论者如阿明等人社会主义声称的最后落脚点，即真实的解放必须是在那些与资本主义生产方式

---

① 德里克强调，马克思赋予资本主义以历史意义还包含有一个使之特殊化的意图在其中：为表示它在历史上出现在世界的某一地区，因此它不具备古典经济学赋予它的那种"自然"的普遍性。（《后革命氛围》，319 页。）

"脱钩"的前提下建立起来的社会主义。而后者作为描述或再现历史的理论，它同样是真实有效的，但却不一定是将资本主义作为归结点。德里克认为，真正的历史多元主义必须是承认欧洲以外各社会的历史真实性，而不是用一种虚假的普遍性将之全部囊括起来，从而把那些无法用资本主义叙事代码描写的历史当作地方化的例子。在这一意义上，地方化策略所导向的正是这些非资本主义生产方式的承载之所。我们在这里集中讨论第一个方面，将之表述为"飞地"。显然这不是德里克本人的表述，我们如此表述暗示着其与詹明信等其他一些激进主义者的关系。在对詹明信的解读中，谢少波将詹氏对鲁迅的解读定位在第三世界主义和总体制度内的"飞地抵制"，应该说这是非常准确的。[①] 也正是面对第三世界的非资本主义生产方式，德里克提出了相同的立场。关于他们的一致性下一章中将专门讨论。这里指出的是，由于全球化的复杂影响，原来三个世界的问题进一步复杂化，第三世界内部也产生了第一世界化（资本主义发展方式问题），而第一世界则包括第三世界化（无产阶级的贫困化问题），在这一背景下，"飞地"同样是复杂的，它暗含着一切非资本主义生产方式、一切反对资本主义的阶级或阶层，也包括对资本主义的理论抵制。这是导向与资本主义弹性生产相适应的灵活政治所必需的。

综上所述，地方作为历史具体性，作为抵抗的场所，在德里克那里并非仅仅指一个确定的因而是特殊的地域，而是一个认识论概念。通过

----

① 参见[加]谢少波：《抵抗的文化政治学》，陈永国等译，北京，中国社会科学出版社，1998。

这个概念当代激进主义能够想象对资本主义的替代并且避免霸权的浸润。也就是它是当代激进主义知识分子构筑可能性未来的分析工具。在其中，未来能够用现在的辩证法来表述，而未来（尤指文化）将在人类活动的过程中形成，它不是任意的折衷主义的产物，也不是抽象的精神设计的产物，而是社会实践的产物。倾向于未来的社会实践通过消除知识分子摆脱社会现在的文化距离，从而消灭他们自身的异化，更进一步寻求消灭现存的霸权结构。

(三)边界之地的激进主义

我们已经讨论了全球资本主义的复杂性，它直接对这一条件下的解放实践产生了更为复杂的影响。因此，斯皮伐克指出：全球资本主义（经济剥削）与民族—国家的联合（地缘政治统治）之间的关系是如此宏观以至于不能说明权力的微观组织。[①] 这样带来的问题是，除了宏观的文化革命声称，其他的任何激进主义构想将是不可想象的。德里克则回敬道，至少土著居民的地方斗争是一种典范。[②] 他在不同的文本中详细讨论了这种斗争形式，并冠之以“作为边界之地的激进主义”“本土意识”“地域政治”“地方政治运动”等不同的名称。

这种激进主义声称同样是建立在其复杂的历史认识论之上的，因此，直接表现为德里克历史认识的一种必然，或直接可以将其解释成他

---

① 参见［美］斯皮伐克：《属下能说话吗?》，见罗钢等编：《后殖民主义文化理论》，112 页，北京，中国社会科学出版社，1999。

② 参见［美］德里克：《后革命氛围》，王宁等译，75 页，北京，中国社会科学出版社，1999。

对当代关系的历史解释。特别是其全球与地方的历史主义结构辩证分析，我们更能看到这一点。这里，我从其理论批判对象方面简单予以描述。德里克认为："从方法论上讲，后殖民主义在其最为大众接受的形式中（至少在美国是这样），总是回避按'奠基性范畴'划分的世界的构造问题，而把重点放在身份形成过程中发生的地方性冲突上；在许多方面，驱动它的是激进的方法个体主义和历史解释中的境遇主义者。而全球主义则不然，它借助在抽象的最高层次中动作的力量，把注意力牵扯到世界的构造上，在某些形式中它甚至在这种抽象中找到了社会理论纯科学命题的证明。它们在过去和现在之间所建立的联系也有所差异，这些差异也同样是很有意思的。"[①]与这种立场不同，德里克强调文化集体认同（身份），文化认同（身份）与历史轨迹之间的非线性关系，从而着眼于对现实权力关系的分析。

　　在地域问题上，德里克认为，在现有的理论讨论中，地域也是一个推论性的概念，充满了大量规范性前提。它们以一种不同的视界向全球化前景提出了挑战。[②] 地域问题的重要性在于下列问题：在特定的环境中，资本主义的抵抗定位在哪里，这种抵抗的本质又是什么？为此，德里克讨论了后殖民论所强调的"边界之地"，以批评的立场将之包容进"地方"概念。对于地方或地域概念，德里克的分析具有以下几个特征：

　　首先，坚持在资本主义的权力结构中分析地方。也就是说，他将地方理解为整体权力结构中与全球相结合的地方，因此，一方面他强调：

---

　　① ［美］德里克：《后革命氛围》，王宁等译，156 页，北京，中国社会科学出版社，1999。

　　② 参见同上书，39 页。

如果地方不以全球为参照便无从设想，全球离开地方也无法生存(这种全球与地方的辩证法关系我们在其历史主义结构分析方法讨论详细论述)；另一方面，在整体资本主义结构中，他借用卡斯泰尔斯的"生产网络"概念将弹性生产的"商品链"指认为"生产网络"，强调指出，由于地域通过宣传自己来引进资本，它便不再是人们居住的地方，也是一件待售的商品。① 在这种背景下，不以全球化为参照就无法理解地域，这意味着地域也应具有全球资本主义的所有矛盾，即产生了复杂的地域构型(local formation)。在这一点上，德里克坚持对全球资本主义的权力关系分析，在日常生活境况中，区分出代表地域同全球化关系的两个极端关系：即地域的边缘化及其被资本所合并。② 这是在当代资本主义世界体系中某一具体地理空间地域化的表征，因此，在全球资本主义中，地域表示那些被资本支配或拒绝的地方，它同资本的中心地带相对。在这个意义上，就中国而言，至少我们不能将之视为同一地域，而应当将之视为复杂的地域构型，即包括香港、澳门、台湾地区、深圳、上海等这些已经高度资本化的地理区域，也包括正在并入资本控制的东部发达地区和西南、西北一些远离资本的地区。因此，德里克强调，全球资本主义条件下，资本流动不再受到从前与资本主义和社会主义相联系的政治形式的限制，结构问题既是全球的又是地方的。而资本流通的结果不仅是生产的流动，而且是文化与人的流动。因此，离开资本的建构力量，

---

① 参见[美]德里克：《后革命氛围》，王宁等译，52页，北京，中国社会科学出版社，1999。

② 参见同上书，51页。

就无法理解地方。①

其次，作为空间的地方必须在多视角中得到理解。全球资本主义的结构条件及各民族国家逐渐放弃自己短期内承担的责任在民族疆界内补救空间不平等，这两种情况都大大瓦解了社会分析诸范畴的地域性。此外，无论是否由资本流动直接引起，当前的时代都是一个散居时代。这导致对地域边界指认的困难。但是，德里克并没有直接接受后殖民研究的无边界"边缘"概念，而是坚持任何在认识上或政治上具有批判性的地域观念必然认可某种边界观念，坚持了对其辩证的理解，强调边界的多维可塑性，并认为这并不等同于废除边界。由此，他要求诸如地域的生态学、地形学等问题也必须得到关注。

再次，地方也是社会的边缘。从权力关系看，边缘化不仅仅指地域，更重要的是指那些甚至在网络内的位置上也会被边缘化的人民。这些边缘化的位置恰恰真实地构成了具体的地方性，由此，德里克和艾哈迈德等人一样反对后殖民论的中间性和杂交性。

最后，德里克将地域视为认识论中具有普遍意义的范畴，并将其与历史联系起来。他引用列斐伏尔的观点指出："地域乃人为产生的，而非仅仅是事物发生的特定位置。……它是我们用以思考社会关系或构想这些社会关系的范畴。作为社会关系的特殊混合物，它相应地生出一套特定结构来赋予阶级、性别、种族及地域自身等范畴中所代表的社会关

---

① 参见［美］德里克：《后革命氛围》，王宁等译，74 页，北京，中国社会科学出版社，1999。

系以具体意义。"①他强调，这种现象在下列条件下显得越发不可避免：一是当全球资本主义背景下的地域产生（以一种或者创造或者毁坏的方式）变为一种生存条件时；一是当对这种状况的不满促使我们对那种存在于与地域相脱离的概念中的霸权主义含义进行质疑时。② 正是在这种认识论中，他指出：地方在全球化境遇下的……地方也是谈判的场所，以解决历史遗留的阶级、性别、种族方面的剥削和压迫，以及人与直接自然环境的关系问题。因此，地方能够成为别样构想的泉源。③ 也就是说，地域是我们进行社会想象的基础，也是实质性解决性别、种族等不平等问题的落脚点。

基于上述认识，德里克建议最好不要把地域及地域意识看作一笔历史或地理遗产，而看作一项工程④。在这个基础上，他强调地域概念的如上使用对于区分地缘政治学（geopolitics）的进步与反动所具有的关键意义：首先是构想中的地域。开放和变革是解决不平等问题所必需的。

---

① ［美］德里克：《后革命氛围》，王宁等译，45 页，北京，中国社会科学出版社，1999。

② 参见同上书，46 页。

③ 参见同上书，75 页。

④ "工程"（project）这个英文单词是个多义词，它指工程、规划、计划、事业等意义。萨特也使用这个术语，用它来指称对未来的考虑。德里克使用这个词有着复杂的语境考虑，但总体上倾向于萨特的意义，因此作为展开未来的方式不可避免地带有乌托邦工程或伦理因素的性质。在论及解放政治时，他承认这个性质，不过，他也认为这是一种具体的考虑，并不完全就是乌托邦的。他辩解道："当地域被看作一项工程时，它便提供了一个语境来使我们重新表述思考空间的方式。"（《后革命氛围》，42 页。）即他将此看作历史展开的某种特征，因此能够作为构想新政治的理论前提。在这个意义上，他强调，对地域性想象的辩护和倡导并非一种乌托邦工程的产物，而是对这一非常真实的全面危机的反应。（《后革命氛围》，51 页。）

地域意识的核心是对地域多样性的认可；其次是发展问题。要认可地域的完整性，就必须批判发展主义，尤其是资本主义发展观。这导向的是一种生存观，特别是日常生活的完整性。最后是政治。提倡一种地域意识并不意味着在其他层面上摒弃政治行动及政治组织。[①] 因此，我们可以说，在现实意义上，地域意识在某些方面无非是重申日常生活及福利方面的要求，并反对它们被全球化计划所抽象化。

在上述背景下，德里克将地方运动理解为不仅是传统地方主义的简单征兆，而且是对全球资本运动（及其政治和社会后果）的反应：作为抵制资本主义的场所而出现的地方，在基于地方差异的操作上，将地方带入意识的表面。将地方同化到全球，这是世界社会和文化同质化的另一种说法，它又指向作为资本抵抗之地的地方。[②]

在不同的文本中，德里克以一些土著居民运动（所引用其他学者的"第四世界"进行命名的地域）[③]以及他的中国社会主义研究案例，提出了关于这些地区的当前"工程"的要领，这些要领包括：非国家社会主义也非资本主义的发展道路，基于生态意识与土地的特殊关系以及非线性的过去和当前关系等几个核心方面。如在《三个世界还是一个，或多个？当前资本主义语境下的全球关系重构》一文中，他简要地概括：首先，资本主义与社会主义两种发展主义都将被排斥，发展主义合法化的抽象

---

① 参见［美］德里克：《后革命氛围》，王宁等译，55—56 页，北京，中国社会科学出版社，1999。

② Arif Dirlik, *After the Revolution：Waking to Global Capitalism*，Hanover，NH：Wesleyan University Press，1994，pp.107-108.

③ "第四世界"，按照德里克的解释，它的含义是"非第三世界土著地域"。

认识（源自启蒙运动）也被将排斥……先进与落后的概念也受到质疑；其次，将人与土地、人与自然的关系置于首位，强调这才是生存的源泉和社区认同的根据；再次，与提倡征服自然的启蒙认识论以及人与自然关系（包括人与人关系）的商品化相反，自然重新焕发出了魅力；最后，把世界看作社区联盟。[①] 正是在这些前提上，他具体地考虑一些构想，如他关于与第三世界联系在一起的自足的民族发展道路的"第三条道路"，又如对当代"儒学复兴"与中国发展问题的考虑，等等。从这里看，德里克似乎基于当代社会问题要提出一揽子解决方案，但这恰恰是困难的，因此，他没有细化，而只是提出原则性构想。我们看到，这些原则性构想与 20 世纪激进主义运动之间有着复杂的联系。

在《革命之后》这一文本中，德里克基于全球资本主义认知测绘结果对边界之地的激进主义有个概括，我认为这个概括反映了他思考的原则，其中也反映了他关于当代马克思主义问题的考虑，这里予以摘录：

（1）在全球资本主义之中比以前更为遍及的资本是当代生活的"基础"原则。任何值得命名的自由话语都必须提出它在场的物质和社会存在的问题。（2）就资本需要一个全球形式的在场这一点说，马克思主义必须同过去一样与对世界的分析密切相关。现存社会主义国家的倒台，与其说是"马克思主义的死亡"，倒不如说是马克思主义从官僚现代化主义的奴役中解放出来。特别相关的是阶级观

---

① Arif Dirlik, *The Postcolonial Aura：Third World Criticism in the Age of Global Capitalism*, Boulder, Colo.：Westview Press, 1997, p. 159.

念，因为阶级形式真实地成为全球的和"总体性"的。当资本运动达到空前的神秘化水平时，对于"认知测绘"来说，"总体性"就显得比过去更为必须。(3)我所指的总体性是一种非演绎主义的总体性，它为那些过去没有在马克思主义分析中占有特别地位的社会概念和范畴提供了空间。激进的分析必须将它的多元决定观念视为社会存在和社会意识的基本特点，必须反对不可置疑的演绎主义，这种演绎主义用单个的或"总体化"的范畴(如马克思的阶级范畴)来否定其他替代范畴。社会性别、种姓和种族在描绘社会存在和社会意识方面都是基础的，并且必须作为一种基本的考虑进入解放的话语。激进分析必须反对那些同现代化主义时空性一样的目的论的概念，它必须容忍非总体化的解决方法，甚至当它面对作为当前问题的总体性时。这种开放性同时意味着容忍"乌托邦式"解决方法的考虑。对于分析当代生活，理论是基本的东西，但是除了作为对那些制约想象未来而需要战胜的东西的说明外，理论并不指出通往未来的道路。承认多元性和历史性或许会引发对理论的废除，那是一种必要的同质化和总体化。(4)解放不是一种理论的而是一种伦理的主张，就如人道生存的渴望不是一种特权而是一项权利一样。它并不支持下列观点：解放斗争是没有任何制约的独裁。主体的复杂性和流变性在当代普遍的"边界地区"隐喻中是不可置疑的，这种复杂性和流变性暗示着：不是独裁的自愿主义而是主体的"多元决定性"。承认这种复杂性就是解放，但是它也仅仅同时承认一个多元决定的主体具有语境化方向和意义。换句话说，主体仍然是日常生存中的主体，而不是什么狂热的理论所建议的。面对解放探索的那些问题将创造出非同质的主体，它们诚恳地从事自由的探索。在特定环境下想象选择性的未来，不是一个行动而是一个过程；在不同的冲突中的连续的协商要求未来从解放斗争中出现，克服人道生存的障碍。①

应该说，他提出的问题仍然是基于马克思的解放政治。正是在这种彻底的解放要求上，他与早期西方马克思主义一样带有深刻的浪漫主义和乌托邦情结，同时也深深地与那些不同的激进主义诉求保持着某种暧昧的关系，并在这种关系中试图保持理论的灵活性，通过这种灵活性来获得一种对历史的开放性视域。不过，我们也得承认，他虽然试图直接面对在当代资本主义世界体系建构新的解放的可能性这个极难回答的问题，但是却回到了与其他一切伟大的乌托邦主义者一样都不可避免的道路上，将最大的希望寄予那些"干净"（未曾受资本污染）的地方。客观上，以这些尚未形成气候的（资本的）边界之地作为根据地，是否足以抵抗全球资本主义的进攻，这个问题仍然值得进一步讨论。

但是，我们也应该看到，德里克即使没有能够直接提供现实的可操作性方案，在当代全球资本主义成为一种抽象统治的前提下，经典的社会主义运动处于低潮中，他坚持对全球与地域、资本与霸权、历史与当代等关系进行辩证思考，他所提出的问题也是我们无法回避的。并且更为可贵的是，他将自己的历史意识、解放意识与马克思主义自觉地结合

---

① Arif Dirlik, *After the Revolution：Waking to Global Capitalism*, Hanover, NH：Wesleyan University Press，1994，pp. 105-106.

起来考虑一种解放政治，虽然马克思主义可能是德里克本人的版本，但也不妨碍它对于今天的理论具有巨大的现实意义。

在这一前提下，我们将重新审视其关于历史、阶级、资本、文化、霸权和解放等诸问题的考虑，并将这种考虑与我们自身的地域语境结合起来，构筑适合自身发展的想象。正如他在其一本文集的最后一句话：**或许选择是复杂的，但它是由我们自己做出的**。①

---

① Arif Dirlik, *The Postcolonial Aura：Third World Criticism in the Age of Global Capitalism*，Boulder，Colo.：Westview Press，1997，p. 239.

第五章

晚期马克思主义与马克思

由于当今复杂的社会历史条件，马克思主义也时髦地穿上了用"后现代"彩色的丝线编织的外衣。这些外衣，究竟是马克思主义"幽灵们"的内在品质的一种标志，还是仅仅在 T 型台上走动时"别""挂"在肉体外壳上的闪亮的小玩意儿？是一种自恋式庆典上穿着的皇帝新装，还是在面对神圣偶像时披挂的袈裟？这些问题在当前马克思主义研究中具有重大的理论意义。鉴于西方马克思主义景观的复杂性，本章并不讨论当前全部的态势，而圈定一个边界，以此作为对德里克进行圈点的必要参照。在这个边界内，我们将涉及詹明信、德里达、弗兰克、华勒斯坦、凯尔纳等这样一些激进理论家，我把他们称为"晚期马克思主义"思潮代表。通过他们对当代马克思主义的理论建构，我们将直接体验到当前西方左派理论家们关于理论与实践、个人话语与集体叙事、普遍与特殊、形式与内容之间辩证关系的思考。

一、历史主义结构分析法构型

德里克理论的中心问题是对全球资本主义霸权的批判，这也是后殖民论或文化帝国主义研究的理论指向。因此，它们都是以激进身份出现在学术空间的。但是，我们也应该看到，激进主义的批判立场并不能替代解放议程，相反，如果批判本身缺乏对自身环境的意识，而正好契合自己批判的对象的需要，那它也会变成一种可憎的意识形态。因此，作为解放议程的激进主义必须是以历史审理为基础的对批判的合理替代。这个问题贯穿于西方马克思主义的历程，从早期卢卡奇为获得批判视角而强调与批判对象的距离，到阿尔都塞为防止意识形态陷阱而进行的理论形态讨论，他们从不同方面提醒主体性幻象，而希望将批判深刻地植根于历史基础之上。后殖民试图通过拒绝（否认）历史来获得批判的根据，这恰恰是对主体性幻象的迷恋。德里克通过对后殖民论的批判导引出一种新激进主义，以满足革命实践或解放议程的要求。在这一点上，他确实秉承了西方的马克思主义理论传统，或者说，他的理论空间是在这个传统之上生成的。当然，这并不是说德里克就是"西方马克思主义"者，即使能够这样说，他也不是传统意义上的"西方马克思主义"者，而是属于詹明信所强调的那种"晚期马克思主义"者。也就是说，在某种程度上，他的马克思主义声称是建立在对马克思某种批判基础上的。这是

20 世纪 70 年代以后"西方马克思主义"发展的特征之一，这进一步导致一个显性后果，即大量的理论争论都是在微观层面发生的，新的术语和关键词成为争论的焦点。如果缺乏必要的背景意识，在大多数情况下，这种争论本身会变成无意识的行为。这就要求我们在考察这种争论时同样注意对这些微观差别的揭示，而不是简单的宏观的立场分析。在这个意义上，我们将以"历史性"认识的"西方马克思主义"理论背景为前提，具体地分析德里克对这一背景的实际处理，从而展开其方法论构型的讨论。

此外，诚如戈德曼强调的那样，"整体范畴是辩证法思想的中心，因此我们不能一开始就把关于方法的探讨与具体的研究截然分开，这两者不过是同一枚纪念币的两面"①。因此，必须强调的是，我们虽然将德里克研究过程围绕对象而组织起来的方法进行了结构性重组，以条块的形式进行了抽象的罗列，但这只是为了叙述的方便，并不代表德里克的实际操作。从总体上说，围绕对资本主义权力结构进行微观分析的要求，德里克内在地坚持了一种历史主义结构分析方法，② 他将这种方法视为对全球资本主义霸权进行分析的正确方法。这种分析方法，贯穿着他反复强调的"作为一名职业历史学家的历史意识"这个核心，而在宏观

---

① ［法］吕西安·戈德曼：《隐蔽的上帝》，蔡鸿滨译，作者序言，天津，百花文艺出版社，1998。

② 值得注意的是，这种提法并不代表德里克的方法是结构主义的，事实上，他的方法是历史主义的。我们这样使用这个术语，一方面，考虑到不加修饰词的"历史主义"并不是一个褒义词，相反由于波普尔等人的批评在西方学界被滥用为对马克思主义的批评，加之德里克对某些以"历史主义"出现的霸权文化主义十分反感，他自己强调立场时用了"马克思主义的历史主义"这个术语以区别于其他理论。另一方面，他在历史主义方法前提下更关注结构分析，而这一点与詹明信的"结构的历史主义"具有某种一致性，为了区分我们不再使用"结构主义的历史主义"。

的历史认识论和微观的地域意识方法论两个方面充分体现出来。

（一）历史性：总体性、元历史和主体性

从"作为历史学家的历史意识"来探讨德里克历史研究的方法时，我们必须注意到，他并不关注对历史发展基本规律的直接描述，而是关注作为认识论的历史。[①] 这多少让人有点困惑，但这在整个"西方马克思主义"和后现代论域中两个背景支持下却是容易理解的。这两种思潮都是基于主体性来展开历史的讨论的，其中"西方马克思主义"回避了规律性的历史，直接讨论历史性，在总体性之中导引出主体性，但随着阿多尔诺对同一性的批判，在方法论上总体性逐步被非总体性的"否定"替代；而后现代则干脆直接从历史的变化特征出发，将主体性建立在流动性之上（也即反对本质主义的主体性），反对确定的历史模式从而否定历史本身（或作为本质存在的历史），因此它只讨论当下主体的位置。德里克受到前者的影响，而他又不同意后者。这样，在德里克理论中心视域中的 historicity 就不仅仅是传统史学强调的"史实性"，而是对于历史本身理解的"历史性"。前者对于作为历史学家的他来说是极为重要的，但在"历史性"视域中，它只不过是与当代联系在一起的作为"遗产和工程的"社会构型（时空构架）。而正是在后一个方面，德里克保证了其理论对"以不同方式可能展开的社会"保持着开放视域，即对历史本身保持着"生动的替代视域"。

---

① Arif Dirlik，*The Postcolonial Aura：Third World Criticism in the Age of Global Capitalism*，Boulder，Colo.：Westview Press，1997，p. 3.

事实上，在某种意义上，德里克也许只是对后殖民（后现代）视角的一个"颠倒"，他不是从流动的主体性位置反对本质历史性，而是从流动的历史性本身反对绝对和抽象的主体性，但焦点问题实质仍然是主体性问题。这恰恰和"西方马克思主义"是一致的，因为从卢卡奇的历史辩证法之生成性和过程性开始，"历史"在"西方马克思主义"那里就绝对不是任何僵化和机械的东西，后来为将马克思主义从欧洲人道主义传统中拯救出来，阿尔都塞虽然批判了"西方马克思主义"之人本学底蕴，但是他的"矛盾的多元决定论"恰恰也直接支持流动的主体性，正是由于这一原因，他能够在文化研究中逐步替代卢卡奇等人的位置。在德里克的讨论中，主体性问题事实上区分出两种不同的讨论框架：一是"以不同方式可能展开的社会"，即历史性问题；二是"生动的替代视域"，即主体认识历史的开放性视域。如果说后者作为一种自觉的历史意识，前者就是作为人类认识客体的历史"自在之物"。在马克思那里，并不直接存在这种讨论方式，但区分历史自身和认识主体的认识之两种"历史"，在理论上并没有逻辑问题。在这一点上，马克思主义将强调：后者必须是前者的前提，离开这个前提来讨论主体性，只能是一种缺乏现实性基础的纯粹的抽象的理论假设。因此，在这种区分的立场上，我们将看到：后学研究将前者视为"基础主义"和"本质主义"的问题抛弃了，他们以差异性为前提通过对历史的元叙事质疑来实现主体性，这种做法是危险的。也就是说，这种主体性并不是基于历史生成的，而是从对当下与过去的关系质疑中理论地推论出来的，因此它是反历史的。这一点正是德里克所不能容忍的，也构成了其历史性讨论的基础。

德里克曾经强调："从实践上讲，历史学家参与了三重对话：与历史主体的对话、历史学家之间的对话以及与其自身社会环境的对话。历史学家假设了认知主体的特权，因此，历史学家之间的对话就优先于他们同历史主体的对话，而后者则根据前者的特权而被构造。结果是，通过那些表达历史学家话语的抽象概念，历史主体发生了异化。"①德里克是在文化与霸权问题的讨论中强调这一点的，他最终希望提醒的是，历史学家作为社会现存权力结构的一个部分，如果不能对这个环境保持足够的清醒，他就很可能成为霸权的一部分。如果考虑到后现代反宏大历史叙事背景，我们立即发现，德里克的这种讨论恰恰是针对这一点的。

应该说，马克思的《资本论》是对资本主义的微观分析，这种分析的深刻基础是马克思的"历史科学"（人类史）理解。正因如此，《资本论》才是马克思历史分析方法特征的全部展开。正如本书第一章中所指出的那样，马克思的"历史科学"是对传统哲学的一种革命，如果不了解这种变革本身，我们就不能正确地理解马克思的《资本论》。但是，由于种种原因，马克思的理论并不能得到全面的理解，相反，历史辩证法与黑格尔辩证法的关系却成为它被误解的根源。因此，在马克思的历史哲学（在某种意义上被做了黑格尔式的理解）基础上建立对资本主义社会结构的批判理论，一直是西方马克思主义的工作重点。

西方马克思主义肇始者卢卡奇诉求的是总体化历史理论。这种理论以"总体性"建立主客体辩证关系模式，从而历史地解决事实与价值之间的张力。卢卡奇认为在资产阶级科学那里，"历史的对象表现为不变的、

---

① Arif Dirlik, *The Postcolonial Aura：Third World Criticism in the Age of Global Capitalism*, Boulder, Colo.：Westview Press, 1997, pp. 35-36.

永恒的自然规律的对象。历史被按照形式主义僵化了，这种形式主义不可能按照社会历史结构的真正本质把它们理解为人与人之间的关系”①。他正确地提出“社会历史结构问题”，但是没有理解马克思的“生产方式”思想，而仅仅是将人与人的关系在理论上置于作为与资本主义社会结构对象性形式相对立的主体性形式的原形。进一步，将“总体性”在一般历史哲学意义上黑格尔化，将它视为历史发展的全程，一种绝对的生成过程。基于“辩证的过程把客体本身的对象性形式变为一个流动的过程”，获得生成性的主体性。虽然卢卡奇提出了合理性的解释，但显然也是对马克思的误解。事实上，马克思的主体性问题有着多层结构，他最终基于生产方式分析解决了社会革命中的主体问题。② 事实上，如果我们将历时性理解为具体的生产方式结构变迁，那么马克思指明了真正的社会革命主体是在革命实践过程中自我发现、自我确证、自我实现的，即它的历史的生成性。因此，在马克思那里，并不存在不变的作为自在之物的主体，他要求我们进入具体的历史情境，在这个情境中通过自觉的革命实践来完成。这是马克思主义实践论的基本内涵和要求。

当卢卡奇把问题引入阶级意识，他就不仅实际地奠定了批判理论的开端，也为日后“历史与结构”之争埋下了伏笔。法兰克福学派是接着卢卡奇往下说的，他们完善了批判理论，特别是马尔库塞将社会批判导向了常人所不能及的深度和细微处。在这种对资本主义的理论批判中，当阿多尔诺指证资本主义最根深蒂固的认识论基础在于“同一性”本身时，

---

① ［匈］卢卡奇：《历史与阶级意识》，杜章智等译，101 页，北京，商务印书馆，1992。

② 参见孙伯鍨：《卢卡奇与马克思》，159—160 页，南京，南京大学出版社，1999。

他揭示出这样一个事实：到他们为止的所有批判都是建立在与资本主义一致的理性基础上的。因此，法兰克福学派以"否定"方案对资本主义进行最后解决的同时，也带来了一个新的问题，这就是后现代的所谓"取消宏大叙事"（利奥塔）。这样，对资本主义进行宏观批判的基础没有了，剩下的只是没有了立足点的辩证思维。

事实上，阿多尔诺以一种反对一切总体性和体系框架的哲学总结和完成了法兰克福学派的理论批判，实现了由传统人本主义逻辑向后人学话语的转折。[①] 它为反对人类中心主义和本质主义的后现代思潮提供了强大的理论支撑。在这之后，对资本主义的微观批判和主体性的建构都是通过对元历史的否定而在其基础之上实现的。捍卫历史的理论斗争直接变成抛弃历史的不同解释模式之间的理论斗争。加之科学哲学"反对方法"思潮的出现、结构主义（后结构主义——解构主义）挑战的形成、主流社会学的后现代化等复杂的理论变化，20 世纪 80 年代之后，基于宏观历史哲学进行主体性寻找的途径受到了极大的挑战，而通过对资本主义的微观批判进行主体性建构则获得了空间的合理性。后殖民论的崛起就是在这一背景下形成的，它的操作路径是通过对文学史的重构和在这种重构过程中对帝国主义的批判而实现差异性、多元性等立场。

值得注意的是，以上从总体化的历史走向非总体的历史倾向对历史认识论的影响是深刻而复杂的。当德里克面对历史问题时，他必须首先面对以上背景。在诸种形式表现出来的无底盘游戏中，他必须选择接受或自创理论来完成对资本主义的批判和实现主体性声称。我们看到，特

---

① 参见《张一兵自选集》，198 页，桂林，广西师范大学出版社，1999。

别是在直接面对后殖民论时，无论是出于直接对话或批判的需要，还是适应于新形式理论传播的需要，他在表述过程中在术语上与后学研究进行了明显的对接。不过，作为职业历史学家（特别是研究中国问题的专家），他对历史有着清醒的认识，对于后学研究的反历史性质也有着高度的警觉。他认为，后殖民研究的反历史性质在于，它们为了否定殖民主体的合法性，对以客观普遍的知识话语面目出现的西方意识形态进行了拒绝，这本是没有问题的。但是，他们在拒绝意识形态的同时也拒绝了进行元历史分析的可能，而这种元历史恰恰有助于揭示资本的同一性。所以，德里克指出：在拒绝以资本主义和结构为基础范畴的同时，后殖民知识分子没有认识到资本主义对整个世界的结构作用正是历史的构造要素。因此，他进一步强调元历史对于主体性声称的绝对地位，理论的开放视域与历史现实可能性之间的统一性。这正是其可取的地方。而他关于历史性的理解，恰恰如詹明信那样的"事物本身的历史根源和我们试图借以理解那些事物的概念和范畴的更加难以捉摸的历史性"①。

（二）异质性的历史分析方法

或许正是德里克所面临的理论的多元性，他的研究也保持着与这种多元性具有一致性的灵活性。从德里克理论的直接背景看，他的历史性声称似乎与詹明信之间有着暗合关系，当然，他是否属于那种在方法论上具有明确自觉性的新历史主义，这一点是值得进一步讨论的。在这

---

① ［美］弗雷德里克·詹姆逊：《政治无意识》，王逢振、陈永国译，3 页，北京，中国社会科学出版社，1999。

里，我们仅仅简单地梳理其研究中那些具有明确特征的方法，外在地阐述他的理论的可能坐标系和实际操作特点。

1. 元历史(metahistory)的叙事与历史的元叙事(metanarrative)

叙事是解码和重新编码的过程。按照卢卡奇的研究，在文学之中，叙事作为一种表现手段和方式，它的角度是参与者，因此，与作为从旁观者的角度进行的描写是相对立的。① 后者"像摄影机和录音机那样忠实记录下来的自然主义的生活表面，是僵死的、没有内部运动的、停滞的"。因此，自然主义所揭示的"本质并不现实的、整个进程的客观本质"，相反它对"模糊的、支离破碎的、看来是混乱的、未加理解的、只是直接经历的表面加以确认"，也就是对总体性辩证法的否认。② 在卢卡奇那里，叙事作为文学认识方法与其历史以及审美的中介思想是一致的，它们都导向意识形态批判，即叙事导向的是一种政治美学。正是在这一起源上，"西方马克思主义"特有的政治美学特征最终能够在叙事以及结构主义提出的意识形态与再现问题上被提升为一种具有现代形式的知识分子批判。

应该看到，这种总体性的历史后来受到结构主义的挑战，特别是阿尔都塞对马克思的解释，使人们认识到问题结构对特定时代的思维模式或认识模式的影响，它指认了特定的理论与这种模式之间的串通(共谋)关系，这为后来解构主义者对这种关系进行重组(即解构)奠定了基础。

---

① 参见[匈]卢卡奇：《叙述和描写——为讨论自然主义和形式主义而作》，见《卢卡契文学论文集》，北京，中国社会科学出版社，1980。

② 参见[匈]卢卡奇：《问题在于现实主义》，见《表现主义论争》，上海，华东师范大学出版社，1992。

事实上，后现代论者利奥塔强调："传统"理论往往陷入被用来制定社会整体化政策的危险，从而沦为一种优化社会操作效能的简单工具。[①] 因此，他主张取消元叙事正是建立在上述结构主义认识论之上，不过，与阿尔都塞试图导向的科学相反，利奥塔强调了后现代之元话语的枯萎以及在这一前提上所产生的异质性和多样性的话语。

后殖民话语在历史认识论上没有自己的原创性，他们只不过是方便地利用了后现代话语的主张，并在维柯、葛兰西、福柯等人的主体性与权力关系之间游走。虽然他们合理地提出了过去理论研究（主要是文学史和文学）所忘却的"未来时态"，但是他们却没有能力在历史诠释方面捕捉历史多样可能性的征兆，因而无从穿透社会—经济的外壳，获得透明的历史。在这一点上，以詹明信等人为代表的"新历史主义"确实具有相对的优越性。詹明信肯定了，"历史本身在任何意义上不是一个文本，也不是主导文本或主导叙事，但我们只能了解以文本形式或叙事模式体现出来的历史，换句话说，我们只能通过预先的文本或叙事建构才能接触历史"[②]。也就是说，他肯定了元历史的存在。这里需要强调的是：正是这个以社会——经济的不透明性为特征的元历史对于当下的实践具有绝对的支配作用。因此，他将文学研究的焦点导向意识形态（即缺乏反思性的历史解释模式）批判，提出了"永远历史化"、政治视角是"一切

---

①　参见［法］利奥塔：《后现代状况》，岛子译，58 页，长沙，湖南美术出版社，1996。

②　［美］弗雷德里克·詹姆逊：《马克思主义与历史主义》，见张京媛编：《新历史主义文学批评》，19 页，北京，北京大学出版社，1993。

阅读和一切阐释的绝对视域"等口号。①

　　德里克在对后殖民论进行批判之际，明显地借鉴了詹明信的这一立场。他强调历史作为一种认识论，对它的忽视将剥夺我们对人类解放进行严肃思考的一个至关重要的维度。"后现代在反对启蒙的过程中，他们忘记了，正是这个启蒙也是种种新批评的资源，这种批评指向对欧洲内外社会存在的压迫和剥削。它不仅产生了对征服世界的保守和自由的态度，而且产生了无政府主义、马克思主义、女权主义、世俗主义以及后殖民主义。"②他强调政治不过是实际的历史而已。而历史性的概念只能历史地加以认识，由此，他将这个论点与詹明信的《政治无意识》联系起来，引述了詹明信的下列观点并加了着重号：马克思主义，它以辩证法的形式肯定了理论的重要性，与此同时也承认历史本身的重要性。③

　　必须肯定的是，在德里克沿着新历史主义的线索深入历史性本身时，他也充分地考虑到詹明信已经基于结构主义对历史主义的"绝对同一性"所面临的挑战进行了某种拯救。而从阿尔都塞立场延续出来的伊格尔顿也恰好在政治美学上重新肯定了马克思主义的历史操作的意义。后者指出："如果马克思主义是一种元语言或元叙述，那不是因为它所论断的是某种绝对真理，某种不断被唾弃的幻想；而是因为它坚持了任何人类叙述，无论它采取什么方式，都必须正视某种其他的历史。关于

　　① 参见［美］弗雷德里克·詹姆逊：《政治无意识》，王逢振、陈永国译，北京，中国社会科学出版社，1999。

　　② Arif Dirlik，*The Postcolonial Aura：Third World Criticism in the Age of Global Capitalism*，Boulder，Colo.：Westview Press，1997，p. XI.

　　③ 参见［美］德里克：《后革命氛围》，王宁等译，217—218 页，北京，中国社会科学出版社，1999。其中针对詹明信的原文，本书选取王逢振译《政治无意识》，7 页。

这些历史，马克思主义注意了具体的物质生活和社会再生产，但是我们还必须增加性别再生产方面的叙述，这是马克思主义最没有兴趣谈论的部分。若没有叙述这些宏伟的故事，任何其他的故事叙述将索然寡味。"①这一点较为充分说明了叙事问题在当代作为一个基础问题的政治美学倾向。

德里克确认了元历史本身的重要性，但他显然也确证了后现代所提出的其他叙事的当代合理性，作为一种现实政治关注的合理性，因此，他进一步提出了对这个元历史进行叙事的多种可能性，即叙事的结构。并由此提出下列的主叙事与格式化叙事的问题。在诸种历史叙事之中，他尽管可能对这个历史的元叙事也存在着某种怀疑的态度，但是正如海登·怀特所指出的那样，作为历史学家的个人实践，他必须面对以下元历史问题："什么是一个具体历史意识的结构？同别的阐释方法相比较，什么是历史阐释的认识论地位？什么是历史表述的可行模式，什么是历史表述的基础？历史阐述具有什么样的权威，它对已掌握的一般关于现实的知识、特别是对人文科学有什么贡献？"②这些问题在德里克的文本中有着多种零碎的论述，无论最后他是否非常确定地坚持了历史叙事的立场，但元历史却是毫无疑问地存在着的。可以说，正是对元历史的肯定，他才能够深入(他所批评的)每一种声称的元理论之时空前提，进行具体的讨论。这正是其进行理论分析的先决条件。

---

① [英]特里·伊格尔顿：《美学意识形态》，王杰等译，220 页，桂林，广西师范大学出版社，1997。

② [美]海登·怀特：《作为文学虚构的历史本文》，见《新历史主义与文学批评》，160 页，北京，北京大学出版社，1993。

2. 作为历史叙事之主叙事(master-narrative)①的生产方式叙事

德里克在承认元历史基础上进一步承认了历史叙事模式的多样性。正如怀特对新历史主义评价的那样，在历史研究中，"存在的只是多种多样的历史方法——在目前的意识形态领域里，有多少立场观点便会有多少这些方法。事实上，在任何专业研究中采用历史方法，便要求有或者隐含着的一种独特的历史哲学。而说到底，这样一种历史哲学既是人们对'历史'本身的认识，同时也是人们建构学术研究领域的方法。"②这就是说，在每一种独特的研究领域中，历史叙事总是存在着一种主叙事。詹明信认为，马克思主义的主符码就是生产方式叙事，③ 这个主叙事成为其《政治无意识》进行文学批评的前提。在德里克那里，这个问题比较复杂，这种复杂性也是由詹明信引起的。因为，在詹明信那里，生产方式作为结构，它的含义已经从正统的马克思主义解释中直接滑向了

———————

① 值得注意的是，主叙事(master-narrative)这个术语在后殖民和新历史主义等文学批评中，一般认为是与元叙事(metanarrative)同质的东西，在詹明信那里，它和主符码(master code)、元叙事(Urnarrative)等词并列使用。但它们是有差异的。元叙事(metanarrative)在历史叙事中作为一种终极视域，它被理解成全部历史叙事的不变的前提，指称着历史的本质。所以，它受到大多数学者，特别是反本质主义的后现代论者(包括后殖民论者)的质疑。但是，主叙事(master-narrative)只是在特定的历史叙事(即特定的历史理论)中作为元理论存在，它作为特定理论的元叙事(metanarrative)是一个不可否认的事实。这是詹明信意识形态批判的基础，当然，詹明信存在着将马克思主义的生产方式叙事作为合理的元叙事(metanarrative)的明显倾向。正是对于这个事实的无意识，德里克等人才指认后殖民论等研究对"精神的缺乏和意识形态的无知"。

② [美]海登·怀特：《评新历史主义》，见《新历史主义与文学批评》，107—108页，北京，北京大学出版社，1993。

③ 詹明信在不同的地方反复强调过这个主题，如《马克思主义与历史主义》(载《新历史主义与文学批评》，北京，北京大学出版社，1993)，《后现代主义与文化理论》(北京，北京大学出版社，1997)。

阿尔都塞的"多元决定"论，从而摆脱了对经济基础作为决定性地位的坚持，而转向文化的自主性。德里克强调文化的自主性，但对这个自主性，他也没有认为是纯粹的主体形式，而是一种自主性与从属性的（辩证）矛盾。这个矛盾在传统的马克思主义那里，可能是经济基础与上层建筑之间矛盾的一个方面，但德里克认为，如果简单地从经济基础的决定性作用出发，那作为马克思主义历史叙事的主叙事的生产方式叙事就是一种决定论的经济主义的发展叙事。他进一步指认这种叙事与资本主义时空前提是同质的。为了彻底拒绝经济主义，坚持社会、经济、政治、文化的整体性，他转向对社会关系（权力结构、世界体系）的分析，要求在具体的历史语境中完成对权力的共时性分析。在这一意义上，他将詹明信的生产方式叙事作为一种对结构力量的历史分析，作为一种历史主义分析的基础性理论。

3. 社会关系或结构分析

社会关系和结构两个词有着明显的含义差别，但是在德里克的理论分析中，他并没有明确地区分这两个词的差别，而是在不同的文本语境中灵活地运用它们。其核心思想是旨在通过权力分布（呈现为一种状态的关系）的分析达到对主导权力（霸权）的认识。这种权力关系的具体形式作为一种结构性力量而存在，它对于历史具有重要性（作为遗产和工程的过去）。因此，他要求具体问题具体分析，即语境化。从德里克的文本看，他的这种分析方法既来自于马克思的生产方式分析、阶级分析，也和阿尔都塞的结构主义以及世界体系论有直接关系，同时可能体现出了解构论者的因"延异"而解构的特征。① 值得注意的是，马克思也强调关系分析，事实上他对资本主义的批判最后在《资本论》中的落实，最可靠的基础也是以劳动为中轴建立起来的关系，但是马克思的关系分析有一个绝对的基础，这便是作为其历史观的出发点的"物质生产"。事实上，德里克正确地看到，马克思的生产方式叙事就是围绕这个基础组织起来的，因此不可避免地表现出"经济"分析的特征。但在马克思之后，特别是西方马克思主义者那里，从生产出发这个前提是被丢弃的，他们对于关系的分析几乎无一例外地走入了直接呈现的生产关系，即资本运动环节中通过交换(或资本的流通)建构起来的种种关系。② 德里克

---

　　① 从严格的意义上，这一论断是不能成立的。因为，德里达提出"延异"问题，虽然内在地试图以一种"幽灵"式的表述解决历史之丰富性和差异性的意义，但由于这种差异性和丰富性被禁止在场，历史可能被解释成一种永远的意义被推远的过程。在历史不断生成和发展这一意义上，应该说"延异"恰当地表达了"现代性"之"革命"的特征，即如伯尔曼引证马克思所强调的"一切凝固的东西都烟消云散了"。但是，仅仅将不确定性赋予历史，不可回避的是将历史虚无化。这也是德里达举证尼采和海德格尔的地方，因为这两个人对于历史性的理解惊人地、一致性地将落脚点置于那个没有生成的未来上。(关于这个问题，我们将另行撰文进行讨论。)德里克强调当下与未来的结合点，他也毫无疑问地强调了作为意义空间的未来，但他是确定地指望这个未来的，因此集中于当下的权力结构，以期为这个确定的未来塑造一个确定的生成性基础。因此，仅仅"在它自身的某个方面，延异只是存在或本论体差异的历史性或时间性的展开"这一意义上(德里达：《论延异》，载《外国文学》，2000 年第 1 期，81 页。)他的历史性与延异才是近似的，而这一结果使其对当下的剖析与德里达的解构具有某种形式上的一致性。

　　② 这一点，孙伯鍨和张一兵两位教授在课堂上反复和我们强调过。事实上，正是西方马克思主义直接从交换关系出发才导致了对生产力(特别是以当代科学技术表现出来的那一部分生产力)的批判，并进一步将这种批判延伸到对启蒙建构起来的科学理性的批判。但是，由于其没有能够理解马克思批判的实质，他们在挪用马克思时必然地钟情于他的人本主义的方面，更进一步，导致他们对马克思"唯生产力论"的批判。在这一点上，他们恰恰走到了马克思的反面。关于这一点更为具体的讨论，笔者将在其他地方进行。

以权力为观察焦点进行关系分析时，他必然要解释这种关系的性质。他认为这种权力关系是经济政治文化诸方面因素共同作用的结果（即并不存在单一的因果关系，而是一种矛盾的多元决定论）①，并且将自己的讨论引向范畴和格式化叙事，即历史分析的方法本身。在这一点上，上述元历史和生产方式叙事问题在其中作为基础问题存在。考虑到德里克并非仅仅宏观地分析社会关系，而是要导向具体的微观权力结构，这就需要更为细致的操作，深入经济、政治、社会、文化等诸方面，这直接导致下面两个问题：一是它们之间的具体关系；二是如何在一个共时性结构中体现这种关系。

---

① 关于这些关系，德里克举例道：那些权力结构有经济的（资本主义，资本主义的财产关系，市场和生活方式，帝国主义，等等）、政治的（一系列民族国家、国家形式，还有最重要的，为了处理这种重组后的世界秩序出现的问题而成立的新组织，新的法律形式，等等）、社会的（阶级、性别、种族、种族集团以及宗教形式的产生，还有朝着以个体为基础而建立的社会形式发展的趋势）、以及文化的（包括时空的新概念，关于优裕生活的新思想和对生活世界的新的发展的认识）。（参见《后革命氛围》，160 页，北京，中国社会科学出版社，1999。）在这些关系序列中，德里克将任何可能组成结构的因素都视为同质的，因此其历史性叙事之中并不包含某种主导的方面。而主导的方面之所以被坚持，他认为是由特定的历史情境构成的。如在资本主义生产方式下，资本主义唱着主角，因此，他要求进入历史的具体性进行历史的分析。我已经强调，在马克思的历史观中，物质生产是确定的不可动摇的基础，不同的生产方式矛盾的主导形式是在这个基础之上形成的，并且围绕这个基础而展开。因此，未来的可塑造性取决于生产方式的进步，但在包括德里克在内的当代资本主义研究者中，大多数人都将资本主义视为历史性之偶然的体现。这就导致了更大的后果，马克思强调对资本主义的批判，但这种批判并非旨在导向前资本主义的生产方式，而在于解放资本主义的生产方式使之朝向真正的历史。不过，当代的批判则是仅仅否定资本主义，新的历史形式可能是与资本主义无关的，人类早期的狭隘生产形式也可能作为未来的选择。这一点必须澄清。

4. 矛盾多元决定论或多元矛盾决定论

一般认为，矛盾"多元决定"源于弗洛伊德的无意识分析，而由阿尔都塞导入社会结构分析。阿尔都塞引入这个术语解释马克思的辩证法结构，以解决社会历史发展的不平衡问题。他指出："'矛盾'是同整个社会机体的结构不可分割的，是同该结构的存在条件和制约领域不可分割的；'矛盾'在其内部受到各种不同矛盾的影响，它在同一项运动中既规定着社会形态的各方面和各领域，同时又被它们所规定。"①阿尔都塞认为，这是马克思与黑格尔辩证法的最核心区别，同时，列宁和毛泽东以革命实践印证了这个理论。事实上，阿尔都塞提出的这个问题仍然是历史的"具体性"（直接表现为革命的社会历史条件）问题，他强调了可能从马克思的著作中得出这个基本思想："资本和劳动的矛盾从不是简单的，而始终是由矛盾在其中起作用的具体形式和历史环境所特殊地决定的。"②

德里克并没有过多地去追溯作为一种分析立场的"多元决定"的起源，他在具体的案例中延伸其对意识形态和霸权批判的必须性。这种延伸也并非是他首创的，在他之前，英国马克思主义的文化研究、后结构主义的意识形态分析以及后殖民论的主体性分析、詹明信的政治美学都强调了它的重要意义，并以不同的方式结合到自己的具体研究中。虽然不能直接从德里克理论的引用中——指证上述背景，但还是能够在不同的方面看到它们的影子。德里克独特的地方在于他的中国现代史研究，

———————————

① ［法］阿尔都塞：《保卫马克思》，杜章智等译，78 页，北京，商务印书馆，1984。
② 同上书，83 页。

他从这种研究中经验地证明了"多元决定"的现实意义，也因此在表达方面比其他文化研究、政治美学研究的表达更为清晰和具体。他从毛泽东的《矛盾论》和中国革命的实际经验出发，指出：矛盾为在不同历史语境下出现的社会关系提供了一种解释，它们同这些关系不同，并且因为它们以不同的方式建构，也不会使其自身以某种同一的（同质的）方式重构；关系，在它们的特殊性上，使社会分析范畴自身历史化。① 因此，在反对同质化也即反对命题僵化的分析方面，"多元决定"概念为抓住意识形态和政治斗争问题的复杂性提供了一种方法，它能够使这种复杂性在一种具体性中得到理解。他认为正如毛泽东所言，"主要矛盾"（或者是"矛盾的主要方面"）塑造了矛盾场，而这个场为马克思主义的理论家很长时间以来在理解和阐述未解决的意识形态本质问题提供了一种解决方案。他强调，意识必须文化地在政治活动过程中形成，这样所形成的革命的霸权才可能取代资产阶级的霸权。一个多元决定的意识只能制度地、通过家庭、教育和文化机构引导出来，那些机构通过社会分工固化了意识形态，而社会分工在文化方面保障着既存的权力关系。所以，革命必须用他们自己的"意识形态国家机器"迎击资产阶级，以巩固他们的权力。②

正是在这种"多元决定"视角下，德里克将主体性与文化问题统一在确定社会历史基础之上，而不是仅仅作为一种反对资产阶级意识形态的假设。

---

① Arif Dirlik, *After the Revolution*: *Waking to Global Capitalism*, Hanover, NH: Wesleyan University Press, 1994, p. 101.

② Ibid., p. 102.

5. 格式化叙事("具体性")

格式化叙事(formative narrative),据德里克介绍源自 Giroux,后者使用它来分析"多样性中的同一性",旨在为在某种共同方案(计划)中历史地和关系地处理不同集团或地方叙事提供基础。[①] 这个术语与主叙事相对,它反对主叙事的抽象的单一因果关系性质,而试图走向具体。(在马克思那里,具体被定义为"多样性的统一"。)德里克并没有直接使用这个范畴进行理论分析,但是他在进行地域分析时却透出这种含义,他认为格式化叙事这个术语中肯地表达了自己关于地域的思考。我们认为,这个格式化叙事与德里克的时空构架或社会构型分析是一致的,它要求导向具体的主体性。正是在这一点上,德里克能够从历史元叙事直接进入他的地域分析。

从上述简单讨论看,德里克在历史性讨论中确实使用了诸多异质性方法,通过这些方法,德里克试图提供一种兼容后现代问题同时又导向马克思主义的当代分析框架。他自己强调,在当代,由于问题的复杂性,任何一种单一理论,包括马克思主义在内,都不能包容解放的问题。因此,即使对理论的完整性产生损害,甚至是背弃,也必须兼容诸多理论。我们可以将之视为德里克理论的一个特点,在这个特点上,他与詹明信也表现出惊人的一致性。不过,他也因此直接面临詹明信的问题,如何消化这些非同质的理论之间的张力使之产生一种颠覆性力量?德里克并没有直接提出这个问题,因此我们也不能直接地引证他的话语来

[①] Arif Dirlik, *After the Revolution*: *Waking to Global Capitalism*, Hanover, NH: Wesleyan University Press, 1994, p. 113.

解释这个问题。事实上，在实际的操作过程中，他以上述五个方面的分析作为历史分析的基础，并直接导向主体性和地方性的分析，以此来完成它对开放性未来的规划，从而提供一种全球资本主义时代的解放议程。

(三)整合性的地域意识方法论

对历史性的哲学探索，其核心诉求是历史的主体。在历史哲学中，这个主体是伦理地预设或逻辑地建构的，历史作为这个主体的自我展开，在异化方式下使主体失去它的现实性，因此主体的重新站立是对现实的扬弃。后现代无奈地看到当代现实制约下任何对主体的设定都可能成为强化它的控制的力量而不是摧毁它的力量，因此后现代本身诉诸流动的历史性和主体性，当然，这也带来对历史虚无主义的立场。[①] 德里克显然也不满意解构论者(它是后殖民论的主要理论支撑)的这种做法，他要求具体的历史主体出场，而这一点必然导致对具体的生产方式的分析。我们也强调马克思通过生产方式分析已经解决了主体性问题。不过，德里克认为当下生产方式的复杂性已不能简单地通过生产分析获得开放性未来，因为在西方马克思主义的探讨中，由生产方式分析所产生的总体性"解放"(革命)冲动由于过分强调社会整体性而牺牲了局部的琐

---

① 当然，后现代论者并不简单地认同自己就是虚无主义的。关于后现代论的复杂立场，罗斯诺有过清理(参见《后现代主义与社会科学》，上海，上海译文出版社，1998)。就虚无主义特征较为明显的解构主义者而言，米勒强调，解构论不能提供一条出路来摆脱虚无主义或形而上学，也不能摆脱它们彼此间不可测度的固有属性。但是能够在这种固有属性的范畴内往复运动，通过作为阐释的阐释来清理虚无主义中形而上学的内涵以及形而上学中的虚无主义内涵，从而澄清主体的位置。(参见《作为寄主的批评家》，见《重申解构主义》，北京，中国社会科学出版社，1998。)

碎的日常生活。而主体自身是在具体的社会空间中得以诞生的，这就要求对具体的社会关系进行分析。因此，他就得为主体性生成寻找新的落脚点，这个落脚点就是作为过去和历史情境复杂绞合的地方，它在社会历史发展不平衡状态中作为一种历史的具体而存在。这样，德里克便由历史性的探讨转向地域意识方法论，事实上前者也是为后者服务的。在某种意义上，我们也可以说，他的边界之地的激进主义冲动才导致了对更为深层的历史性的探讨。作为元理论的历史和作为历史解释的元理论，在德里克的历史性中有着基础性的地位，但正如我们已经指出的那样，在分析它时我们将会面临很大的困难，这是因为德里克的分析大都是驳论性的，而非正面的建构。这正是上文我们讨论可能作为德里克历史性理论基础部件的不同历史研究方法的原因。但这仍然需要用这些部件编织一种逻辑的结构，以展现德里克的中心视域。

(一)历史性：历史的结构及其再现

关于历史性，注意德里克理论中的下列倾向是有必要的，即他把当下历史化(过去化)，这种历史化并非简单地把现在说成是有来源的，更重要的是防止把现在永恒化。这一点恰恰是马克思主义历史主义认识论极为重要的方面。德里克并没有直接以某种格式来表达马克思主义的总体性历史构架，而是强调作为历史自身得以展开的基础性日常生活①。

---

①　这个基础性的日常生活作为"社会"性文化定义的内涵，在西方马克思主义和英国唯物主义的文化研究中具有极为重要的作用，经过不同的理论家的整合，它成为现实社会主义反霸权战略中的核心方面。也因为这个背景，德里克的讨论和文化与反霸权战略也是直接联系在一起的。

他指出：我认为有必要把我们对过去以及现在的理解加以充分的历史的考虑，这里所说的历史性不是萨义德所谓"历史主义"，而是来自于复杂的日常生活中的历史性，日常生活的这种复杂性不仅能解释是什么在联系着一切，而且更为重要的是，它也能解释对于国家权力和欧洲中心主义来说不那么理想的时空多样性，真正彻底的历史主义使文化听从于日常生活的结构安排，而不是削足适履地抹去这些结构而求助于一个同化一切的文化主义。①

在这一点上，德里克就更接近于文化研究，但是与文化研究不一致的是，他不仅仅研究文化，而且试图在日常生活的基础性上使元历史的讨论摆脱所谓经济主义的思维，因此把历史的生成视为某种结构的历史轨迹。在这个问题上，问题显然复杂化了，因为这一观点本身十分接近德里达的"延异"，而为了说明它们之间的差别，我们则必须讨论"再现"问题。② 这个问题，我将在其他地方进行讨论，这里强调的是，德里克显然更接近于詹明信称为"结构的历史主义"的那种历史认识，而这种历史认识不是一个简单的再现问题，而必须首先肯定元历史的存在。

因此，德里克强调：正如历史学家让位于历史主体而"离开中心"一样，历史学家话语的范畴也让位于历史主体的经验而"离开中心"。③ 也

① Arif Dirlik, *The Postcolonial Aura : Third World Criticism in the Age of Global Capitalism*, Boulder, Colo. : Westview Press, 1997, p. 123.

② 事实上，这两者之间的差别也是明显的，解构论者否定元历史，而将上述观点视为历史学家的话语，即关于历史再现问题，把这个再现等同于历史自身。所以，在以解构论为前提的后殖民那里，再现问题是作为一个核心的问题来讨论的，如斯皮伐克。

③ Arif Dirlik, *The Postcolonial Aura : Third World Criticism in the Age of Global Capitalism*, Boulder, Colo. : Westview Press, 1997, p. 34.

就是说历史话语本身不能作为历史的替代，它必须忠实于历史演进可能存在的结构。不过与詹明信试图在客体内部重新找到它的位置而在生产方式这个统一体上建构非共时性分析并非完全一致，德里克并没有在让历史话语离开中心之际使历史的主体在生产方式中生成，因为他不愿意强调经济在历史中的霸权。他更愿意把历史得以呈现的结构视为"多元决定"，这个"多元决定"一方面承继了阿尔都塞——詹明信的结构性因果律或表现性因素律，另一方面它也考虑到后现代的"时刻"范畴而直接就是流动的不确定的位置。前者导向现代性分析的生活世界（lifeworld，这个生活世界既是文化的同时也是物质的）基础，有助于德里克从社会构型中分析它的权力布局（或结构）①，而后者，直接表现为基于这种权力的"经济、社会、政治的安排"以及文化的名称等，历史是由这些东西被组织起来的。在这个意义上，历史才是具体的。因此，在文化论域中，他强调：文化主义的马克思主义说明了一个具有重大社会意义的认识论问题：如果抽象概念取代了活生生的人，那么不管使用抽象概念的人出自怎样的好意或对解放事业表达出怎样的同情，这些抽象概念还是

---

①　无论这个术语是否本质化，它在结构的历史主义分析中都是基础的。但是，就如德里克将地域范畴视为不是实体性概念而是认识论概念一样，他的社会构型同样不是具体的社会，而是作为抽象的理性范畴。其阶级、地域等无不如此。而在其对资本主义霸权的分析中，他都从这种抽象的范畴基础走向具体的实体研究，如社会。他讨论社会性别和种族等，而针对地域，他则强调具体的非资本主义生产方式等，这是其研究的一个重要特点。因此在历史结构和再现问题上，他同样进行的是具体的权力结构分析，在这种结构中，他分析的主导的权力即霸权。他认为，那些权力结构是通过多样性构型呈现的。（参见《后革命氛围》，160 页，北京，中国社会科学出版社，1999。）

可能成为霸权的工具。①

这样，他就将再现问题直接视为在特定语境下的历史活动，从而更为彻底地实现了生成性的主体性，而不是预设论的主体性。后现代（包括后殖民）在讨论历史时，似乎也强调构成性主体性，但是这种构成性主体性并不是本质的，因为它们将本真的历史抛弃了，也因此，他们否定再现问题。他们将历史话语视为历史自身，也就是说，存在就是本质。

在德里克那里，具有确定性结构的确定性历史是存在的，它作为一种实体而存在。他多次引证马克思的那句话："人们自己创造自己的历史，但是他们并不是随心所欲地创造，并不是在他们自己选定的条件下创造，而是在直接碰到的、既定的、从过去承继下来的条件下创造的。一切已死的先辈们的传统，像梦魔一样纠缠着活人的头脑。"②并以此说明历史发展的机制。他认为那些在过去形成的权力机制不管以什么方式，但是真实地继续从本质上参与着世界的形成，纠缠着我们对于时间性的想象。

尽管德里克并没有在某个地方确切地定义"历史性"这个术语，但那种以真实性、结构性和可变化性为特征的历史性是确凿无疑地存在着的。这构成其讨论历史意识危机和强调作为历史学家的历史意识重要性的核心背景。由此，他将历史话语与历史性本身严格地区分开来。德里克提醒道：马克思主义历史主义与某种反理论历史主义之间的区别，前

---

① Arif Dirlik, *The Postcolonial Aura: Third World Criticism in the Age of Global Capitalism*, Boulder, Colo.: Westview Press, 1997, p. 36.

② 《马克思恩格斯选集》，第 1 卷，585 页，北京，人民出版社，1995。

者清楚地意识到历史话语的思想本质，而后者则只是妄称掌握了真理。

(二)生成性的主体性

德里克认为主体是在特定的具体的社会关系中存在着的，因此，必须依赖对社会关系的分析才能揭示主体。通过对元历史的重新定位，德里克也表面地摆脱了决定论的历史模式(主要是经济决定论)，而将这种分析定位在生活世界的分析，即文化分析。从这种分析中，他肯定了主体的生成性，既满足于后现代关于主体的流动位置需要，又满足于历史主义主体确定位置的需要。

列维-斯特劳斯的"历史并不比其他事实更具有给定的性质"这句话对于德里克来说可能是贴切的。① 不管历史性问题是如何在后现代(后殖民)中凸显的，它的最初意识都与维柯有关，马克思对维柯已经给予充分的肯定，指出他关于人类史是我们自己创造的观点的重要意义。马克思旨在导向的是以现实生活关系的分析，并将之视为唯一的科学方法。在后殖民研究中，这种现代生活关系被文本化，而进一步通过否认再现，这种现代生活关系也被虚幻化。他们强调的仅仅是历史本身的人为建构性。由此，他们强调主体性。在德里克看来，这恰恰是一种理论话语，这种主体性被视为某些知识分子的自我形象。因此，在后殖民话语中，当前的全球状态仅仅表现为第三世界出身的第一世界知识分子的主体性与认识论规划。

---

① 参见[法]列维-斯特劳斯：《野性的思维》，李幼蒸译，294 页，北京，商务印书馆，1987。

　　在德里克的理论中，由萨义德在《东方学》中重申的维柯的历史意识毫无疑问是存在的。例如，在地方性分析中，他强调："地域并非天然存在的，而是人类活动的产物；这意味着我们对地域的设想和认识是一个历史的问题。"①他将这种构造引向后殖民研究所否定的作为实体存在的历史结构本身，指出真正的主体性是从这种"多元决定"的结构中产生的。因为在这种经济、政治、社会和文化诸因素的多元决定结构中，正如将多元决定引入马克思主义矛盾的阿尔都塞所言，经济在历史进程中的作用，归根结底只是一种根据。多元决定包括上层建筑及其特殊功能的相对独立性。因此革命的进程并不仅仅受制于它的物质条件，而且取决于主体自身对历史的历史条件的认识。因此，德里克更为广泛地从中引申出文化问题来，他将文化视为一种既是自主性也是从属性的矛盾性的活动，一种能够作为解放实践的活动。② 在这里，德里克明确地强调了以实践为出发点的认识论，从这种认识论中，他强调了作为文化主义的马克思主义，这种马克思主义通过指向特殊性恢复了社会分析中的具体性，这种特殊性不仅承认历史的责任，而且承认历史行动的主体性，这种历史行动建立在社会经验的特殊性之上。③

　　这样看来，虽然德里克并非是直接从马克思主义的实践本质进入历史讨论从而解决主体性问题的，但他的讨论在绕过诸多障碍之后仍然与

---

　　① ［美］德里克：《后革命氛围》，王宁等译，38 页，北京，中国社会科学出版社，1999。

　　② 同上书，185 页。

　　③ Arif Dirlik, *The Postcolonial Aura*：*Third World Criticism in the Age of Global Capitalism*, Boulder, Colo.：Westview Press, 1997, p. 45.

实践具有不可分割的联系。在这个意义上，他重新回到总体性的历史。所以，他批评后殖民论，指出：后殖民性以历史的名义否定结构与总体性。具有反讽意味的是，其结果不是对历史性的肯定，而是肯定了一种自指性的和普遍的历史主义，这种历史主义再度引进了一种未经检验的总体性，它把仅仅是局部的经验投射到全球。[①]

更进一步，他就能够基于这种主体性进行历史的谋划，导向与詹明信更接近的立场，通过谋划催生新的乌托邦。历史就是对无数规划或对许多否定的循序渐进的过程，每一个规划都是一个过程或总体化的行为，因为它(重新)组织了朝向乌托邦未来的经验或无数规划。[②] 而后殖民恰恰是反对谋划，在这一点上，它们的主体性同样是一种自我封闭的知识分子的自说自唱。

(三)作为规划落脚点的地域

在德里克的理论中，历史性分析的重要意义在于不仅确证了主体性，而且为重申这种主体性提供了基础性的具体的社会历史背景，即强调在确定的社会历史条件下进行规划的可能性。事实上，规划在某种意义上也正是主体性声称的理论归属，因为如果没有真正能够得以实现的多种可能性未来，主体性即使能够逻辑地予以证明，又有何种意义呢？因此，德里克绝非简单地讨论一种未来可能性的最后实现取决于人们对

---

① 参见汪晖等编：《文化与公共性》，461 页，北京，生活·读书·新知三联书店，1998。

② 参见[加]谢少波：《抵抗的文化政治学》，陈永国等译，29 页，北京，中国社会科学出版社，1999。

这种背景的科学分析这个方法问题，而是要基于对当下社会历史的分析提出可实践性的规划，这是其新激进主义声称最深刻的理论冲动。

在前一章我们已经讨论了作为边界之地的激进主义，这种后革命规划的落脚点是地域。地方叙事作为以地域为基础进行的历史（发展）叙事，它只不过是历史叙事具体化的一个表现。这种具体化又被德里克称为"语境化"，即具体问题具体分析。它要求反对一般的抽象的历史哲学的目的论，将一个特定地域的当前权力结构历史化，从而说明地域的生成性，在这种生成性基础上构筑它的未来规划。

德里克以地方叙事较为完整地建构了一套地域意识方法论，我们看到，正是在地域意识方法论中，德里克全部的方法论构件都被动员起来汇融成一种灵活的政治视域。这种政治视域是一种非共时性的结构分析技术，它旨在穿透既定的结构（the given structure of society）的不透明性而使之成为一个瞬间的要素。因此，他着重分析了地域构型，这一点我们已经讨论过。在这里，我们补充的是他对于空间关系的看法，这种关系在其地域分析中具有重要的理论意义。

空间关系在德里克的讨论中具有三层含义：一是作为同一社会内部不同群体的关系，他们处在资本主义生产的社会关系中的不同位置；二是国家间的关系；三是全球中心与外围结构之间的关系。他认为，空间关系对资本主义分析具有至关重要的意义，因为当代的霸权，不是历史的遗产就是这些关系的产物。德里克的"地域"范畴恰恰与这种空间关系是一致的，既是同一社会中社会关系不同位置的人（当然是指群体而非个体），也是全球关系中的国家、地区。

为什么德里克要将自己的解放议程的落脚点置于地域，有了上述背景，我们就不难理解。因为，解放实践虽然最终是总体上的，但"具体现实表明，为解放而斗争的场所是在'边缘'"。边缘的产生恰恰是由上述空间关系中的主导权力所造成的，它是霸权将地域推远所形成的。因此，解放边缘落实在地域上，这是作为遗产和事业的地方性的内涵。

二、"晚期马克思主义"丛林：作为抵抗的文化政治学

如果说从西方地域范畴出发整合与东方(苏联、东欧、中国)正统的马克思主义立场相左而事实多元的"西方马克思主义"这一做法可取的话，那么对同在西方屋檐下的异质性理论认定就必须站到这一理论逻辑的边界上。在第一章里，我们已经从宏观方面肯定了"西方"不再是一个地域概念，而是一个历史认识概念，它实际上指的是当代马克思主义的生存条件——资本主义。因此，"晚期马克思主义"作为这一条件的直接产物，它必然是以晚期资本主义批判为特征，而它与"后现代马克思主义""后马克思主义"等复杂的批判思潮联系在一起。从总体上来说，"晚期马克思主义"坚持：马克思主义仍然是我们这个时代无法越过的地平线，它主张在晚期资本主义条件下的文化抵抗。德里克正是在这一背景中能够得到很好的理解。

(一)晚期马克思主义与全球资本主义

第一个明确使用"晚期马克思主义"(Late Marxism)这一术语的是詹

明信，在《晚期马克思主义：阿多尔诺，或辩证法的坚持》①一书中，詹明信通过阿多尔诺和后现代的关系，提出这样一个问题：我们如何致力于一种业已丧失了它的历史当前性的活思想，在这一点上，他将阿多尔诺的马克思主义看作"我们当今需要的"晚期马克思主义。在这里，我们遭遇了晚期马克思主义的第一个立场，即它首先强调经典（或传统的）马克思主义已经失去了其历史语境而它对资本主义的批判精神却随资本主义的发展而获得新生。这一立场明显地在詹明信以及受其影响的德里克那里，② 也在有着独立理论来源的世界体系论者（如华勒斯坦、弗兰克等人）等人那里得到极为清晰的体现。③ 这一立场，我们进一步发挥，可以说晚期马克思主义者首先必须具备这样的立场：坚持马克思主义对资本主义批判的有效性，但同时坚持马克思的可错性，即一种开放的和差异的马克思主义立场。事实上，这一立场是西方马克思主义逻辑发展的必然，在这一点上，晚期马克思主义对西方马克思主义有着很大的继承性，并且这种继承性在其理论逻辑中也能很容易地被指认出来。

当然，仅仅从与西方马克思主义的连续和断裂中，我们并不能充分指认一种独特的晚期马克思主义思潮的存在。况且，在当代马克思主义

①　Fredric Jameson, *Late Marxism：Adorno, or, the Persistence of the Dialectic*, London：Verso，1990.

②　值得提示的是，凯尔纳将詹明信视为"后现代马克思主义"者。

③　关于华勒斯坦和弗兰克，本书第一章已经在世界体系和依附论范式下讨论了这两个人。这里将之视为晚期马克思主义者，仅仅是在 20 世纪 90 年代意义上说的。我们强调，晚期马克思主义不是一个独立的理论派别，而是当代国外马克思主义研究的一种视角。因此，在划入这种范围的诸多理论家，除了新近崛起的中青年，其他都是已经有着重要理论建树的人物，不管它们在之前是否具有一种马克思主义立场。

声称中，直接自我标签为晚期马克思主义的理论也实属鲜见。更为重要的是，詹明信强调，在这个术语中，"晚期"既表示"最近的"也表示"持久"，这两种含义暗示与马克思物质环境变迁一致的马克思主义要求。

我们是否可能将所有的晚期资本主义时代的马克思主义声称都归为晚期马克思主义呢？显然，这样做也违背詹明信的原意。詹明信的原意是"当代需要"，即真正地能够发挥其效用的马克思主义。但是，我们也应该看到，在这一点上，那些马克思主义既进行了较为彻底"批判"的马克思主义声称，也称自己是时代所需要的马克思主义。如果说，公开的马克思主义立场能够将晚期马克思主义与已经公开站到反马克思主义立场上的某些"后马克思思潮"明显地区分开来的话，那还面临一个问题：它与那些仍然打着马克思主义旗号的"后现代的马克思主义"的界限在什么地方？按照凯尔纳的观点：只要我们继续生活在资本主义世界中，马克思主义就是和我们直接相关的，它仍然是能够适应今日社会理论和激进政治的一种重要的社会研究方法和一系列理论视角、概念和价值。他强调一种"重建的马克思主义"，这种马克思主义取消了承诺、目的论和种种教条，它将比传统的版本更加开放、宽容、怀疑和谦虚。[1] 这一立场同样也可以在后现代马克思主义者那里看到。

上述问题并没有一个绝对的解决办法，但詹明信本人却提供了一个基本参照。虽然说，晚期马克思主义并不是一个十分规范的概念，但按

---

① 　Bernd Magnus and Stephen Cullenberg(eds)，*Whither Marxism*？London：Routledge，1995，p. 26.

照一般理解，将它对应于晚期资本主义条件下的马克思主义的版本是没有问题的。从马克思主义基本立场出发，这种马克思主义必然是以对它的时代条件及其诸意识形态批判为特征的。这样看，如果考虑詹明信已经强调后现代主义是晚期资本主义的文化逻辑（或之一），那问题将迎刃而解。因为，晚期马克思主义不仅意味着对当代资本主义的批判，而且更为重要的是能够在对后现代的批判之上表现出来。

这样，詹明信在 1984 年以《晚期资本主义的文化逻辑》一文公开亮出了对后现代的批评立场。这种立场包括两个方面，一是对后现代论者的理论批判；二是对当代资本主义进行"后现代"时期定位的批判，这两个立场在大多数后现代批判理论家那里并没有严格的界限。也正是晚期马克思主义理论建构的开始。正因如此，我们必须将这种批判视为晚期马克思主义者们另一个共同的特征，从这一点出发，就可能将凯尔纳、伊格尔顿、大卫·哈维等人纳入其中进行讨论。正是在后现代背景下，晚期马克思主义的重要意义才充分凸显。也因此，晚期马克思主义存在着与西方主流学者（包括后现代论者）在时代命名权上的竞争，詹明信的晚期资本主义只是沿袭了比利时左派马克思主义学者曼德尔的做法，而大卫·哈维则提出弹性生产时代、伊格尔顿强调后资本主义、德里克命名为全球资本主义等。因此，晚期马克思主义的哲学逻辑是与晚期资本主义这一历史参照直接联系在一起的。在这一点上，虽然他们也广泛地注意当下资本主义与马克思所处的历史时代的差异性，但是他们与后现代论者不一致的是，他们都坚持资本逻辑分析生产方式和意识形态的立场。因此，他们在解放议程上所提出的终结方案与后现代论者明显不同。在这个意义上，晚期马克思主义是适应于晚期资本主义的解放议程。这样，在 20 世纪 90 年代为适应全球资本主义变化而不断进行理论提升的更具传统色彩的左派学者也可以列入这一思潮，如阿明等人，这些学者的理论观点在当前与前面提及的一些学者虽然在不同的论域中进行理论创建，但在许多重要观点（特别是在资本主义替代方案设计）上都已经接近。

在上述前提下，我们可以展开对晚期马克思主义具体代表人物的讨论。值得进一步指出的是，由于多元立场的强调，即使在晚期马克思主义范围内，立场和观点完全一致的学者也是极为少见的。无论是对马克思主义的核心问题和理论的看法，还是对后现代主义的批判，以及具体解放议程的提出，众多的理论家的讨论并不是同质的。事实上，几乎每一个被列入晚期马克思主义范围的学者都是不同学科具有创见的人物。如詹明信的文学研究、伊格尔顿的文化研究、华勒斯坦的世界体系理论、哈维在地理学和马克思主义空间分析中的杰出贡献等。正是由于背景的差异，他们在提问和回答的方式上往往大相径庭。如在诉诸社会主义对资本主义的替代上，伊格尔顿认为：马克思主义不是某个个体的一摞著作，而是属于一个更广大的运动，那就是社会主义运动。[①] 这种观点显然将社会主义做了宽泛的理解，而德里克、阿明等人对社会主义的理解则要狭窄许多，更接近于传统。在实现社会主义或抵制资本主义全球扩张的方式上，詹明信、德里克等人强调"飞地抵制"，寻求一个不是资本主义的立足点；弗兰克和阿明等人也指望一个与资本主义脱钩

---

① 参见［英］特里·伊格尔顿：《历史中的政治、哲学、爱欲》，马海良译，119 页，北京，中国社会科学出版社，1999。

的社会主义世界；而哈维等则强调，不可能离开资本主义现实来谈论当代社会问题，虽然它的解决必须是在马克思主义框架内进行，因此他肯定了后现代主义"揭示出（并且应当提示）当代社会理论的特征"，将工作的重点放在与后现代论者对当代社会解释的竞争上。德里达则很玄幻地谈论马克思主义，将之视为一种与资本主义共在的批判的"幽灵"。

正是存在着种种差异与分歧，我们可以大致将他们归类为两种不同的倾向：一种是与后现代马克思主义思潮相近的激进的批判立场，公开反对马克思主义的"学院化"，突出强调实践，无论是伊格尔顿积极的文化研究，还是德里克的后殖民批判，都显现出较大的理论意义；另一种则是"学院化"的消极的理论，他们仅仅强调一种对资本主义不认同的"批判"精神，如德里达。由于实际的立场分歧与观点对立，在我们所指认的晚期马克思主义内部也存在着激烈的理论斗争，如伊格尔顿批评德里达的"投机性"与"折衷性"等。在这样的条件下，晚期马克思主义以各自不同的方式进行着与马克思主义有关的理论研究。

通过以上讨论，我们发现正如西方马克思主义这一术语的含混性，晚期马克思主义也并不是一个统一的理论学派，而只是对理论旨趣或立场、观点相近的一类学者的指认，事实上，能够被列入这一标贴之下的人物，大都已经溢出了经典马克思主义的哲学解释框架。1993 年在加州河滨分校召开的"马克思主义往何处去"国际研讨会展现了当代讨论的四个特点：马克思或马克思主义已经成为复数名词（即马克思主义的多元可能性）；在复数形式上共产主义不再等于马克思主义；无论是马克思主义还是共产主义都由特定的传统和历史来历史地定位、改变和仲裁；在某种意义上，正确的"马克思"名称是完全无法回避的。① 应该说，这四个特点都可能成为晚期马克思主义的形式特征。在这里，我们也就可以进一步将晚期马克思主义描绘为全球资本主义时代的政治美学。

德里克正是在这一"群体"探索中作为一名马克思主义学者发挥积极作用的，当然，他也是一位较为独特的晚期马克思主义者。这里有两个原因：其一，德里克是作为一名历史学家进入讨论的，他不像其他的学者过多地集中于哲学问题而意在马克思主义的具体建构，与其他学者相比这在表面上就显得"原创性"不够，但优点是他提出的问题现实性增强了；其二，德里克不仅强调对全球资本主义的批判分析，而且试图以兼容后现代问题的方式寻找当代马克思主义的落脚点，因此在资本主义重组全球权力关系过程中实际地提出了地方性反抗问题。这在整个晚期马克思主义中，显现出极为明显的"第三世界"关怀情结。因此，他的理论中更能接近于当代反抗资本主义权力关系的实际需要。在这一点上，他既比詹明信等人的讨论更为深入，又不同于阿明等人的理想化。也正是由于这种特征，德里克在学界正越来越引发人们的注意。

(二)主体性政治和多视角政治美学或解放议程

晚期马克思主义直接提出和其所涉及的问题，在某种意义上都大大超出了传统视角。但是，作为一种解放议程，其基础性问题仍然不过是

---

① Bernd Magnus and Stephen Cullenberg(eds)，*Whither Marxism*？London：Routledge，1995.

对资本主义批判。这种批判，从实践的角度，我们可能继续在马克思主义问题结构中提出理论和实践的问题。不过，在政治上，具有反讽意味的是，如托尼·赖特对英国 20 世纪 80 年代左派政治总结的那样，"就与左派的前途相关的范畴而言，最乐观地讲，也是不可知的；最悲观地来说，是完全暗淡的、令人沮丧的。对马克思做出如下意思倒转是再合适不过了：关键并不在于改变世界，而在于解释这个世界"。① 虽然我们并不同意他的看法，但说他恰当地指证了某些思潮的马克思主义也是不过分的。从晚期马克思主义的立场看，如何摆脱这种困境也是一个现实的问题。

在批判上，我们更愿意将批判理解为一种现实的行动，诚如德里克的内在理论冲动那样，或者将他们的理论批判视为寻求现实行动的先兆。那样的话，这种批判本身，在当代全球资本主义条件下，必须直接回答下列问题：是直接基于普遍主义逻辑还是首先声称特殊主义立场，是直接颠覆中心还是选择边缘爆炸，是经济斗争为根本还是文化批判先行，是政治抗议还是理论申诉，是体制改造还是日常生活的解放。这些问题到现在为止并没有完备的答案。我个人认为，它在马克思主义讨论框架中，仍然可能回溯到一般与特殊的关系，因此我们必然在 20 世纪资本主义的实际变化中寻找理论具体的落脚点。这就将我们引向基础性的历史问题。

虽然解放本身不是一种伦理主张，而是实际的反霸权实践（革命）。

---

① ［英］托尼·赖特：《新旧社会主义》，褚松燕等译，169 页，北京，新华出版社，2004。

但是，晚期马克思主义者们在讨论解放议程时，又大都深刻地戴着政治美学的眼镜，而这一点正是经典"西方马克思主义"的传统，因而也就不可避免地诉诸主体性。客观上，在全球化背景下，当后现代宣布"主体之死"之际，德里克重申：在意识形态批判中否定"主体"的做法抽掉了反抗压迫和剥削的斗争基础，这一做法是正确的。不过德里克进一步强调，在当代视域中，解放的最大障碍可能并不在于这种或那种霸权本身，而是在想象离开霸权后的生活方面的无能，① 这种议程也就暗示着别样的意味。

解放议程作为一种集体规划、一种历史事业，在政治美学意义上，不可避免地统一到了一种自我谋划之上，它试图首先解放主体意识。但是，它已经不是列宁意义上的自觉阶级意识（这种阶级意识直接导致一个成熟的无产阶级政党的产生，并形成由它领导的无产阶级整个阶级参与的革命行动），而是个体站立起来的自觉意识，因此，我们也容易理解为什么当代的马克思主义会不可避免地在詹明信和德里达这些理论家那里不约而同地成为"马克思可能不在场"的个人话语。在这里，我们暂不讨论个人话语问题。作为理论家，对"知识产权"的声称只能是个人话语。这一点，在由资本中介而形成的个人活动及其联系的"市场环境"中拥有绝对的合法性。

解放议程是一种集体规划、一种历史事业。对于马克思而言，它之所以是历史的事业，就因为其是基于历史提供了现实基础而成为可能；

---

① Arif Dirlik, *After the Revolution：Waking to Global Capitalism*, Hanover, NH：Wesleyan University Press，1994，p. 104.

它之所以是集体规划，仅仅因其不是单个人可以完成的。因此，对于马克思来说，解放不是在历史自动完成之后的事后意识，而是对社会历史的自觉干预进程。所以，我们在马克思那里读不到叙事，也读不到再现。这样看，在马克思那里，主体性就不可能是通过"叙事"或"再现"获得自觉的理论意识之后的站立。在第一章中，我们已经强调成熟的马克思并没有指望能够通过在思想中站立就能获得解放，而是肯定了大工业才是这个主体的骨架，他所要求的只不过是将这个仍然外在地支撑着主体站立同时又成为主体依赖性的事物，以主体联合的方式来占有而不是主体间对抗的方式来占有。在这个意义上，马克思改写了主体性的内涵——通过对事物的形式表现出来的社会关系的驾驭而实现了自由自觉发展的联合的个体。这是对启蒙以来主体的一种颠覆，从而也是对资本主义所能达到的高度的一种历史提升。

伊格尔顿似乎对此有着清醒的认识，他从自由主义的个体主义之复杂表征探讨了这个问题，在哲学史线索中说明了它的矛盾性。[①] 但是，伊格尔顿本人也似乎面临着一个基本的困境：如果不对后现代的男男女女施以他（她）们所要经验的东西，又如何要求他（她）们理性地评判自己的利益从而实现自觉的团结。因此，他以马克思的革命立场串通了整个西方现代性的主体意识，在被称为现代性的当下中勾勒出一个能够满足它需要的政治美学。他强调："美学既是早期资本主义社会里人类主体性的秘密原型，同时又是人类能量的幻象，作为人类的根本目的，这种

---

① 参见［英］特里·伊格尔顿：《权利与善：后现代主义与自由国家》。见《历史中的政治、哲学、爱欲》，马海良等译，北京，中国社会科学出版社，1999。

幻象是所有支配性思想或工龄主义思想的死敌。美学标志着向感性肉体的创造性转移，也标志着以细腻的强制性法则来雕凿肉体：美学一方面表达了对具体的特殊性的解放者关注；另一方面又表达了一种似是而非的普遍性。"他给自己规定的任务是对这种美学矛盾的调停，而最后通过美学这个中介把肉体的观念与国家、阶级矛盾和生产方式这样一些更为传统的政治主体重新联系起来。[①] 这一点，极为清晰地表达了在后现代背景下生存的晚期马克思主义的政治主题：以一种打通现代性——后现代的主体政治来满足当代的后现代诉求。因此，不同的晚期马克思主义者，对用后启蒙政治、后阶级政治、后现代政治、后政治、反政治等这些术语所标志出来的后现代条件下政治具有不同的看法。这些从不同方面表达的后现代政治，说到底是一种马克思主义政治的障碍，而必须在它的诞生过程中加以清除，还是它在诞生过程中所必须依赖的理论脚手架？伊格尔顿基于马克思的形式和内容的统一性（融合）而倾向于前者，所以他反对种种新的乌托邦，而詹明信则基于形式与内容的矛盾为新乌托邦提供一个更为基础的认知理论（认知测绘）。德里克则似乎既愿意接受詹明信的新乌托邦思想，又试图强调伊格尔顿的现实的社会主义。加上其他代表人物，这种景观同样和后现代一样迷人、一样复杂。而有一点则是必须注意的，这就是如何导引出一种实际地离开社会历史中心的主体的解放话语。

　　这种话语，作为一种主体性政治，在德里克看来，它是能够在自觉

---

　　① 参见［英］特里·伊格尔顿：《美学意识形态》，王杰等译，导言，桂林，广西师范大学出版社，1997。

地摒弃了社会进程中的中心（即霸权）的那一部分马克思主义的知识分子那里得到完成的。① 德里克提出的问题是作为话语操持者的知识分子在解放过程中的作用，正是在其中，我们可能洞察主体性政治的合理性，它义无反顾地竖起社会批判的大旗，以直接催生解放主体或穿透不透明的社会外壳的形式服务于解放事业。在晚期马克思主义诸同志中，凯尔纳主张的"多向度、多视角的批判理论"在形式上所具有的综合性可能是对这种主体性政治的一个总结和温和的表达。

　　凯尔纳、詹明信与德里克一样，反对后现代话语以断裂、不确定性方式对社会的探讨，反对它对宏观理论的拒斥，但也希望能够接受它提出的合理性建议，因此，他主张将微观和宏观两种分析结合起来，建立一种超学科的社会理论，这种社会理论将把社会视为一个系统组织，视为一种拥有特定社会关系、制度和组织的生产模式，以此作为激进政治的前提。②

　　批判的社会理论构想，毫无疑问，是对法兰克福学派总体性事业的一种再深入，但凯尔纳显然也置换了后者的前提，这个前提凯尔纳指证为希法亭的"组织化的资本主义的分析"。诚然，到 20 世纪 60 年代的马尔库塞和阿多尔诺，我们都能看出这个前提，通过"否定的辩证法"而被召回的"具体的乌托邦"所反对的东西正是那个"被管理的世界"。但是，这个前提不是不变的，当哈贝马斯以"晚期资本主义"来代替"组织化的

---

① Arif Dirlik，*The Postcolonial Aura：Third World Criticism in the Age of Global Capitalism*，Boulder，Colo.：Westview Press，1997，p. 36.

② 参见[美]道格拉斯·凯尔纳等，《后现代理论》，张志斌译，334—335 页，北京，中央编译出版社，1999。

资本主义"时，法兰克福学派自身也意味着资本主义的变化，不过，哈贝马斯过于流连主体性哲学，通过"交往行动理论"在承认政治中逐步与自由主义暗送秋波，从而在 90 年代成为北约的鼓吹手，而实际上开始进行对批判理论自身的否定。这是否就是他弟子克劳斯·奥菲等人所批判的"无组织（或解组）的资本主义"的无奈？凯尔纳并没有分析这一点，但他对于当前资本主义的认识是正确的，他虽然没有如德里克那样直接讨论资本主义的生产，但也强调当前的社会秩序是一种"新技术、社会及文化形式与资本主义生产关系的综合"，强调经济分析对于当前激进理论的重要性而批评福柯、鲍德里亚、利奥塔等人对马克思的误解。①虽然他没有为新的前提命名，但他强调"资本主义的转型与重组，新的资本主义阶段的来临，就是这台戏的一个重要组成部分，它正影响着我们的整个生产"，这一点似乎是接近德里克的，因此，他进一步批评后现代的狂热，声称这种狂热"仅仅是历史大潮中的一丝涟漪，是对知识分子的一种诱惑，它为知识分子提供了新的令人着迷的文化资源，诱使这些在计算机和技术——资本主义社会中愈来愈边缘化的知识分子为获得其重要性而去做的孤注一掷的尝试"②，这一点与德里克也是一致的。

在摆脱后现代政治的艺术和欲望形式、寻求积极的社会与政治替代方案之际，他也要求批判社会理论"既要提供关于当前时刻的理论，同时还要对当前社会的形成过程做历史性的说明"。它要求揭示资本主义、性别与种族压迫、等级制以及过去其他一些方面所构成的社会关系，等

---

① 参见［美］道格拉斯·凯尔纳等，《后现代理论》，张志斌译，381 页，北京，中央编译出版社，1999。

② 同上书，378 页。

等，在诸多的方面，其表达与德里克十分相似。在这里，我们也深刻地感受到德里克在这个主题上对后现代的兼容，也正是在这一点上，我们可以将德里克的弹性政治作为进一步的补充理解，它是由后现代话语从侧面支撑起来的，通过话语的开放性从而保持自身的发展。

我们不必将凯尔纳的"多向度、多视角的批判理论"与德里克的"弹性生产时代的马克思主义"强行等同，当凯尔纳强调从当前社会关系之向度入手而每一向度都具有相对的自主性时，他事实上代表着晚期马克思主义的某种特征：既反对后现代的无根基的自主性和多元化，又在新的基础上确定它们。只是在表达清晰度方面，凯尔纳表现出相比德里克、詹明信等人的某些优越性。但是，德里克在"后殖民性"方面与普拉卡什的争论，在当代社会性质和当代知识分子状况（知识状态）方面却提供了深度的研究，因为他最终提出一个问题：在当前，应该讨论的不是认识论问题，而是政治问题。这一立场在西方社会科学研究中激发了不少学者的兴趣，这说明无论是否声称马克思主义，任何一种视角也都必须有一个现实的落脚点。① 对于社会主义议程来说，这恰恰也是关键。

（三）全球化还是地方化

即使不讨论全球化，世界也是相互关联着的，依附论、不平等交换和世界体系的视角，在马克思主义传统中，它们只不过揭示了这样的问题：在历史不平衡发展的现实中，体制力量究竟是什么？它的性质如

---

① D. Scott, "Postcolonial Criticism and the Claims of Political Modernity," *Social Text*, Vol. 48. (1996), no. 3, pp. 1-26.

何？又如何从其中导引出不受物化控制的人的前景？

　　纵观历史，全球化或许并不是新的东西，但是作为一种认识视角的转换，我们能够通过视角的转换揭示一些过去未曾注意到的问题。因此，当阿明断言："资本主义体系的全球化肯定不是什么新东西，但它毫无疑问在最近时期出现了质的进步。"①这个体系是在世界体系论者的视角下产生的，是一种经济的体系，当这个世界体系以"全球化"在当代表现出前所未有的同质性时，他必须解释这种质的进步到底在哪里，它对自己提出的"脱钩"计划究竟有何影响。对于詹明信而言，这个"全球化"，作为资本主义继现代主义、帝国主义之后的第三个阶段的特征，只是曼德尔等人已经指认的被称为"晚期资本主义"的东西，詹明信也将之称为"'后'资本主义阶段""跨国资本主义阶段"或"信息资本主义阶段"。在这个阶段，资本主义的扩张"所采取的主要形式不是地理性的剥削和区域性，而是加紧对原先资本主义地区的殖民化和对新地区的后现代化，用商品及超地理、超空间的信息技术进行渗透"②，也就是思想的殖民化。③ 因此，他从现象背后的终极矛盾（同一性—非同一性）入手来讨论文化问题。④ 但是，当前，不仅不可能在资本主义的经济基础之

---

　　① ［埃及］萨米尔·阿明：《五十年足矣》，见《全球化与世界》，241 页，北京，中央编译出版社，1998。

　　② ［美］弗雷德里克·詹姆逊：《论现实存在的马克思主义》，见《全球化时代的"马克思主义"》，72 页，北京，中央编译出版社，1998。

　　③ 参见［美］F.R. 詹姆森：《后资本主义是现实存在的马克思主义的课题》，载《国外社会科学》，1996 年第 3 期。

　　④ 参见［美］弗雷德里克·詹姆逊：《论作为哲学问题的全球化》，载《外国文学》，2000 年第 3 期。

上直接创造出它的替代问题，而且基于全球化本身是以第一世界身份来关注小语种或第三世界文化也面临着深层的意识形态陷阱。（这一点，艾哈迈德已经对詹明信进行了批评。）所以，詹明信也不得不进一步寻找作为文化抵抗的政治美学的落脚点。德里克似乎与其他人不同，他集中强调资本主义质的变化，（当然，这个质的变化不是意味着资本主义已经走到了反面，）即成为全球抽象。"资本已经从地域的限制中解放了出来、真正成了全球性的。这个时候，阶级比以往任何时候都更真实地成为跨国的，而且这个时候资本主义在全球范围内通过再造、复制相同的社会和文化结构而产生的同质化结果，也比以往任何时候都更明显。"①这似乎是马克思《共产党宣言》的直接预见。但是，这是否也意味着，当前的反对资本主义斗争也同样地回到了《共产党宣言》的语境呢？德里克并不这样看，相反，他区分了两种不同的马克思主义，要求我们创造适应于当代形态的马克思主义。从直接结论看，德里克的结论更符合马克思主义的真谛，但我们也应该看到，在 20 世纪的马克思主义发展历史上，这几乎也都是任何一种对马克思主义"修正"的理由。因此，尽管德里克在将马克思主义具体化过程中提出一些有益的思想，他也存在着在现实政治和乌托邦诉求之间的摇摆。

客观地说，社会主义不是一个价值问题，而是一个实践问题，虽然这种实践也深刻地带有理想和价值的因素。因此，要求一百多年前的马克思提供针对当下实践的全部方案并不合适。从理论上看，当社会主义

---

① Arif Dirlik, *After the Revolution*: *Waking to Global Capitalism*, Hanover, NH: Wesleyan University Press, 1994, p. 76.

作为一种普遍价值被确立起来的时候，它的实践必然是以全球为指向的。在马克思的时代，马克思本人也认为只有通过普遍的实践才能确立，因此，他希望的是西欧主要资本主义国家工人阶级的同时革命。虽然这种革命并没有发生，但也从反面证明了社会主义的最终确立必须是以全球被压迫者的联合和团结为前提的，这就是《共产党宣言》中"全世界无产者联合起来"这个口号在今天仍然具有魅力的原因。

事实上，在今天，我们更接近于列宁的语境，一方面，社会主义在全球的胜利在短时期内并没有直接的可能；另一方面，现实的不平等却要求人们必须在一切社会主义可能生成的地方"重新发明革命"。这是否就是意味着当代社会主义必须是地域的？答案应该是肯定的。从空间上看，资本主义霸权在全球扩散的事实，它形成全球抽象的过程也就是在每一个具体地域生成的过程。因此，从抵抗的角度，在每一个具体地域形成的抵抗运动也就是对它的全球化的现实的抵抗。这也是为什么现实社会主义作为全球资本主义的抵抗具有永恒的历史意义的原因。按照前面两章对德里克的作为认识论范畴的"地域"的读解，我们也可以进一步将之理解为，社会主义必须在每一个不平等的领域、具有霸权关系的社会关系中的生成。只有这样，我们才能理解西方左派学者（包括晚期马克思主义者）关于"现实社会主义的死亡，马克思主义以新的方式复归"这个论断。在这个论断的不同表达中，除了我们已经介绍的德里克外，詹明信也指出"苏联的解体不能说是共产主义的失败，而应归结为共产主义的胜利，假如人们最终只是将这看作是现代化的策略的话”①。而华勒斯坦则强调：“已经死亡的是作为现代性理论的马克思主义，这一理论是与自由主义的现代性理论一起被精心制造出来的，而且它确实在很大程度上受到了自由主义的激励。而没有死亡的是作为对现代性及其历史表现，即资本主义的世界经济进行批判的马克思主义。已经死亡的是作为改革战略的马克思列宁主义，没有死亡的是鼓舞现实的社会力量的语言上的大众化和马克思式的反体系的趋势。”②毫无疑问，晚期马克思主义者都试图将作为对资本主义批判的普遍价值的马克思主义落实到当代特定的实践中，在这一点上，他们是具有积极意义的。

但是，这种原则并不意味着“全球化或地方化”这个问题就能够因此得到合理的解决。当代实践的复杂性还在于下列事实：全球资本主义在当代的扩张过程中，也不断地汲取左派的批评意见，甚至直接采取与无产阶级革命斗争一致的策略来保持自己的灵活性，从而消化来自各个方面的批评意见。（当然，这并不意味着资本主义自觉地通过改良的方式向社会主义过渡，而是在某种程度上如彼得·德鲁克等著名的管理学家所言的那样，建立一种比资本主义前身更具有资本主义特色的“后资本主义社会”。因此，我们可能看到，在 20 世纪的历程中，左派的批评往往能够成为自由主义纠正资本主义失误和改善资本生产环境的思想源

---

① ［美］弗雷德里克·詹姆逊：《论现实存在的马克思主义》，见《全球化时代的“马克思主义”》，80—81 页，北京，中央编译出版社，1998。

② ［美］华勒斯坦：《苏联东欧剧变之后的马克思主义》，见《全球化时代的“马克思主义”》，13 页，北京，中央编译出版社，1998。

泉，虽然后者的目标是要维护被前者批评的资本主义制度。)它给激进主
义带来的问题是：如果不分青红皂白地喊出一个自认为合理的口号，可
能会不小心落入全球资本主义意识形态陷阱。例如，"全球化还是地方
化"问题，"放眼全球，立足脚下"或"全球性地思考，地方化地行动"这
个非常响亮的社会主义口号，在今天已经成为跨国公司攻城略地的操作
纲领。由此看来，在文化讨论中"世界主义与民族主义"的争论仍然没有
超出当代资本全球化过程中"世界主义和地方主义"的悖论。而要解决这
个悖论，不清理马克思主义的基本理论和基本方法，不在当代社会关系
和意识形态分析中做出丰硕的成果，几乎是不可能的。由于这个问题的
缺失，晚期马克思主义以自己独特的视角提醒激进左派不要落入过时的
政见，但是左派理论进展与现实本身变化之间总是存在着时滞(time-de-
layed)。事实上，左派并不缺乏想象力，相反，在关于未来社会设计方
面，他们总是优越于自由主义，但是，它们缺乏的是有效地满足当前日
常生活需要的政治框架。在当前的全球化进程中，"全球化还是地方化"
这个问题上，显然资本主义事实上又领先了一步。

　　德里克引证一个全球性资本操作者的报告，以"游击式营销"策略指
证了资本主义的弹性生产，这份报告指出：要像游击队员那样，把我们
创造和反对的观念灌输到那些商品意识还没有被系统地建构起来的地
方。历史证明，只有发展才有生存。因此，对于跨国公司来说，"只有
最大限度地追求利润，才能满足公司壮大的需要。我们仍然需要控制和
扩展市场，但是现在更重要的是，我们必须控制生产和消费——我们需
要推行一整套观念，就像游击队员那样，我们必须赢得民心，我们就必

须采用各种各样的方式，使我们的观念永不停息地得以建构和再建构。"①正是通过这种弹性策略，当代跨国公司"使社会存在与社会意识分裂，以便按照一种全球资本主义的图景全球性地重建社会"。为获得与全球资本主义对抗的能力，解放政治本身必须也是一种弹性策略。在这一点上，我们认为德里克在晚期马克思主义诸同志之中是较为清醒的一位。在这一前提下，讨论马克思主义的具体化将会获得一种更为开阔的视野。

在这个问题上，只要坚持马克思的解放思想，我们必然会站到全球性的革命立场上，但这个立场并不是一个现实斗争的开端，而是它的最后目标。因此，伊格尔顿的说法仍然代表了马克思主义的基本立场：在一个互为依存的世界里，社会主义不可能在一国实现，尽管说总得有个发端的地方。② 此外，只要把伊格尔顿的话再翻一下，它的意思就完整了：尽管社会主义不可能在一国实现，但总得有个发端的地方。后一个方面是策略和战术问题。这样，我们就可以进一步审理詹明信——德里克的"飞地抵制"、阿明的"脱钩"以及其他种种"马克思主义"者和社会主义者"中心突围"(break out of core)与"边缘爆炸"(explode in periphery)战术，即围绕对资本主义霸权的颠覆，除了传统的阶级问题和劳工运动外，以下列诸问题作为现实社会主义生长的入口：

首先是全球性问题。如债务危机、生态危机、国际新秩序、移

---

① 转引自 Arif Dirlik, *After the Revolution: Waking to Global Capitalism*, Hanover, NH: Wesleyan University Press, 1994.

② 参见[英]特里·伊格尔顿：《历史中的政治、哲学、爱欲》，马海良译，115 页，北京，中国社会科学出版社，1999。

民等。

其次是非资本主义生产方式。这个术语本身可能改写社会主义的内容，但在资本主义政治空间中，以地理空间实际承载为批判资本主义提供了根据地，这是"飞地抵制"的合理所在。

最后是新型压迫和不平等。例如，资本主义社会中的种族和社会性别问题。在这个问题上，特别需要指出的是，它的兴起在当代西方社会具有极大的合理性。一方面，由于管理革命导致的所谓"白领"问题，主要发达资本主义国家(特别是美国)蓝领工人也没有发生马克思所强调的绝对贫困化，这客观上形成了马尔库塞所言的"革命阶级没有革命性"的悖论，它也直接成为某些学者挑战马克思的根据，在这一背景下，离开马克思的阶级斗争理论寻找新的突破点是正常的；另一方面，由于理论本身的进展，特别是女性(权)主义的崛起，使人们真正意识到压迫并不仅仅发生在经济领域和车间，从而提出其他社会压迫问题。而这个问题，在晚期马克思主义者那里也得到较大的反响，如凯尔纳强调"马克思主义的一种形式即工人阶级的马克思主义、无产阶级革命的马克思主义似乎走向了终结"①。而在寻找新的社会革命主体过程中，理论转向了所谓"他者"。

我们可能在前面的介绍中，涉及了德里克这个方面的问题。德里克提出了一些具体的见解，总体上，我个人认为他的思路是建设性的，至于具体观点是否能够成立取决于环境限制，因此我没有进行更为深入的

---

① ［美］凯尔纳：《正统马克思主义的终结》，见《全球化时代的"马克思主义"》，32页，北京，中央编译出版社，1998。

实证讨论。事实上，对于晚期马克思主义具体观点的评价，用他们自己的供词来佐证是有趣的。詹明信曾指出："时代需要一种模棱两可的政治：重视伟大的集体计划，但必须将焦点放在结构的不可能性上；投身全球化，但专制的消失又是一个悲惨的结局；必须把文化的焦点对准经济，而又必须使经济研究抓住晚期资本主义的文化实质；通过世界信息技术对世界市场实行大众式的民主化，但世界又处在饥饿化和工业产品永久下降的前夕。马克思主义所必须面临的就是这样一种矛盾的复合体。"①

在后现代的西方话语中，后马克思主义、后现代的马克思主义都义无反顾地随着现实生活世界的碎片化过程而散裂化了，晚期马克思主义似乎还保留着总体性诉求。社会主义，究竟是一种共时性的全球革命还是地方性的斗争，还是一种总体的革命还是局部的改革？在当代重提这个问题，似乎就回到了马克思—列宁的那个连续性的困境中，它的现实意义就在于让我们重新思考：如果离开总体性，如何保证碎片化的努力不伤及社会主义目标自身？与之相反，如果不从局部入手，又如何能够实现那个总体的目标？这个问题对每一种作为具体性存在的地方性都是有效的。对于中国人来说，这个问题比其他任何地区或国家都更具有一种紧迫性。德里克以跨国公司操作战略和毛泽东的"游击战"进行对照后，强调现在不是讨论红旗能打多久的问题，而是如何通过灵活的游击战而获得相应的政治弹性问题。这应该值得我们注意。

---

① ［美］弗雷德里克·詹姆逊：《论现实存在的马克思主义》，见《全球化时代的"马克思主义"》，84 页，北京，中央编译出版社，1998。

在晚期马克思主义论域中，需要研究和进一步澄清的问题还有许多。我也认为，这些问题得不到较为完整的解决。诸如德里克这些理论家的个性就很难出场，毕竟，20世纪70年代之后，特别是90年代，类似于阿多尔诺那样极具原创性的"马克思主义"理论家已经不再普遍，更多的是生长在互文性中操持多种"方言"的吆喝者。虽然，我们能不能直接用"投机分子"来指责其中某些代表仍然值得讨论，但他们的局限性在某些方面确也十分突出。例如，凯尔纳在过多地吸取后现代状态养分之后，批判本身真的成了批判，甚至是"批判的批判"，这种批判在设计具体的社会主义战略时再怎么综合也无法逃脱想象力的限制，因此凯尔纳在声张詹明信的联盟政治、拉克劳和墨菲的"接合"（articulation）实践……之后仍然不能超越民主社会主义。在下一章中，我们将看到，它面临着如何同自由主义区分开来，以及同实际的生活政治区分开来的问题。或许，这正是当前全球化条件下解放政治本身的困境和难点。

如果说政治美学（主体性政治）是晚期马克思主义一种必然选择，那这种必然性和当代资本主义全球化性质或多或少是直接相关的。因为，按德里克的区分，在指导未来的马克思主义和批判资本主义的马克思主义二者之间，晚期马克思主义一旦选择了后者作为自己的理论出发点，那么，批判本身就是对"大炮回答"的一种期望而不是"现实的物质力量"。当然，这不是批评晚期马克思主义的努力仅仅是一种理论的自我安慰，而是言明在当代全球化过程中激进左派至少面临着的不小的尴尬。

三、超越时代的"第三条道路"：资本主义与社会主义的辩证法

从德里克"后革命激进政见"的理论底蕴和实际结论看，他试图完成的是这样一种事业：在彻底的反资本主义前提下，积极地在现实社会主义和 20 世纪 60 年代以来的新社会运动的夹缝中寻找一条更能适应于全球资本主义历史条件的激进战略，在更为广泛的理论空间中这种激进战略也是介于资本主义与现实社会主义的"中间道路"，这是其"非资本主义想象"的核心含义。

从 20 世纪的实际历史来看，这种探索在左派运动和理论中，自"十月革命"之后便逐步成为一种具有持久影响的思潮，并在 50 年代末苏联的"非斯大林化"运动中达到高潮。在当前，现实社会主义的溃败只不过加速了左派历史的整体转型。与过去相反，这种转型的复杂之处在于，大多数左派在转型过程中不可避免地失去了目标，因此加剧了意识形态的复杂性。或许德里克长期中国史研究的经验帮助他在理解条件方面积累了灵活的视角，这使他既忠实于 60 年代的激进传统而又对时代条件保持某种可贵的开放性立场。我认为，这在某种程度上较为典型地代表了一种具有生长性的左派理论特征。

(一)第三条道路：昔与今

在现代性论域中，以文化革命方式来获得解放视角的文化革命——反资本主义的霸权，最后的结果必然也只能是在资本主义制度内部获得马克思已经充分肯定的形式解放——形式民主和形式自由。这一点在墨

菲等人的"激进的多元的民主政治学"中充分表现出来。墨菲等人认为，在"文化霸权"这一概念的背后，隐藏着某些比补充马克思主义理论基本范畴的一种政治关系还要丰富的东西。实际上，它引进了一种跟那些范畴不能相容的社会逻辑。因此，在今天左派思想的十字路口上，需要导引出一种"激进和多元的民主"，她将这个政治方案视为现代性未完成的事业。①　虽然这种方案本身是针对"现实存在的资本主义自由民主"的替代，它又试图兼容后现代政治视角，但它也不可避免地走入认同政治，这种认同政治虽然要求一种新型的公共/私人关系，但恰恰也是市民社会基础之上对社群主义、政治自由主义等复杂思潮的综合，它本身不能超越资产阶级所提出的解放口号。在这一点上，这种政治学的视角恰恰就是"社会民主"的另外一种表达。

文化革命只是西方激进左派扩大社会主义思想寻求积极的解放政治的一种努力，这种努力对于构想替代性未来和社会主义思想启蒙是有效的。但是我们也应该看到文化革命最终不能完成彻底的社会革命，特别是在当代全球化复杂背景下，文化革命也是资本主义政党政治所采用的一种策略。如果说，阿格尔的劝诫，"应抛弃过时的危机理论，而代之以抓住能产生激进主义的新见解和新模式的现存社会主义的范例"②，这对于社会主义运动是中肯的，那么也只是在与资本主义政治灵活性对抗意义上才是合理的。因为，在社会主义历史上，这种灵活性本身也产生了复杂的改良政治。在当代，由于全球化所带来的社会问题压力，西

---

①　Chantal Mouffe, *The Return of the Political*, London: Verso, 1993.

②　［加］本·阿格尔：《西方马克思主义概论》，慎之等译，493 页，北京，中国人民大学出版社，1991。

方主要资本主义国家也开始寻求对新自由主义政策的积极治疗，他们也打出了 "第三条道路" 这张政治牌。不过，这个 "第三条道路" 是一个新的问题，它和传统的第三条道路，以及德里克所说的 "第三条道路" 都不是一回事。但是一方面它是以一种激进政治面貌出现的，另一方面它也以左派运动所聚焦的不平等、种族、社会性别和生态问题为宣传和吸引选民的口号，因此，对这一问题的简单讨论有助于我们对当代西方现实背景的把握，从而进一步提供评论德里克新激进主义的现实依据。

在当前，"第三条道路" 代表着一个庞大而扑朔迷离的问题群。由于英美实践和吉登斯理论双重间离（spacing），它开始脱离自身含糊的历史而成为一套合乎时代口味并因此为人们津津乐道的政治大餐。按英国前首相新工党领袖布莱尔的直接说明，"第三条道路" 是通向现代社会民主主义的复兴和成功之路。① 而这一说法，可能只是其顾问吉登斯的说法的一个重复。从这里，我们得到的暗示是，"第三条道路" 是第二国际以来民主社会主义路线的某种继承中的创新，因此我们可以从这一历史中把握其社会主义的性质。但这恰恰是一个误解。就吉登斯的理论而言，他为英国设计的 "第三条道路" 之激进政治方案是一个 "综合" 的方案，这种方案的 "综合性" 与其社会学理论的 "综合性" 有着一致特征。为此，首先需要说明的是，"第三条道路" 作为一个新的问题，它不仅承继了战后基督教民主党之妥协、联合和实用的姿态，也包含了对当前生态、社会不平等问题的思考，由于它以清晰的语言直接铺陈了一些具有国际影响

---

① 参见［英］布莱尔：《第三条道路》，见杨雪冬等编：《"第三条道路" 与新的理论》，25 页，北京，社会科学文献出版社，2000。

的学者关于当前世界秩序的看法，举证了更具实践性的措施，因此能够填补"冷战"结束后西方社会对自由主义和社会主义意识形态的双重怀疑，在政治上占据由这种怀疑所造成的立场真空，从而实现了与基督教民主党在二战后所提出的"第三条道路"之同样的功能。

诚然，"第三条道路"这个术语有着久远的历史。从国际社会主义运动角度看，有学者把它追溯到第二国际时代的伯恩斯坦等人的改良政治。事实上，从西方主流政治角度看，它最贴近的含义是由战后基督教民主党所提倡的，基督教民主党拒绝 19 世纪自由主义信条，但它也嫌恶共产主义思想，它一直采取一种中间派的政治立场。在第二次世界大战结束后，它以自由主义所强调的个人、马克思主义所强调的公平以及实证主义的多元论逐渐取悦了西方民众而成为战后欧洲的一支重要的政治力量，在 20 世纪 70 年代中期以前，它在西欧大部分国家都曾赢得长时期的执政地位。[①] 在另外一条战线上，即苏联和东欧社会主义国家的"持不同政见者"那里，出于对现实社会主义人道主义的思考，他们也提出对社会主义进行积极修正的"第三条道路"。例如，苏联学者瓦吉姆·弗拉基米罗维奇·别洛对"自由、权力和所有权"问题所做的思考，[②]"布拉格之春"领导人之一、捷克政治家和学者奥塔·希克直接以"第三条道路"为题对社会主义进行的纠正性思考，[③] 所有这些思考汇集起来在 20 世

[①]　参见[英]罗纳德·欧文：《西欧基督教民主党》，吴章彬等译，上海，上海译文出版社，1987。

[②]　参见[俄]瓦吉姆·弗拉基米罗维奇·别洛：《自由、权力和所有权》，林英译，长春，吉林人民出版社，1984。

[③]　参见[匈]奥塔·希克：《第三条道路：马克思列宁主义理论与现代工业社会》，张斌译，北京，人民出版社，1982。

纪 70 年代形成以联邦德国为中心"第三条道路"运动。随着 80 年代社会主义改革在苏联和东欧的普遍推进，这种思潮对现实运动产生了不小的影响。

我们必须看到上述两种"第三条道路"与当前的英美实践在实际政策设计上存在着根本性的差异，它们之间有着不可弥合的鸿沟，因此不能将它们等量齐观，而必须重新设置当前讨论的基础。事实上，从西欧政治现实和口号的具体提法看，将当下的"第三条道路"视为民主社会主义的复兴也面临着巨大的问题。一方面，早在 20 世纪 90 年代，欧盟 15 个成员国中有 13 个是社会民主党人在执政，这是否意味着欧洲就向社会主义又迈出了一大步，虽然不能这样定论，但是就连时任美国总统克林顿也称自己的路线为"第三条道路"，这将更加令人迷惑；另一方面，在当下的提法中，"民主社会主义"已经修正为"社会民主主义"，这一变化到底意味着什么？德国社会民主党人托马斯·迈尔在 20 世纪 90 年代将其 80 年代著作《民主社会主义导论》改成《民主社会主义——社会民主主义导论》，其中有一章专门说明了这个问题。虽然他强调这两个词就是一回事，但还是忍不住补充道："社会民主主义是关于一个民主化的社会的清醒的乌托邦，这个社会力图达到公民的平等和自由，却不再使人回想起解放就意味着和解的神话。"①事实上，这种变化深刻地暗示着，西欧社会民主党开始不再企求对资本主义制度的替代，而旨在其内部推进更加社会化的民主进程。②

---

① ［德］托玛斯·迈尔：《社会民主主义导论》，殷叙彝等译，170 页，北京，中央编译出版社，1996。

② 关于这两个术语，殷叙彝先生有着更为准确和深入的研究，参见《热话题与冷思考（十）——关于转型中的社会民主主义的对话》，载《当代世界与社会主义》，1999 年第 2 期。

实际上，在这一点上，它既意味着对社会主义的公开告别，也在更深刻意义上揭开了自第二国际社会民主党就开始的改良政治的面纱。

但是，需要理解的是，为什么 20 世纪早期的灰姑娘在其最后的数年内变成了公主。这个问题也不是三言两语就能说清的，可以肯定的是这不仅是西方社会变化的结果而且也是社会民主党适应于这种变化进行政策调整的结果。从选民较为普遍地选择了社会民主党这一事实看，甚至可以说明：首先，20 世纪 80 年代新自由主义政治虽然积极地推动了全球化，但它显然也不能解决全球化的社会后果，因此被选民抛弃也是可以理解的；其次，正如迈尔所言，在当代，保守主义、自由主义和社会主义成了对它们之间关于民主、多元主义、混合经济、社会政策、生态学上的共识不予提及的大范畴，却把它们在这些问题上的分歧——当然这些分歧对于有关的人们来说即使在今天也可能仍旧具有生死攸关的重大意义——表述成像各种原教旨主义替代方案那样，其实这些分歧早已不再有这种性质了。① 也就是说，在政党政治中，各种党派之争实质性价值冲突越来越小，也即越来越趋同。这一点在理论论战中也可以观察到。最后，社会民主党纲领改革，左派政治立场在新的条件下复杂化。

上述这种变化并不能说明多少问题，诚如一些左翼人士所强调的那样，问题的核心仍然是资本主义的权力性质到底发生了变化没有。这个答案却是否定的。因此，即使社会民主党仍然是一种激进左派，在选举政治中，它也不过是承担了资本主义维持制度稳定所需要的一个支架的

---

① 参见［德］托玛斯·迈尔：《社会民主主义导论》，殷叙彝等译，169 页，北京，中央编译出版社，1996。

角色，当它不能满足于选民的需要，它也就不再风光了。这样看来，"第三条道路"在西方的盛行，就不是像个别政治家如克林顿和布莱尔所标榜的那样开始"将人民的利益放在第一位"，而是西方政治家、学者和媒体等多方面炒作的一种口号政治。当然，它也包含着实际的内容，例如把社会、社会正义、民主、平等等价值置于政治前沿，用以治疗新自由主义造成的问题，并因此获取选民的信任。在这一意义上，它也包含有积极的内容。从总体上看，"第三条道路"是在"冷战"结束后，由于国际范围内的政治挑战失去力量，西方主要资本主义国家所做的积极政策调整。对此不能简单地肯定或否定。

"第三条道路"，德里克也用这个术语指称自主的民族发展道路，这条道路既不同于资本主义，也不同于共产主义。考虑到 20 世纪资本主义与共产主义的分野恰好造就了现实的第一世界与第三世界的对立，德里克把"第三条道路"定位在第三世界国家寻求的别样发展道路上。在他的讨论中，"第三条道路"起源于落后国家采取社会主义（和非资本主义）发展道路，因为他认为，就社会主义而言，现实的进程与马克思预言的进程是不一致的，因此，能够成功的社会主义必然也是介于社会主义与资本主义之间的道路。这样，他把毛泽东理解为对"第三条道路"最明白的表述者。① 在这一点上，他的讨论似乎与奥塔·锡克的语境是一致的。只是他在全球化背景之下，把这个问题深化了。在"后革命氛围"的讨论中，德里克以中国为例描述了"第三条道路"的"后社会主义"模式，这是他

---

① 参见[美]德里克：《后革命氛围》，王宁等译，68 页，北京，中国社会科学出版社，1999。

为当代选择非资本主义发展道路的"第三世界"提供的一种方案。他表达的是一种现实主义左派政治立场，这一点与吉登斯的讨论是完全不同的。

虽然目前我们尚不能直接评价德里克的"第三条道路"的现实性，但是有一点是毋庸置疑的，这就如詹明信所言，我们今天根本没有超越左右的对立，现在这个时代也不是一切旧的联盟和联合因新的、或许更为灵活的联合而完全被抛弃的一个时代。① 在这样的时代，德里克的论断就更有意义了，我们不仅需要分析全球资本主义，而且需要分析与这种霸权同谋的激进政治和怀有不同激进政治的知识分子。

(二)全球资本主义 VS 世界历史

无论如何，全球化作为一种"新的世界秩序"也不可避免地成为激进左派讨论解放的基础性背景。在通向富有诗意的人道主义社会过程中，这个秩序究竟是基督教隐喻中"流淌着奶与蜜的"天国的前奏，还是在赫胥黎意义上的"美丽新世界"？作为一个问题，围绕它的争论还在继续。德里克对全球资本主义性质的论断，与具有相似立场的其他左派知识分子一样，都只是一种参考性的认知图景，它的积极意义在于通过防止陷入"认知禁闭"(cognitive confinement)而成为"人道主义"口号的牺牲品和"人道主义"旗帜下屠杀的意识形态帮凶。

在这里，我们有必要重新回到马克思，在世界历史意义上审视全球资本主义，以期获得一种确定的立场。这不仅对于回答德里克的批判与

---

① 参见[美]弗雷德里克·詹姆逊，《时间的种子》，王逢振译，70 页，桂林，漓江出版社，1997。

马克思之间的关系具有直接的意义，而且对于我们自身理解全球资本主义也是不可或缺的。

马克思的核心问题是导引出对资本主义的批判现实的物质力量，当代后学反霸权实践的要求也直接肯定这一点。但是，马克思所言的无产阶级是否就是后学视角所关注的"他者"结构中与女性、被压迫民族同质的一种力量呢？显然不是。这问题我们可以从多方面进行讨论，在这里，仅仅强调一点，无产阶级是最近的历史塑造出来的最新被压迫的阶级，构成当下历史最基础的资本生产则是人类历史到目前为止最为隐蔽（也即最为科学的）压迫形式，它催生出世界历史，也生产出无产阶级并决定它的历史使命。只有在这个前提之下，解放才能够被言说。值得注意的是，在全部西方马克思主义讨论中，这个命题是缺失的。但是它却是一个关键性命题，因为，它将帮助我们理解为什么接近于世界历史完成的"全球化"不仅没有导致世界性的无产阶级解放，相反，它却可以被资产阶级学者说成是"历史的终结"。

马克思的"世界历史"思想是在《德意志意识形态》中第一次提出来，而"世界历史"则是德国古典哲学的伦理制高点，它是康德启蒙哲学所导向的目标。在黑格尔那里，它直接表现为"一种合理的过程"①。但是，正如康德、黑格尔在主体范围内设定了科学的边界，这个世界历史也是人类"理性各环节从精神的自由的概念中引出的必然发展，从而也是精神的自我意识和自由的必然发展"②。这一点正是马克思的"历史科学"

---

① ［德］黑格尔：《历史哲学》，王造时译，9 页，上海，上海人民出版社，2000。

② ［德］黑格尔：《法哲学原理》，范扬等译，352 页，北京，商务印书馆，1995。

所要取消和反对的东西。在马克思历史科学视域中，解放不是一种人类的想象而是一种历史的现实的活动，他强调"世界历史性的、经验上普遍的个人"是历史的必然，从而强调共产主义必须以"生产力的普遍发展和与此相联系的世界交往"为前提。① 因此，世界历史是客观的历史发展的最终结果，而不是想象的产物。

马克思从分工和所有制的关系，确证了世界历史本身在资本主义所有制关系的历史演进中的生成。他强调：资本主义"大工业创造了交通工具和现代的世界市场，控制了商业，把所有的资本变成为工业资本，从而使流通加速（货币制度得到发展）、资本集中"。正是这个大工业，"它首次开创了世界历史，因为它使每个文明国家以及这些国家中的每一个人的需要的满足都依赖于整个世界，因为它消灭了各国以往自然形成的闭关自守的状态"。马克思进一步强调，"它使自然科学从属于资本，并使分工丧失了自己形成的性质的最后一点假像。它把自然形成的性质一概消灭掉，只有在劳动的范围内才有可能做到这一点，并且把所有自然形成的关系变成货币的关系"②。在这里，他科学地论证了黑格尔世界历史观中反对"盲目命运的抽象和无理性的必然性"的实际含义。

当马克思不再从一种想象的价值出发，而是从经济运动本身的客观趋势中确认资本主义灭亡的根据时，他开始强调"生产力和交往形式之间的矛盾"。正是在这一前提下，马克思发现，资本主义大工业以自动化体系所创造出的"大量的生产力"恰恰说明"私有制成了它们发展的桎

---

① 参见《马克思恩格斯选集》，第 1 卷，86 页，北京，人民出版社，1995。
② 同上书，111 页。

梏"。因此，他进一步强调，资本主义大工业消灭了各民族的特殊性，特别是创造了"一个真正同整个旧世界相脱离并与之对立的阶级"，这就是无产阶级。更重要的是，"大工业不仅使工人与资本家的关系，而且使劳动本身都成为工人不堪忍受的东西"①。"无产阶级只有在**世界历史意义**上才能存在，就像共产主义——它的事业——只有作为'世界历史性的'存在才有可能实现一样。而各个人的世界历史性的存在，也就是与世界历史直接相联系的各个人的存在。"②这里，我们充分地看到，马克思从资本主义的历史说明了它正在达到前文所述共产主义所需要的世界历史条件。

马克思指出：各民族的原始封闭状态由于日益完善的生产方式、交往以及因交往而自然形成的不同民族之间的分工消灭得越是彻底，历史也就越是成为世界历史。而在资本主义生产方式下，恰恰是世界市场的力量使得世界历史的展开具有充分性。因此，马克思极其深刻地揭示了全球化内在的矛盾性：单个人能够摆脱种种民族局限和地域局限而同整个世界的生产(也同精神的生产)发生实际的联系，才能获得利用全球的这种全面的生产(人们的创造)的能力。此外，单个人随着自己的活动扩大为世界历史性的活动，但他们却越来越受到归根结底表现为世界市场的力量的支配。③ 从这里看，世界历史在形成之初就作为一个矛盾存在，它包含着两个维度：客观的解放条件和深刻的物役性(即黑格尔强调的盲目命运的抽象和无理性的必然性)。但是，马克思也指证了解放

---

① 《马克思恩格斯选集》，第 1 卷，114—115 页，北京，人民出版社，1995。

② 同上书，87 页。

③ 同上书，88—89 页。

本身是在世界历史基础上对物役性的摆脱。

我们认为，马克思对资本主义的历史分析也为我们今天的全球化研究提供了基本的理论框架。因为，全球化恰恰也是有历史的，它的历史就是资本不断挣脱地域的局限走向全球的过程，因此"全球化"这个不加任何定语的当下经验，其实质是资本的全球化。马克思在《共产党宣言》中留下的今天反复被我们引用的文字，绝不是偶然地"预见"了当代"全球化"的进程。当西方左派学者在全球化话语中强调马克思的"预见"时，并没有能够说明这种预见的科学基础。德里克清醒地意识到片面地追逐全球化话语，并不能完全摆脱资本主义意识形态，因为这种话语虽然取代了现代化理论，但它仍然是按照资产阶级的好恶来进行社会想象的。因此，他要求以职业历史学家自觉的历史意识基于新的"历史认识论"来分析它。我们认为德里克正确地阐述了当前全球化实质，在这里，我们直接从马克思的研究出发，进一步探讨"资本主义是如何摆脱欧洲叙事而成为全球抽象"的。

全球化确实不是一个新的现象，前面我们已经从全球化理论讨论中引出全球化实际的推动力量，这个过程与资本主义生产方式在全球的扩散在某种程度上是同质的，并且作为一种现象，多维度的全球化恰恰就是资本逻辑扩张的后果。

资本作为人与人之间关系的物化形式，它是一种颠倒的关系性的产物。马克思指出，从其本质上，"创造世界市场的趋势已经直接包含在资本的概念本身中"。"资本按照自己的这种趋势，既要克服民族界限和民族偏见，又要克服把自然神化的现象，克服流传下来的、在一定界限内闭关自守地满足现在需要和重复旧生活方式的状况。资本破坏这一切并使之不断革命化，摧毁一切阻碍生产力、扩大需要、使生产多样化、利用和交换自然力量和精神力量的限制。"①这就是到目前为止的全球化，即资本必然地挣脱对其的一切限制，无限地走向全球，朝着最终的统一的无个性的世界市场运动。历史上，每一次市场的扩大，都表现为资本主义生产关系的扩大，也加剧全球性的竞争和世界各民族之间的联系。

因此，在"全世界的市场"条件下，"一切国家的生产和消费都成为世界性的了"。"过去那种地方的和民族的闭关自守和自给自足状态已经消逝，现在代之而起的已经是各个民族各方面互相往来、互相依赖了。物质生产如此，精神的生产也如此。各个民族的精神活动的成果已经成为共同享受的东西。民族的片面性和狭隘性已日益不可能存在，于是由许多民族的和地方的文学形成了一个世界的文学。"可以说，马克思极为深刻地预言了资本主义生产方式在全球扩散和实现的可能性。但是，马克思本人也深刻地提醒，在这种"全球化"过程中，"资产阶级……它迫使一切民族——如果它们不想灭亡的话——采用资产阶级的生产方式；它迫使它们在自己那里推行所谓的文明，即变成资产者。一句话，它按照自己的面貌为自己创造出一个世界"②。当前的全球化，无论是从哪个维度进行描述，都不能脱离资本主义生产方式这一基本背景。由此可见，这个给人造成想象空间、不加定语的"全球化"内在指向资本主义生产方式在全球范围的实现。德里克说的全球性的抽象，被其他左派学

---

① 《马克思恩格斯全集》，第 46 卷（上），391、393 页，北京，人民出版社，1979。
② 《马克思恩格斯选集》，第 1 卷，276 页，北京，人民出版社，1995。

者，如阿明、E. M. 伍德称为全球资本主义，这都是正确的。

我们已经强调，这种全球化的后果必然是更为深刻的物役性，这一点正是马克思所批判的，因此马克思期待人们自觉的社会行动，在这种全球化条件下形成另一种全球化——社会主义，后者将是世界历史的真正完成。

这样看来，即使世界历史仍然在继续展开着，如果直接臣服于经济的必然性，社会解放也没有可能。自由主义者在这里就遇到了深刻的矛盾，他们虽然强调人类自由平等价值，但是由于直接迎合经济必然性而实际地为全球资本主义所造成的新的野蛮状态（如北约对科索沃罪恶）进行辩护。具有讽刺意味的是，"国际化"曾经是社会主义的口号，而现在却为资本而不是为劳动服务，在这种口号下，"今天……一种新的'世界秩序'谋求通过建立起前所未有的霸权形式，而使一个新的、自然是新的动乱稳定下来"。与这种霸权形式一致的是，"一种独断主义正在企图将其世界性的霸权置于充满悖论的和疑问的根据之上"①。这种独断主义宣称：马克思主义和共产主义已经死亡，资本主义作为历史的终结者在全球取得了决定性的胜利。当资产阶级意识形态宣告这一点时，他们也严重地误解了黑格尔（当然，更不能理解马克思），因为，历史本身是颠倒的，它不是表现为人的历史而是物的历史，即资本的世界历史。②它不仅与马克思强调每个人的自由联合和自由发展的"真正共同体"相反，而且也不是黑格尔的自由精神的实现。在当前，世界市场仍然不是

———————

① ［法］德里达：《马克思的幽灵》，何一译，73、75 页，北京，中国人民大学出版社，1999。

② 参见张一兵，《回到马克思》，579 页，南京，江苏人民出版社，2000。

这个共同体的基础而是其统治者，在这个市场中，"死劳动统治活劳动、物统治人、产品统治生产者、神秘的主体统治真实的主体、客体统治主体"，它是一种"伪具体"，也就是说，当下的世界历史就是"伪世界历史"。①

在这种条件下，我们必须重新思考解放。这里，我们真实地看到德里克等学者重塑解放政治的合理性和必要性。但是，当解放作为一个新的问题重新提出时，这意味着马克思曾经设想的政治方案随着历史条件的转移而失去了它的时效性，为什么会这样？德里克并没有直接回答，在他关于马克思时空前提的讨论中，他只是强调了马克思依据自己时代的设计与当时的资本主义条件是一致的，而资本主义生产弹性化之后，完全按照马克思的设计进行的社会主义才显得落伍了。在这里，德里克并没有在马克思立场上重提工人阶级的斗争方式变化，而是在社会解放上寻找新的主体力量和新的形式，他是否直接沿袭了西方马克思主义的传统，这不得而知。但是，有一点是肯定的，这就是他并没有在世界历史前提上来讨论解放问题，而是有意无意地站到乌托邦的立场上。②

---

① 在《具体的辩证法》中，柯西克试图基于辩证法对现实世界进行测度，他认为由于"功利性实践"，人类生活日常环境和惯常氛围显现"自主性"和"自然性"特征，他将这一性质的现象集合称为"伪具体的世界"。[捷]科西克：《具体的辩证法》，傅小平译，2页，北京，社会科学文献出版社，1989。

② 在这里，我必须进一步说明的是，由于德里克实际上是从反对欧洲中心主义角度来指证马克思主义时空前提局限性的，因此，他并没有理解马克思的世界历史观念。就"欧洲中心主义"问题而言，如果说马克思的世界历史就是黑格尔的世界历史，那么马克思的世界历史就是欧洲中心主义的，因为黑格尔的世界历史的最后的落脚点是那个"骑在马背上的绝对精神"，在这种视野之中，现实的世界历史只不过是"绝对观念"本身的完成或只不过是对它的一个说明。很显然，这个绝对精神是由欧洲文化滋养出来的。但是，这个绝对精神却绝不仅仅在黑格尔那里才有，相反在启蒙之后，它几乎成为资本主义的（转下页注）

德里克强调："实际上，对马克思主义理论的严重挑战，并非是现

（接上页注）全部建设和批判都共有的一个立场，阿多尔诺对同一性哲学的批判和马尔库塞号召的"文化大拒绝"本身深刻地指证了，到 20 世纪 60 年代为止资产阶级的全部解放口号或全部的社会承诺都没有超出欧洲中心的视野。这是后现代论者向"欧洲中心主义"开战的前奏和实际的理论前提。但是，遗憾的是，后现代论者大都是些健忘症患者，他们不仅不承认与现代性本身的生养关系，而且故意忽视它对现代性批判的理论前提本身是由现代性理论所提供的。因此，在对现代性进行造反之际，他们没有忘记加上一句，我们也是反对欧洲中心主义的。这个理论口号从表面上没有逻辑问题，相反，人们还很轻易地从"非此即彼"的逻辑出发来推断出他们可能具有的世界主义情怀。但是，恰恰相反，后现代论者大都是个人主义者，而不是世界主义者，因为他们无法承认一个同质的世界主义，如果有的话也就是帝国主义，这一点确实也可能从 19 世纪以来的历史经验中得到证实；另一方面，他们也不能从欧洲之外的其他地区获得反对欧洲中心主义的有力武器，这是后现代论者的一个悖论性的立场。不过，他们基于个人主义立场进行造反时，他们也忘记了一个事实，即这种个人主义的立场恰恰也是由欧洲文化直接滋养出来的，这是一个根深蒂固的矛盾，当然这可能与他们的异质性立场是一致的，或从根本上说，异质性立场声称是基于这种矛盾事实才提出来的。由当代提出的反欧洲中心主义视角并不能直接适用于对马克思的批评，因为即使马克思肯定了欧洲的历史优越性，他也并非简单地就是欧洲优越论立场的持有者。马克思之所以得出欧洲资本主义是其他落后地区的未来的景象这个结论，只不过肯定了由物质生产本身决定的人类史的发展对于工业社会的不可避免性。这一点就如他曾经充分肯定英法是德国的表率那样，并无任何中心偏见。如果我们不由分说地指责马克思的中心主义偏见，就如因为马克思曾经肯定资本主义的伟大文明而说其是资本主义的崇拜者一样荒唐。马克思确实将对资本主义的评价提到古典经济也达不到的高度，但他这样做并非是美化资本主义而为我们今天建设资本主义提供一种先知式的理论，他只不过指认了世界历史是由大工业开创并由欧洲首先实现的这个事实，他将之视为共产主义的必要条件。当然，由于大工业在发展过程中催生了资本主义，因此世界历史也深刻地带有资本主义的性质，所以真正的世界历史是由大工业与资本主义的剥离开始的。所以，我们看到，马克思从来都没有说这个世界历史是欧洲的专利，应该永久为欧洲所拥有，相反，他从源于欧洲的资本主义生产方式的内部矛盾出发，提出世界无产阶级革命的问题。在 19 世纪 60 年代，他强调：劳动的解放既不是一个地方的问题，也不是一个民族的问题，而是涉及存在现代社会的一切国家的社会问题。因此，马克思的"欧洲中心论"只是在其论证以欧洲为基础的前提上才能成立，而这一点恰恰是马克思从历史唯物主义方法论的要求上严格限制的，这就意味着，马克思所提供的绝不是一般的历史哲学，而是具体的历史的社会认识方法。这正是它能够实际地成为无产阶级革命指南的根本原因。由此可见，如果仅仅以马克思这种研究的方法特征就将马克思混同于欧洲中心主义，这不仅是对马克思的歪曲、对后现代的滥用，而且是直接反历史的。

存社会主义国家的垮台，而是全球资本主义的最新发展。"①这就正确地坚持了马克思主义与其环境关系的特点，而内在地体现了马克思主义的历史主义方法。如果说马克思主义强调当下的实践方式选择取决于物质环境的性质，那么对于历史条件的测度对马克思主义的发展也是至关重要的。因此，在当代，首要的问题仍然是分析资本主义的最新变化。如果说全球化是用来命名作为一个历史阶段的当代社会的特征的术语，它就是我们历史实践的具体物质条件。全球化提出了什么问题？它对于当下的日常生活具有何种意义？这两个问题对于马克思主义来说，也是其理论发展的题中应有之义。

(三)全球化进程的人道主义

人道主义似乎是真正能够超越"左"与右的一种"意识形态"，在当前全球化研究中，有许多学者都乐意基于世界主义和个人生活价值的结合为人们提供一个全球公民社会的想象图景，更多的人，从政治家到学者、再到普通百姓都相信这一点。于是，世界一下子似乎变得人道起来了。但是，人道主义并不是最近才提出的口号，关于"人的发现"正是哲学史的连续主题。因此，在今天，让人们相信全球性人道社会的出现，就必须说明为什么资本主义能够在当代的全球化过程中一个子就能解决它 400 多年以来积累下来的问题。

我们已经强调了解放作为一种历史活动，它是对资本主义历史的极

---

① Arif Dirlik, *After the Revolution：Waking to Global Capitalism*, Hanover, NH：Wesleyan University Press，1994，p. 12.

为深刻的物役性（自然性）的否定，在这个意义上，它也是关于"人"的声称。这一点，贯穿着从卢卡奇到阿多尔诺对马克思的理解上。不过，阿尔都塞、阿多尔诺在马克思之后也都以不同的方式重申了"人道主义"是资产阶级的意识形态。特别是阿多尔诺，他强调："关于自然规律的假定不应按表面来理解，至少不应在所谓'人'不断形成的设计的意义上被本体论化——这已经为马克思主义理论的最强有力的动机所证实：废除这些规律。"①这说明，资本主义生产的物役性规律不破除，人道主义便只能是使人们倍感压抑的神话，而不是现实的人类生态状态。在当代，在以科学武装起来的物役性下，谈论"本真的人"的解放更是非法的。

但是，随着 20 世纪 70 年代之后的全球化进程的加速，在"全球共同意识"中，人道主义似乎是它的核心。当然，这有着复杂的背景，特别是核竞赛和核扩散、生态危机等已经成为人们进一步思考未来必须认真关注的问题，人权政治共识、全球伦理……一切基于"更具价值、更富人情味、更振奋人心的世界"（约翰·奈比斯特）似乎真正成为行动的准则，人们似乎第一次意识到"人的生命是稀罕和宝贵的东西"（E. 拉兹洛）。在诸如伦理政治、宗教、后现代、未来学等诸多论域中，人们提出了五花八门的口号。当然，我们不会简单地怀疑这些口号的动机，但我们仍然要问的是，为什么越是呼吁反而越感到问题严重？这恰恰是当前全球化中的核心问题。

这里我们无法一一评论诸种口号，而只是简要地描述一个在现实政治层次上人道主义的后果，以印证为什么必须提出对资本主义的替代才

---

① ［德］阿多尔诺：《否定的辩证法》，张峰译，355 页，重庆，重庆出版社，1993。

能完成真正的"人"的事业。这种描述分成两个方面：一是基于"全人类"利益的社会主义事业；二是基于"普遍人权"的资本主义的全球化。

现实的社会主义从没有停止谈论人，但基于"人"来谈论社会主义却是"苏共二十大"以后的事了，经过几十年的意识形态争论，进入 20 世纪 80 年代之后，从政治家到学者不仅从理论大谈"异化"，而且直接依据《手稿》和现实进行对话。最后，在一种"全人类的利益高于一切"的口号下，在苏联和东欧以戈尔巴乔夫为代表，公开指证"把社会主义论证为经济必然性、论证为资本主义矛盾发展的必然结果已经不够了"而进行改革。① 而国际著名的左派学者也从人道主义方面对社会主义进行论证，如多斯·桑托斯强调："社会正义、民主和自由，人的解放、和平和少数民族权利，克服种族主义、保护环境以及人类赖以共同生产的方式的合理化和符合人性的计划，社会主义学说中的这些关键因素正日益成为普遍的价值准则，它们正在战胜和取代资产阶级自由主义的个人主义理想。在这个意义上，随着社会主义运动的发展并成为当代的联结点，社会主义理想正在人类意识中牢固地确立起来，并且成为人与人之间、阶级之间和民族之间相互关系的准则。因而，我们比以往任何时候都有更充分的理由断言，世界正向着社会主义方面前进。"② 而阿明，则强调"社会主义革命将是一种不同的革命形式。它是以非异化的意识的

---

① 参见[俄]戈尔巴乔夫：《未来世界与社会主义》，见《未来的社会主义》，12 页，北京，中央编译出版社，1994。

② [巴西]多斯·桑托斯：《社会主义：理想和历史实践》，见[南斯拉夫]尼科利奇编：《处在 21 世纪前夜的社会主义》，241 页，重庆，重庆出版社，1989。

存在为前提的"①，他提出的是对资本主义的人道主义的替代方案。现实的结果我们已经看到，人道主义到目前为止不仅没有能够解决社会主义的现实问题，反而成了自由主义的奴隶。

现实社会主义的"溃败"是否意味着自由主义就能够解决人的问题呢？上文我们已经说明，当前"政治、种族和宗教冲突、社会和经济不公正以及环境恶化，使得地球上一切生命的未来都成为问题"（E. 拉兹洛语）。这一事实本身就是资本主义生产方式的产物，自由主义为其辩护了几百年，怎么能够忽视在这些问题上的无能？而在当前的全球化过程中，人们强调"全球社会的同一性"（四海一家）时，恰恰忽视了它正来源于资本的同一性。它第一次清晰地表达出来时，立即表现为 19 世纪 80 年代达到高潮的殖民主义。这种殖民主义在欧洲的历史之中寻找到合理的依据，以黑格尔的"历史之终结"来说服它所受到的文化抵制，以枪炮来摧毁其受到的物质抵制。当下，它只不过是以一种新的形式展开着——资本主义历史中曾经发生的表面的野蛮性被更为深层的霸权所替代，特别是在作为资本主义生产方式的替代结构的社会主义事实上的消亡之后，"以人为本"成为跨国公司的战斗口号。但我们是否就因此而拒绝对它的历史本质的承认呢？透过历史，我们能够清晰地看到："资本"这个资本主义生产方式的本质"原一"，它构成资本主义社会想象的基础，既产生出经济的、人权的、文化的等诸多帝国主义形式，也产生对"差异""多元性"的表面尊重。事实上，跨国公司的运作，它要求的不仅

---

① ［埃及］阿明：《社会主义的前景》，见［南斯拉夫］尼科利奇编：《处在 21 世纪前夜的社会主义》，34 页，重庆，重庆出版社，1989。

仅是货币自由化的问题，更为主要的是超越特定民族国家边界的经济政策、法律甚至最根本的国家体制对它的适应。所谓"国有资产的私有化、金融政策的自由化，以及政治体制的民主化"等要求，在 20 世纪 90 年代西方国家"拯救"俄罗斯的经济运动中得到进一步的强化，实际上已成为受政府背景支持的跨国投资的主要条件。这也说明了为什么人权会成为美国对中国贸易谈判的一个砝码，为什么从政治和文化角度对美国这种做法批评具有无力性？在这一问题上，自由主义者可能从来都没有意识到自己所能够获得的自由仅仅是在霸权满足之后的嗟来之物，这和他们所追求的"没有外力干涉，出自个人意志"的自由恰恰并不是一回事。历史的经验已经证明，不加任何限制的"全球化"冲动，其必然结果是：在新的殖民主义世界体系之中，在经济上接轨，接受 ISO9000 系列标准组织规范我们的生产与销售的同时，也将接受处于霸权中心的资本主义的人权标准、司法审判制度甚至是政治运行制度。因此，从政治学角度提出主权相对论完全掩盖了问题的实质。所以，在全球化思潮盛行的当今，重新提出爱国主义的口号是恰当而且必要的。① 许多左派学者都强调，在全球化过程，资本主义是没有根基或者自己特殊的民族国家利益。事实上，那本为美国当前外交政策出谋划策和辩护的著作《"规制主义"——冷战后的美国全球战略》充分说明帝国主义利益在全球化过程中赤裸裸的性质。②

---

① 参见王锐生：《关于经济全球化与民族国家意识的矛盾》，载《哲学研究》，1999年第 7 期。

② 参见［美］理查德·N. 哈斯：《"规制主义"——冷战后的美国全球战略》，北京，新华出版社，1999。

所以说，全球化只是以不同的角度提出了问题，人道主义如果不仅仅是一种口号，一种呼吁的话，它应该有自己的实现基础。但目前这个基础还只是《一千零一夜故事》中的那种阿拉丁神毯，只有会念咒语的人才能驱动它作为自己的工具，对于绝大多数人来说，他们仍然处于这样的尴尬之中：既然因为饥饿而营养不良，哪能付得起治疗营养不良所需要的高昂费用——而那种治疗物则是富人在茶余饭后的休闲时光中花费巨额成本研制出来的。因此，我们进一步不得不面临着一种政治尴尬：当人权大棒在全球眼花缭乱地飞来飞去，"给饥饿的人以面包"这个最基本的古训则被忘记了。德里克对此有着清醒的认识，他强调：目前，人权已成为一只政治皮球，在全球资本主义下的不同霸权结构之间踢来踢去。另一方面，无论其种族、民族及文化背景，亿万人正受着当代政治、经济和社会结构的凌辱和迫害。如何把具有极端重要性的人权从霸权工具中挽救出来，使之服务于真正紧迫的需要，这是人类面临的严峻挑战。[①] 也就是说，不清除资本主义的霸权，人权就免谈。正是在这个问题上，北约轰炸科索沃问题成为检验真正人道主义的经典案例。

如果说以神的名义进行的宗教战争是一种屠杀，以种族和民族利益进行战争是一种屠杀（如希特勒的净化人种行动），而以人权为名义进行的战争就不是屠杀，而是进步的必要措施、和平的必须手段，那么在20世纪以争取民族独立生存这一基本人权为基础的反殖民主义革命为什么又会受到资本主义的疯狂抵制呢？当下巴勒斯坦人争取自己的独立运动

[①]　参见[美]德里克：《后革命氛围》，王宁等译，265 页，北京，中国社会科学出版社，1999。

为什么又长期得不到解决呢？可见问题并不在于所谓人权。

诚如有些学者指出的那样，西方主要资本主义国家发起的人权十字军东征也只不过是资本扩张的一种手段。事实上，以人权教训他国的做法并不能掩盖自身的问题，美国自己的人权记录就一定是优秀的吗？也不见得。这一点已经有大量的研究，乔姆斯基说得很中肯，他指出：在美国，国内早期的人权记录是让人感到羞耻的，而在国外的人权记录则是更大的丑闻。所谓人权"相对主义"，其实彼此彼此，说得再准确一点，还真有些伪君子的味道。①而关于科索沃这一具体问题，萨义德、齐泽克等著名学者的批评也都不是没有根据。这里，我们不是对美国或哪一个国家的具体批判，而是强调：这个经典案例充分说明了离开资本主义的霸权，任何对人权或其他什么权利的声称都是非法的。

科索沃作为一个经典案例，它表明：在当前的全球化过程中，资产阶级终究按捺不住其内心的狂喜，他们的意识形态专家再次将老黑格尔作为一面旗帜来书写行将"终结的历史"，佐以"文明的冲突"借口，"北约"忠实地执行着净化人权的资本主义使命，正如希特勒当年所梦想的那样。当人们接受这种光荣的梦想时，人类离解放到底是近了还是远了，这是不言而喻的。基于这种想象，作为历史主体的人将会自觉将历史本身推向毁灭的边缘。然而，它确实作为一种主流想象，即使它已经因为淋上了南联盟人民的血、中国人民的血而变得面目可憎，变成一个可怕的怪物。在这种想象中，任何地方性知识都是不可能的，都是非法的。这种非法

---

① 参见[美]乔姆斯基：《新自由主义和全球秩序》，徐海铭等译，184 页，南京，江苏人民出版社，2000。

性已经在北约庆祝其诞生 50 周年的纪念活动中被告知，也可以设想将在美国人民和英国人民庆祝苏联"十月革命"100 周年的大会上被重申。

因此，对于解放议程来说，如阿明强调存在两种全球化——现实基于市场展开的资本主义以及可能展开的社会主义，而将后者建立在一种人道主义之上时，他不得不面临上述尴尬。可以说，在当前的全球化过程中，或按詹明信所言的"在一种真正全球性的后期资本主义的后现代性里"、吉登斯指证的"晚期现代性"中，恰恰是经济的独立自治才在各个地方重又成了问题。这个问题是任何关于解放的声称都必须面对的。我们认为，也正是这个问题在当前经济落后国家具有关键性意义。在这一点上，虽然德里克讨论的边界之地激进主义缺乏具体的论证而不免带有浪漫主义特征，但确实也是一种现实的思考。和全球化研究中一些左派知识分子的"全球政府"或"世界主义"之伦理声称相比，要现实许多、真实许多、客观许多。

我们必须意识到在当前的全球化进程中，资本主义霸权不仅是一种现实的力量，而且是一种强大的现实力量，在这种背景下言谈解放而不反对资本主义霸权，不仅是一种堂吉诃德与风车作战式的浪漫，而且因为科学、技术或其他知识被用于掩盖和服务于霸权成为一种新的恐怖。这是德里克对全球资本主义批判和对后殖民话语所做的批评的真实意义。关于这一点，在所谓"信息时代""高科技时代""晚期资本主义时代"或其他什么时代中，乔姆斯基的提醒对当前"解放议程"讨论有警示作用，他强调：它是一个抉择问题：我们是想生活在一个自由社会，还是生活在一种自作自受的极权主义下。在极权主义统治下，无足轻重的人们被媒体搞得晕头转向，被人牵着鼻子走；他们容易为自己的生命安全担忧，他们高呼爱国口号，满怀敬畏地拥护着拯救自己于水火的领袖；而那些受到教育的有识之士则一切行动听指挥，也在一遍遍地高呼着有人希望他们高呼的口号，但国内的社会状况却每况愈下。我们到头来充当了一群被人雇用来维护世界秩序的人，总希望自己把世界打到稀烂后能得到些酬劳。这就是我们要面对的抉择，而问题的答案不在别处，就在人们的手中，就在你我的手中。①

(四)马克思主义还是新激进主义？

在整个 20 世纪关于解放议程的马克思主义探索过程中，如果我们从帝国主义论到全球资本主义论来概括它的发展大势，我们便能肯定下列观点：虽然在这条线索中不同的马克思主义者与马克思之间的距离并不同质，但他们却都共同提出一个问题，如何使马克思主义的经典理论适用于当下的资本主义批判。德里克举证"后革命"，无论它是总体性的文化革命还是局部范式，都是在这个线索中生长出来的。作为一种"新探索"，它是新瓶装旧酒的中间道路的回潮，还是柳暗花明又一"春"的新枝？对这个问题可能不能简单回答，因此在没有穿透革命形势的暧昧性之前，关于革命的形式讨论就是不确定的，而德里克恰恰用"后革命"的矛盾性指证当前激进主义形势的矛盾。不过，有一点是确定的，这就是，德里克在"告别革命"思潮渐成一种时髦之际，他明确地将当前的全球化与资本主义霸权联系起来，要求对它的新形式压迫与支配进行批判

---

① 参见[美]乔姆斯基：《新自由主义和全球秩序》，徐海铭等译，216 页，南京，江苏人民出版社，2000。

分析，并在解放立场上提出重新发明革命的口号，这在当前恰恰是最为重要的东西。

　　无论如何，在马克思主义的视野中，革命不是一种简单的政治事件，而是总体性的社会解放的完成。因此，虽然革命本身最终必须具体落实到经济、政治或文化的方面，也有可能在不同的历史条件下选择其中一个方面作为入口，但任何一个单个和孤立的方面都不能被视为马克思主义的全部，也因此，我们不能以单个的经济、政治、文化纲领来替代马克思主义。此外，政治、经济、文化等诸方面的革命要求，在特定的社会历史条件下也并非是同质的，任何一个方面的优先性都取决于物质环境所提供的可能性，其中经济的方面在阶级斗争背景下具有首要性。在这里，我们就必须看到在当代全球生产方式非共时性结构条件下，发达资本主义社会与其他落后国家以及社会主义社会，这几种不同的历史条件下的革命要求是不一致的。诸如总体性革命与"飞地抵制"的辩证法关系就是在这种背景下成为新激进主义理论的核心问题的。例如，在我国政治革命趋于完成的背景下，继续进行经济的革命就是一种必然。而在发达资本主义条件下不进行彻底的政治革命，它的高度的生产力水平则必然表现为资本主义发达的控制手段。而在这两种背景下，导向彻底解放的文化革命虽然最终是必要的，但在目前却仍然是一种乌托邦。这也是为什么把以文化为基础的心理结构革命视为首要诉求的马尔库塞式"总体的社会主义"在西方必然找不到现实落脚点的原因。

　　当前，随着科学技术的发展，人类实践水平的不断提高，历史时间急剧加速，特别是 20 世纪末，全球化在广度和深度方面的突破使人们感觉到前所未有的不确定性。在这种背景下，以控制人类自身未来风险为核心的新激进主义作为一种大写的政治口号似乎成为争夺公众（选民）视觉焦点的一种合乎时宜的选择。但是，这种同样的"新激进主义"声称，则不过是一种资本主义改良的舆论，它与以解放政治为核心的左派激进主义传统不一样。因此，吉登斯以"第三条道路"为这种实践做理论论证时，他强调告别革命是必然的。但是，就问题本身而言，它并不是新的，而与20世纪六七十年代知识界和政治运动中"现代性与革命"问题的背景是一致的。这种讨论的显性结果在伯尔曼那里有着充分的体现。① 但是，伯尔曼只是借用马克思的"一切等级和固定的东西都烟消云散了"真实描述了20世纪资本主义历史发展的现象，由于他没有能够实际地揭示这种变化的原因，从而也不可能更真实地分析出它的性质，也就没有达到其他左派那样的批判深度，而是在某种程度上以浪漫主义的知识分子情调搞混了问题的性质。所以，安德森对其进行了批评，他强调资本主义的当代剧变本身只不过是资本主义生产方式的自我修正，并没有给人类带来最终的希望。他认为，为反对对革命概念的软弱的贬值及其政治后果，必须坚持将革命视为即时而不是永久的过程；换言之，革命是激烈政治变革的一个篇章（事件），通过它，旧有国家机器被

---

① 伯尔曼强调："进入现代就是在一种允诺我们的历险、权力、欢乐、成长以及变革的环境中发现我们自己，同时也是发现世界，它威胁要破坏我们所有的每一事物，我们所知的每一事物，我们所是的每一事物。现代环境和经验抄近路通过了全部的地理和种族的、阶级和民族的、宗教和意识形态的边界：在这种意义上，我们可以说现代性团结了全部人类。但是，这是一种悖论性的团结、一种不和的团结：它将我们全体投入一个大旋涡，充斥其中的是永久性的瓦解和更新、斗争和矛盾、含糊和苦恼。进入现代就是成为世界的一部分，这个世界，如马克思所言，在其中，'一切等级和固定的东西都烟消云散了'。"（Marshall Berman, *All That is Solid Melts into Air*, New York：Simon and Schuster，1983，p. 15. ）

决定性地打破而新国家机器作为替代品被建立起来。因此，他重申："'革命'是一个具有精确含义的概念：从底层政治地推翻一个国家的秩序并用另一种来替代它。通过时间来弱化它或者将之扩展至社会空间的每一部分，我们将一无所获。"①

可以说，在当代的讨论中，革命概念的连续扩大，革命的政治含义被资本主义意识形态有意识地消解了。在这种情况下，全球资本主义条件下激进的政治解放可能性将决定性地在后现代主义氛围中产生，但是显然也和无产阶级革命（苏联和中国）都没有能够最后解决人类的政治解放这个问题直接相关。所以革命本身将体现出一种后性特征——非中心化、散裂、拖延，犹如德里达的"延异"所表达的那样。虽然安德森指证了问题所在，但由于他不能提供实际的解决方案，所以不得不面对后革命世界的乌托邦。

在这一背景下，德里克强调后革命氛围也只是指认了当前革命环境的复杂性。当他声称，由于现实社会主义的"死亡"，马克思主义可以名正言顺地回到它本来应该成长的故乡时，他希望将 20 世纪革命的积极成果提升到一个点上，这就是对资本主义的替代方案。应该说，这就为我们以新的眼光审视从 20 年代的卢卡奇到 90 年代的詹明信的种种马克思主义声称又提供了一个平台。更为重要的是，如果说上述提升形成的只是一个质点，那它还准备将这个质点置于当代的时间维度之上，形成具体的力量。

---

① Perry Anderson："Modernity and Revolution,"Cary Nelson and Lanwrence Grossberg(eds)，*Marxism and the Interpretion of Culture*，Urbana and Chicago：University of Illinois Press，1988.

现在远非总结革命的时刻，后革命作为一种思潮，它是否将成为一种不可避免的选择，也不得而知。我们希望强调的是，正如20世纪马克思主义不同话语的产生和发展与社会历史变化是直接相关的，因此也必须按照马克思主义"具体问题具体分析"这一核心的方法论要求进行清理，在当代我们也不能不顾社会历史条件的差异而强求一律。或许，保持马克思主义在全球的差异性可能是马克思主义自身活力的一种重要保证。在这一前提上，我们能够积极地探索在全球化的资本主义历史条件下人类解放的可能性及其现实途径，从而回答西方激进左派学者关于"马克思主义往何处去"（whither Marxism）的提问。

在这里，我们只是从马克思主义或左派思潮对资本主义分析的历史线索导引出当代的特征，对当代西方语境下的一种可能的马克思主义话语进行简单的描述，而不是针对西方社会本身的历史分析，所以并没有直接提出一个替代术语作为评述标准。但是，必须强调的是，在对评述对象进行具体评价时，我们是有立场的。这就是坚持马克思在分析资本主义生产方式时所采取的理论策略：从生产力所决定的生产特征中考察资本主义生产方式的变化，而在生产方式分析的基础上全面解剖资本主义生产关系。这样，我们就必须围绕资本的生产和再生产特征的历史变化来描述当代资本主义社会的特征。这也是分析当代西方（也包括中国）学术界所热衷的"全球化"思潮的根本立足点。撇开围绕"全球化"所展开的多维度理论论争，仅从资本主义生产方式在当代的全球扩散来看，全球资本主义也是我们这个时代的最重要特征。这样，文献史所勾勒出来的问题变化以及回答本身不再是纯粹中立的理论，而是有政治倾向的理论。这也符合当前全球化的特点：商业在资本主义生产方式之下不再是无故的。对于中国人来说，在全球化思潮中尤其需要清醒的是：当中国开始步入国际市场时，绝不可能仅仅简单地享有"牛奶和蜜糖"去丰收由500年资本主义建设得来的物质成果，而不承担伴随着它的罪恶和灾难。应该说，在"全球化"背景下，第三世界市场化的过程使得传统马克思主义所呼唤的对资本主义的"飞地抵制"成为一种泡影。在这一条件下，我们必须重新考虑适应于晚期资本主义特征的"解放议程"，这将成为21世纪社会主义运动最核心的问题之一。德里克讨论的正是这样一种解放议程。

这也就是说，德里克的"后革命激进政见"，一方面，我们必须把它看作整个西方激进主义政治传统的延续；另一方面，也是新的时代条件所塑造的独特的立场。在越来越脱节于马克思经验的时代中，它与马克思主义的连接不是通向一种开放性的未来，而是在于对现实资本主义的批判。因此，它和马克思主义在理解未来社会的目标方向的观点上是有重大差异的，虽然它要求对资本主义的总体替代，但它把自己的理论聚焦在全球资本主义压力之下任何一种现代可能的替代形式上。从这种激进政见我们将看到当代西方左派马克思主义学者的以下四个基本立场。

首先，坚持整体历史叙事。整体的历史叙事不仅仅是一个宏观史学的问题，它的核心在于肯定社会发展的规律性是任何社会理论的必要前提。在当代后学挑战下，非本质化地对历史的重写已经成为一种知识分子的时髦，然而，这种时髦并不能通过对过去的自然性和物役性展开而仍然统治着当下人类生活的资本主义生产方式的否定，也没有达到对那些"绝对知识"统治的取消，相反，1968年"红五月"所奠定的"教授们出思想，学生们出行动""不健康"的革命模式（列斐伏尔语）导致了恶劣的后果。不仅在新一代青年中，理论开始终结，革命成为真正肉体化的发泄手段，而且在走向零碎的个人话语之际，教授们也成为投机分子，如伊格尔顿对德里达的批评，又如哈贝马斯对北约的献媚。而解放本身，作为对"自然必然性"的克服，如马克思所言，它本身需要一定的社会物质基础或一系列物质生存条件，而这些条件本身又是长期的、痛苦的历史发展的自然产物。如何试图通过否定本质性的历史来获得主体性解放的声称，那无疑是崂山道士的法术，其结果不是穿透资本主义的物质外壳，而是被碰得头破血流，这一点已经被证实。在这一意义上，重建社会批判也就意味着重新面对那个基础性的历史，同时也是对它的当代表现形式的审理。

其次，重塑解放政治。关于"自由人的联合体"这个目标，是马克思主义的基本声称和核心要求，作为全人类的事业，它不是个别人的利益。法国大革命以来的几乎全部政治斗争都证明了，任何以利益政治形式表现出来的解放最终都变成了"利益"战胜"思想"的案例。马克思在基础性历史上肯定了，历史（尤指资本主义的历史）是在市民社会之世俗生活中才得以完成的，但他从来也没有说解放就是这些世俗生活本身。因为，在资本主义生产方式下，这些世俗的生活是屈从于资本生产的，随着资本力量的强大，人们的世俗生活越来越抽象地接近对资本生产过程的复制。诚如列斐伏尔所言，在当代的生活中，"你得到照顾关怀，你从那里知道，如何生活得更好一些，如何穿得时髦一些，如何去装饰你的房子，总而言之，如何去生活；你被完全地彻底地安排好了……因为消费活动保持着一种永恒的结构。'微笑的神话'已被排斥在外了；消费并不是开玩笑"①。在这一背景下，从解放政治走向生活政治，它的目标恰恰是更为自觉地从内心深处走向资本设计好的牢笼。

再次，开放的多样性、可能性的未来。传统认为，马克思主义基于现实生产方式的矛盾结构强调未来的必然性所导致的结果也就是同质化的单一社会形式，这是一个误解。事实上，历史唯物主义的核心思想在于，它要求在每一种具体的社会历史情境中解决社会发展的道路问题，作为"自由人的联合体"这个基本的方向，马克思从来没有给它具体设计方案。马克思自己反复强调，它的规定性只在于人的社会关系的全面性与丰富性的展开，而不是最终归为冰冷的单一性。无论从 20 世纪社会主义革命的实际情况，还是从当代不均衡的社会历史形态分布，我们都真实地体会到各个地区和各个民族的发展道路最终由它所承载的具体社会历史条件所决定。在这个意义上，所有对当代的激进主义批判也必须充分考虑这一点。

最后，革命方式或政治策略的灵活性和多元化选择。这个问题，我们将之视为激进主义理论的外部特征，这个特征本身可能直接从马克思主义的立场推导出来。但在当前，对它的强调是从现实的激进主义运动和理论状况出发的。诚如德曼所强调的那样，在 20 世纪反对资本主义的过程中，反抗往往是局部的和偶然的。虽然，解放作为一个总体目标具有不可动摇性，但在策略上的灵活性恰恰也是其生命力的具体表现。特别是在当代资本主义生产弹性化前提下，如何与资本主义争夺理论的

---

① 　Henri Lefebvre，*Everyday Life in the Modern World*，Transaction Publihers，1994，p. 107.

和物质的优越性已经成为激进主义或左派的最现实的问题。策略的灵活性与多元化能够适应这种要求。

上述诸问题，只是一种简要的原则性讨论。这种讨论并非是将历史实用化，而是希望在当代"理论的困境"中重申下列原则：除非遵循马克思所提示的历史与逻辑的一致，否则这个问题永远存在。在一种后现代背景下，当代西方激进主义一个较为普遍的问题就是它们的"暧昧和模棱两可"（vague and ambiguous）。虽然这种"两可性"在某种意义上正如德里克所肯定的那样，并非由于其理论的失误而引发，而可能直接就是一种自觉的理论策略。但同样不可避免地直接表达了激进主义对其批判对象的 ambivalence（正反感情并存）心态。关于这一心态，不恰当地引用毛泽东在《中国社会各阶级的分析》一文中对中产阶级的分析，就是他们对待革命的"矛盾态度"：一种对于压迫性的个体声诉，同时又是一种不得不依赖现实环境生存的无奈。因此，如果纯粹相信他们设计的生活政治方案，我们不仅不能因此获得确定性的生活，而是相反，在全球化的不确性中，人们愈发地发现自己生活在现代性的"涡轮"（turbo）（勒特韦克）、"赌场"（casino）（斯特兰奇）之中。

虽然马克思主义最终导向总体的社会革命到目前为止仍然没有实现，但它在当代的全球化过程中仍然作为解毒剂有效地对单维性展开的社会产生诸种疗效。在左派的立场上，放弃这一目标不仅意味着对马克思主义的背弃，而且也是对激进主义本身的背弃。只不过在当代复杂的社会历史背景下，激进主义也必须放弃一次性解放的幻想，"丢下幻想，准备斗争"，在资产阶级学会了游击战和阵地战之后，激进主义更需要的也是弹性政治。这正是德里克在对全球资本主义分析中得出的结论。

第六章

后社会主义：后革命氛围中的中国

　　德里克的"后革命激进政见"是直接针对全球资本主义的，但它在两个方面与中国社会主义实践有着紧密的联系：第一，中国革命经验为其"后革命激进政见"提供了启示；第二，当代中国特色的社会主义实践同时是对其理论的一种检验。在导论中，已经介绍了中国现代史是德里克研究的专长，他从中国革命的历史中实际捕获了一种灵活政治的视角，他对"马克思主义中国化"以及中国革命的意义方面有着独特的理解。或许正是这种理解使得他能够跳出西方学者的意识形态背景而对中国特色的社会主义做出了极为独特的"后社会主义"理解，并且把它视为"弹性生产时代马克思主义"的个案。在本章中，我们对德里克这一方面的观点进行简单的介绍和评论，以期展现其

"后革命激进政见"的丰富内容。

一、全球视野中的中国革命：反殖民与现代化

诚如罗梅君所言，"在中华人民共和国的政治生活中，历史科学发挥着重要作用，它作为意识形态的重要载体是形成社会意识的一个主要工具。政治争论往往依赖于追溯历史事件，政治对手总要从历史中寻找合法性的证明，而社会发展的规划和纲领反射着'过去的教训'。历史学家集科学工作者和政治意见的代理人两任于一身，他们的工作始终带有政治使命"①。这个观点可能代表了大多数西方汉学家们的意见。德里克作为一名中国现代史学家，他对这一点有着深刻的理解。因为在大多数的讨论中，他不仅实际观察作为事实的中国现代历史的展开，更重要的是观察现代史中中国历史学家们解释历史的范式变化，他认为在思考多种可能的未来过程中，正是历史理解的范式提供的时空结构帮助我们进行社会想象。在他看来，通过运用马克思关于历史的种种概念来重新展现中国历史，其结果不啻一次史学革命，而其中最重要的则是从全球历史意识的角度来把握中国的独特性。而他本人也正是从这个方面来理解中国革命和中国的马克思主义的。

---

① ［德］罗梅君：《政治与科学之间的历史编纂——30 和 40 年代中国马克思主义历史学的形成》，孙立新译，1 页，济南，山东教育出版社，1997。

(一)中国马克思主义的特质

前面我们已经强调，在德里克看来，马克思毫无疑问地代表了欧洲的普遍叙事，从全球历史意识角度看，它必然与其他非欧洲地域的历史叙事要求相冲突。因此，20世纪现实社会主义就是需要理解的，因为它们不具有马克思主义所要求的资本主义时空前提。在这里，德里克虽然明确地提出了对马克思主义之欧洲中心主义倾向的批评，但是他认为马克思主义却是任何对资本主义的批判的有效前提。因此，在这里，问题不是简单地坚持马克思的某些结论，也不是从某种意识形态的立场来批判它，而是必须明确：任何一种成功的马克思主义都是基于自己的时空前提对马克思主义的重组。他强调中国革命所塑造的"毛主义的马克思主义"或"中国的马克思主义"可能被视为第三世界遭遇马克思主义的一个范例。

撇开德里克对于中国马克思主义历史学的分析，通过这种分析他试图揭开马克思主义在中国生长的过程，并且由此进入把马克思主义之普遍史话语运用于欧洲之外的国家。我们仅仅关注下列事实：从20世纪30年代毛泽东正确地制定中国革命的路线一直到当代的改革开放，中国马克思主义都声称"中国特色"这一基本立场。正是从这一事实中，我们很容易看到以下这个基本问题：中国的马克思主义并非马克思主义在中国简单地延续，而是中国共产党人对马克思主义在中国的创造性运用。这个问题恰恰是德里克在其早期中国历史研究中就充分注意到，并加以强调和发挥的。[①]

[①]　关于马克思主义与中国革命的关系这个反复出现的主题，《革命和历史：中国马克思主义史学的起源》《马克思主义和中国历史：马克思主义历史话语的全球化和马克思主义的霸权问题》和《革命之后》中都有着丰富的论述。

在中国革命与马克思主义的关系中，德里克首先关注的是马克思主义给中国发展所提供的"现代性和现代化的语言"与中国社会历史背景的内在张力问题。他认为，马克思基于"资本主义重构全球的时空结构"这个假设对它的批判使"资本主义生产方式的时空性（spatiality and tempo-rality of the capitalist mode of production）成为历史唯物主义的结构性原则"①。因此，明显地，"建立社会主义的无产阶级，它是资本主义生产方式的产物，这意味着，在时间和空间上，社会主义预示着资本主义的目的"。这对于非欧社会来说，"作为解放的先决条件，资本主义意味着它是欧洲的语境"。更进一步，他强调："将一种历史现象变为解放的普遍先决条件，无论马克思（包括晚期马克思主义者们）是否具有欧洲中心主义倾向，历史唯物主义都在其结构上假设了欧洲中心主义。"这里的论断，十分明显地是对马克思自己的意见以及后来卢卡奇和柯尔施的结论的发挥，而这种发挥是以后现代风格表达的。

在马克思主义与中国社会发展道路发生碰撞，中国马克思主义形成过程中，十月革命起着特殊的作用。这就是中国早期的马克思主义者把中国道路与苏联的示范作用联系起来，开始充分考虑中国社会主义革命的现实可能性。德里克认为，"通过把历史唯物主义、马克思主义的理论概念引入中国过去的分析，马克思主义历史学家在中国的史学中实现了一种至关重要的革命。新的理论显现了那些先前史学已经遗忘的中国过去。同欧洲历史（和其他历史）相比，不管如何地偏见，然而（它）却形

---

① Arif Dirlik, *The Postcolonial Aura*：*Third World Criticism in the Age of Global Capitalism*, Boulder, Colo.：Westview Press, 1997, p. 22.

成对下列问题的空前的洞见：中国社会的运行，社会关系，生产方式及其积累，阶级和社会性别状况，政治关系，以及思想和文化问题。更进一步，马克思主义历史学家深刻地检视了那些适合于中国在资本主义世界中发展的问题，这些都在基础意义上通往马克思主义史学"①。

"中国马克思主义"在形成过程中，由于它"面向具体"，所以就通过质疑历史唯物主义的时空假设而超越了马克思主义史学。因此，"中国马克思主义"并非仅仅是将马克思主义理论在中国环境中的一种应用，而应当被理解为全球马克思主义的一个地方或本土的版本，它声称在普遍化的马克思主义话语之中它自己的客观条件。② 德里克引用毛泽东在《改造我们的学习》一文中强调的"有的放矢"态度，指出："中国社会不仅仅是马克思主义理论之箭的靶子，而且是在马克思主义普遍框架中的

---

① Arif Dirlik, *After the Revolution*：*Waking to Global Capitalism*，Hanover, NH：Wesleyan University Press，1994，p. 29.

② 在一般解释中，我们几乎一致地将"马克思主义的中国化"描述为"将马克思主义的普遍原理同中国革命的具体实践结合起来"，这也是从毛泽东的论断中直接推论出来的。德里克认为，这一看起来浅白的阐述掩盖了普遍真理（或理论）同特定环境下革命实践相结合之过程的复杂性，而毛泽东的"具体化"首先要求针对与马克思主义不同的然而是完全确定了的历史情势的多重需要来说话。因此，它既不是要求马克思主义基本实践取向在中国的最大实现，也不是将马克思主义融入中国的民族空间和文化空间中来，灌注以中国风格，而是包括双重取向，"既力求运用马克思主义的普遍原理来改造中国，又根据中国特定历史环境的需要来改造马克思主义"。（《现代主义和反现代主义——毛泽东的马克思主义》，载《中国社会科学季刊》，1993 年第 5 期。）如果德里克的推论正确的话，那中国马克思主义将是十分独特的。虽然这个结论有待进一步讨论，但是他揭示的问题却是重大的，从毛泽东到邓小平，"走中国自己的路"一直是个现实的政治导向。但如何认识自己的路，在理论中却往往引发重大讨论。事实上，邓小平强调的两个方面（社会主义和民族特色）这个思想一直没有能够得到很好的研究，特别是它在世界历史进程中的意义以及当代资本主义全球化实践中的内容等诸多重大问题不能深入讨论。

一种积极的运动，这种框架的在场和特点必须在一种普遍的马克思主义理论形式而不是仅仅在欧洲形式中得到普遍的认可。"在这个基础上，他将"中国马克思主义"分解为以下假设：

首先，中国马克思主义是一种普遍的马克思主义，也就是说，它分享所有的马克思主义基本原理；

其次，中国的马克思主义是一种第三世界的马克思主义，它是这样一种环境的产物，这种环境维系着同资本主义而不是同欧洲或苏联的一种不同的关系（换句话说，用公式表示，它是一种"半封建半殖民地"的马克思主义）；

再次，在这种第三世界情形下，中国马克思主义也是一种民族的马克思主义，它必须承认中国历史和文化的特点；

最后，这种马克思主义真实地本土化的东西是对由地方文化组成的中国社会的一种承认，这些地方文化并不能包容在一个统一的民族文化空间的概念中。①

通过这种讨论，德里克重新考察了毛泽东的矛盾思想，并将之与阿尔都塞、詹明信等人的讨论结合起来。他认为，政治和社会方向由过去和现在、物质环境和无形文化遗产等社会关系的多样性结合"多元决定"。从而充分强调空间的分裂和时间的不确定性必然要求"面向具体"的历史化理论。这个历史化的理论恰恰能够满足现代性研究之欧洲中心主义批判的要求。

---

① Arif Dirlik, *After the Revolution: Waking to Global Capitalism*, Hanover, NH: Wesleyan University Press, 1994, p. 31.

如果说，中国正面的积极的马克思主义案例说明了马克思主义必须面对具体的时空前提。那么当代资本主义新的社会历史变化必须导致作为元理论的马克思主义的危机。德里克强调，为把马克思主义从它的历史中解救出来，我们必须重新提出马克思主义的时空背景，以及它的缺陷性，而不是简单地对马克思主义进行评估。因为马克思主义，和其他理论或意识形态一样，并不存在真空，所以必须在它的历史语境中观察它。

(二)中国革命的意义

从上述讨论看，德里克仍然是基于其"革命"思想来讨论"中国马克思主义"的，而核心则是对资本主义的替代想象。正是在这一点上，他从"中国马克思主义"理论上对抗了欧洲普遍史叙事模式和中国从实践挑战了欧洲(资本主义)霸权的角度来观察中国马克思主义的实际意义，并将重点放在了中国马克思主义历史学之上。他强调："尽管中国的马克思主义撰史学者往马克思主义理论中注入了他们对中国在世界上的位置的一些思考，但在中国的马克思主义撰史中并没有什么东西将它与全球马克思主义历史话语分隔开——除却他们公开质疑欧洲霸权问题之外。其语言仍是马克思主义的话语，它就霸权问题提出的问题则涉及对整个马克思主义理论运用于欧洲之外各社会所存在的霸权问题。"[1]

正是在这一背景下，德里克在讨论毛泽东时试图从现代主义和反现

---

[1]　[美]德里克：《后革命氛围》，王宁等译，314 页，北京，中国社会科学出版社，1999。

代主义的角度来审视以毛泽东为代表的中国马克思主义的意义。值得注意的是，虽然如德里克强调的那样，毛泽东并没有直接使用今天流行的现代性讨论之术语来表述他的理论，但由于德里克把资本主义与现代性已经等同起来，这种讨论确实也为理解中国革命提供了某种新颖的视角。因为，从对资本主义的抵制看，中国革命确实要求导向的是一种反现代主义的别样道路。这种别样道路不仅是对资本主义的反抗，而且正如白瑞祺（Marc Jeremy Blecher）《反潮流的中国》一书所指出的那样，它也是对中国自身历史传统以及苏联社会主义模式的反抗，正是在这里，新中国道路的独特性才能够被恰当地理解。这种理解能够实现对中国近现代史解释的剑桥模式和费正清模式有效的消解，而这恰恰是德里克长期对中国现代史研究的旨趣。德里克从第三世界现代性所面临的矛盾出发，强调毛泽东基于中国社会的矛盾，把民族目标和社会主义目标结合起来产生了马克思主义"具体化"的效果，这种具体化是"马克思和一种历史情势的接合，中国社会则是这一历史情势中的一个区域，这个区域在全球力量的推动下正处在变革的过程中。毛泽东的马克思主义思想在政治上是成功的，因为它能够针对一个完全确定了的历史情势的多重需要来说话。它之所以具有长远历史意义并不是因为毛泽东对马克思主义做出了什么深刻的理论贡献，而在于运用它的思维结构表述了这一历史情势中的问题。它以全球性的视角重铸了马克思主义，其结果不仅具有政治意义而且具有理论意义"[1]。撇开德里克作为西方学者的视角和用

---

① ［美］德里克：《现代主义和反现代主义——毛泽东的马克思主义》，载《中国社会科学季刊》（香港），1993年第5期。

语习惯，从总体上看，这种从全球复杂的历史情势角度理解中国马克思主义逻辑底蕴的方法确实具有独特性。或许正是因为这一原因，在关于中国革命的意义的层次理解上，德里克提供了极具深度的见解。他强调，中国革命是在下述三重语境中进行的：全球意义上的反资本主义；第三世界反殖民主义（即资本主义全球化）以及独特的民族发展。对于中国共产党人来说，"中国"不是一个抽象的概念，而是一种具体的历史情境，正是这种历史情境的内在矛盾塑造了中国革命的品质。

德里克认为，中国的现代性作为第三世界现代性中的一种，它面临着深刻的矛盾：既试图通过现代化来实现民族的发展，又必须拒绝西方道路的灾难性后果；既要求民族的独特性，又必须克服传统与现代之间的冲突……而"毛泽东的马克思主义不仅是从马克思主义的普遍视野出发对中国社会的反思，而且是从中国作为一个第三世界社会和民族出发对马克思主义的反思"。正是在这一矛盾中，形成了独特的"新民主主义"道路：它是反对资本主义的世界革命的一部分；它是一场民族解放的革命；它也是一场塑造新民族和新文化的革命，这种文化同历史上遗留下来的文化以及外国舶来的文化截然不同。① 一句话，它是一场塑造新社会的革命。这一立场，德里克也坚持用它来理解后来的"文化大革命"。他认为"文化大革命"也是中国社会矛盾的一种展现，它要求同时反对资本主义和以苏联为示范的社会主义两种现代化，来完成一种新社会的塑造。他强调，作为"新民主主义"革命思路的延续，"文化大革命"

---

① 参见［美］德里克：《现代主义和反现代主义——毛泽东的马克思主义》，载《中国社会科学季刊》（香港），1993 年第 5 期。

要求：第一，与资本主义世界体系"脱钩"的方式来保证社会主义方向；第二，通过与苏联断裂的方式摆脱国家社会主义的官僚化；第三，强调了"自力更生"塑造服务于公共目标的个人创造性；第四，在日常生活水平上塑造适应新的社会主义生产方式的新文化。他认为，上述目标都是在中国社会独特矛盾下所形成的"两可性"，但是到目前为止，它们对于激进运动却都是一种活的遗产。

虽然我们并不能直接认同他对"文化大革命"的评价，但是有一点却是值得注意的，德里克这种讨论是基于下述背景来完成的，他强调，在过去的 20 年中，我们目睹的不是右派的胜利，而是左派的消失。连同这一现象，我们失去了想象一个非资本主义世界的能力。在这个语境下，他试图重新唤醒人们关于革命的记忆，追问遗忘革命的实际后果。这一点，在全球左派运动和理论中，并不是没有意义的。当然，这种追问本身也隐含着一种矛盾心理，当他反复强调中国"文化大革命"的"两可性"并把它作为一种美德肯定下来时，他也就直接地说明了这种矛盾。

二、后社会主义：资本主义与社会主义

在对中国革命的理解上，德里克试图另辟蹊径开创新路，这也为他理解当代中国的现实矛盾提供了直接通道。

当代中国社会的矛盾性是随着"文化大革命"结束实行改革开放之后引发的，在大多数西方学者看来，中国向市场经济的转型以及与之相适应的社会生活方式的西方化都意味着中国重新选择资本主义而进入全球

资本主义世界体系。在这种背景下，西方左派学者多少都有些尴尬：一方面，基于中国的成功，他们把全球资本主义条件下的文化抵抗策略直接嫁接到"毛主义"（西方对毛泽东思想的一个重要称呼）上，使毛泽东升华为当前反对"后殖民"运动的理论先锋；另一方面，他们又直接指认中国已经步上资本主义道路，因此对中国现实社会主义也并不过分乐观。

　　德里克对这个问题有着独特的看法，他要求摆脱在这个问题上的意识形态看法，而把中国的独特性放在"实存的社会主义"之"两可性"矛盾之中来看待。他强调，在马克思那里，社会主义作为通往共产主义道路的后资本主义阶段，它需要发达的经济基础，但中国由于历史原因并不具有这样的基础，而它选择了社会主义道路。关于这个道路的历史意义，我们前面已经讨论过了，正是在马克思主义指导下中国才可能获得经济和政治独立自主的发展。因此，他认为，从这一点出发必须把中国现实社会主义视为资本主义与经典马克思主义概念之间的一种具体的矛盾。在这一点上，他强调："历史地看，中国社会在当前是一种社会主义的初级阶段。"[①]他指出中国社会主义思想长期以来都表现为"社会主义与资本主义两种社会形态的混合体"，并将之溯源至毛泽东的"新民主主义"。因此，他将当代中国称为"后社会主义"，即"（1）社会主义作为一种政治元理论已丧失其统一性，这是因为在其发展过程中，社会主义信念受到削弱，社会主义国家感到有必要将'实存的社会主义'同资本主义世界秩序的要求结合起来，还因为社会主义在实践中因国情不同而带

---

① 　Arif Dirlik, "Post-socialism? Reflections on 'Socialism with Chinese Characteristics'," Peter P. Cheng(eds)：*Marxism and Capitalism in the People's Republic of China*. University Press of America, Inc. 1989，p. 8.

有各国的特色；（2）社会主义同资本主义的结合，受各国'实存的社会主义'结构的束缚，这种结构为实行所有这种结合规定了一个历史发展的前提；（3）这个前提是，要对结合的过程保持警惕确保不会导致资本主义复辟"。他强调："说今天的中国社会是后社会主义的，一方面因为中国虽然断言它有社会主义的前途，但已不再从固有的社会主义思想汲取动力；另一方面因为社会主义作为一种社会结构，仍然可供中国选择，只要形式需要，中国就可能再回到社会主义。"①虽然他的具体表述可能我们并没有完全同意，但从其地方构型也能直接推出这个结论，因为，中国自其社会主义运动开端确实面临的就是多元的社会结构，在这种结构中，要保持它的稳步前进，必然是以策略的灵活性为特征的。因此，他的下列论断更具有现实性，"任何认为中国当前的历史发展道路是资本主义的说法，都是在塑造现实，而却自认为是反映现实。反之，说中国是一个向着共产主义前进的社会主义社会，则是用理论套话为一种已把社会主义扭曲得难以辨认的社会打掩护。不管是用社会主义或资本主义这两个范畴中的哪一个来论述中国的社会主义，都必然会陷入脱离实际的空谈，而抹杀了中国社会的巨大变革向社会主义和资本主义这两个原有概念所提出的一些最根本的问题"。②

值得注意的是，无论是否把德里克看作一个西方学者，而考虑他对中国现实理论的误差，我们都不能将他的上述理解看作对中国社会主义的一种辩护。因为，他的理解具有独特的方法背景，并且服务于其自身

---

① Arif Dirlik，"Post-socialism：On Chinese socialism，"*The Bulletin of Concerned Asian Scholars*，Vol. 21，1989，No. 1.

② 转引自《全球化时代的"社会主义"》，338 页，北京，中央编译出版社，1998。

的激进立场。在他看来，他的这种理解是受后现代主义启发的，正是利奥塔的"反对宏大叙事"支持着他的理解，而他本人则将取消"宏大叙事"视为一种开放性的声称，一种反目的论的策略。（详见本书第五章关于德里克的历史性方法的理解。）在这种策略下，社会主义不再是与资本主义世界体系要求相适应的元历史规划，而是一种历史现象：一种替代资本主义发展的社会运动以及在这种运动成功之后的一种国家结构。这正是罗道夫·巴罗的"非资本主义发展"和斯威齐的"后革命社会"的含义。因此，在他看来，后社会主义正是这样一种历史状况，在其中社会主义已经作为一种政治观念出现，并且它激发着阶级政治的运动，它是处于资本主义和社会主义之间一种政治选择。当然，这种政治选择本身具有复杂的历史背景，这便是在马克思主义不再指望获得一个全球资本主义革命的条件下，它转向在资本主义世界体系语境中通过单个国家依次实现的方式来获得胜利。在这一意义上，他把"后社会主义"视为一种新颖的更具创造力的重新思考社会的概念。他强调，社会主义或许以新的方式来理解：作为一种想象未来可能性的资源，它把未来乌托邦的冲动转向对当前压迫和不平等问题的关注，而这正是解放的含义。换句话说，就是在力求现实地解决历史地形成的压迫和不平等问题。正是这一原因，他肯定了拉克劳和墨菲的说法"解放话语的不确定的互文性，在其中，社会主义的多元性将形成"，他认为这正是"中国特色的社会主义"对社会主义本身的挑战。① 在这里，我们将看到我们前面所讨论到的他

---

① Arif Dirlik，"'Post-socialism？'Reflections on'Socialism with Chinese Characteristic's，"Peter P. Cheng(eds)：*Marxism and Capitalism in the People's Republic of China*，University Press of America，Inc. 1989，p. 15.

与墨菲等人的"激进多元民主"之间的关系，以及他的后现代主义立场。

无论他的后现代主义立场是否是有意为之，[①] 他都试图通过对复杂的多元历史情境的肯定和诉求多样性未来而回避对现实的刚性立场，在保持矛盾或理论张力的情况下使尴尬变成弹性。在这一点，他也试图集中表达了当代某些西方左派学者的看法，如詹明信，后者强调："时代需要一种模棱两可的政治：重视伟大的集体计划，但必须将焦点放在结构的不可能性上；投身全球化，但专制的消失又是一个悲惨的结局；必须把文化的焦点对准经济，而又必须使经济研究抓住晚期资本主义的文化实质；通过世界信息技术对世界市场实行大众化的民主化，但世界又处在饥饿化和工业产品永久下降的前夕。马克思主义所必须面临的就是这样一种矛盾的复合体。"[②]

三、中国马克思主义：弹性生产时代的马克思主义案例

对于西方左派来说，全球资本主义构成其激进话语的整体语境。因此，在整体（全球化、结构化、日常生活化、意识形态化）资本主义之下的文化抵制似乎具有直接的合法性。这样，西方左派把中国作为反对全

---

① 他自己曾经强调："我自己的著作被描述为后现代主义的，也许确实如此，但这根本不是我有意为之。"参见《后现代主义与中国历史》，载《中国学术》，2001 年第 1 辑，33 页，北京，商务印书馆，2001。

② ［美］弗雷德里克·詹姆逊：《论现实存在的马克思主义》，见俞可平等编：《全球化时代的"马克思主义"》，84 页，北京，中央编译出版社，1998。

球资本主义文化抵制战略的根据地是可以理解的。不过，就德里克的"后革命"来说，它是未完成的社会主义革命规划的新篇，还是一种超越过去社会主义的新的解放议程，对这个问题下结论还为时过早。本书肯定的是：虽然它的讨论脱离了经典的马克思主义语境，带有深刻的乌托邦色彩，但它提出的基于地方性构想对资本主义的替代，这一点在全球资本主义语境中却是一个现实主题。

就今天的中国来说，当代马克思主义哲学的建构，诚然如德里克所说的那样，其实质与核心仍然是一种"地方性"存在的条件下寻求普遍解放的道路，解放虽然是普遍的，道路却必须是特殊的。因此，包括德里克在内的西方激进左派都只是我们的一种理论参照，最多是一种有益的启示。因为，今天中国的马克思主义哲学不是直接寻求全球无产阶级的解放，为它的长远图景进行详细的规划，也不是一下子解决落后的经济基础问题而登上"第 39 级台阶"，而是应该认真厘清马克思主义的基本理论和基本方法，测度当下历史条件，选择一种具体的"可持续发展"的社会主义政治、经济和文化体制。

如果说，作为遗产和事业的地方实际地承担了弹性生产时代马克思主义的形式，那么通过德里克的时空背景的讨论在总体的资本主义权力关系格局中进行微观的结构分析，这样我们将会得出一个结论，这就是这种马克思主义本身是一种多样的差异性的统一，这是否就是马克思的具体概念？这个问题也值得进一步讨论。不过，从地方性的独特社会历史条件出发，伊格尔顿所要求的"作品的历史参照范围"便在微观上得到了满足，社会主义便不是一个抽象的原则。这样看来，德里克把"中国特色的社会主义"视为"弹性生产时代的马克思主义"并不是没有道理的。

我们已经介绍过，在德里克的理论历程中，中国经验有着特殊的意义。中国并非仅仅提供了作为马克思主义的地方版本的毛泽东思想，而且它在 20 世纪 80 年代之后的实践给马克思主义又提出了新的经验。在前一个方面，毛泽东思想作为整个社会主义运动中一个突出的中国式版本，"不是建立在脱离中国历史背景所理解的某种囿于'中国'的抽象概念之上，而是建立在这个历史环境之中，这一历史环境在中国社会的结构中、在人们对前所未有的历史动力的认识中表现自身，而正是这一历史动力转变了中国社会以前的历史情景，并且无可挽回地把中国社会放到了一个新的全球经济、政治和意识形态过程之中"①。而后一方面，又直接提供了某种"后社会主义"经验。在它所处的"全球的""第三世界的"和"民族的"三大具有全局性的语境中，当代中国是无法用第三世界框架进行解释的国家，然而不论如何它提供了全球资本主义新格局下的社会主义示范。在他看来，"中国特色的社会主义"在以下特点上能够体现出一种新型的政治弹性：

首先是"有计划的市场经济"。他将这一点归结为对东欧早期"市场社会主义"实践的一种模仿，进一步强调在全球资本主义市场一体化这个更为广阔的语境中考察，比起抛弃严格的中央计划经济，适应市场意味着更多的东西，它也表示着抛弃了按照民族经济独立所设想的社会主义。

其次，在新的语境下，中国社会主义的发展模式，从早期阶段对第

---

① ［美］德里克：《现代主义和反现代主义——毛泽东的马克思主义》，载《中国社会科学季刊》(香港)，1993 年，总第 5 期。

一世界资本主义在其第二阶段（即19世纪末到第二次世界大战时期的资本主义）的模仿，转向对新兴工业国（NICS）的模仿。

再次，中国发展模式是根据周边节点来创造经济构架的。例如：南部的广东海南同香港建立联系；东部（从上海到福建）同台湾有关，东北与日本、韩国以及俄罗斯的东部有关。德里克认为，这种国内民族经济的地区化伴随着中国同超国家地区经济实体一体化的影响，这种选择表示将从亚太经济理事会到东亚和东南亚经济地区都划入围绕中国、中国台湾、中国香港和新加坡的"大中华"经济圈。

又次，下放经济主动权和逐步抛弃作为公共福利的保障者的角色，作为民族经济稳定和统一的国家强制功能以最显著的地位呈现出来。

最后，"用资本主义发展社会主义"这一理念在意识形态水平上表现出一些新的情况。德里克认为，这一口号表示着中国"整合社会主义与资本主义的努力"，这充分体现了当代中国经济格局的多元性和意识形态的复杂化。他指出，中国也许仍然是在经济和技术上正在"现代化"的社会，但是在意识形态上，它已经是"后现代"，即多元化和散裂化。[①]

尽管德里克对中国社会主义性质的解释存在着明显的外在性，但他从全球资本主义背景出发认为中国通过自己的方式成功地将一体化引进资本主义经济体系，这为我们在资本主义生产方式更大的叙事中勾勒出社会主义的历史轨迹。这恰恰是当代社会主义最为关键的一个问题。诚如他所强调的那样，在弹性生产的资本主义时代，我们也需要同样弹性

①　Arif Dirlik, *After the Revolution*: *Waking to Global Capitalism*, Hanover, NH: Wesleyan University Press, 1994, p. 56.

的社会主义发展战略。这个弹性是全球资本主义在战后才发展出来的，那社会主义也意味着在总体发展观上与它诞生之初所依赖的直接得益于第二次世界大战之前的资本主义发展的战略的告别，换句话说，也就是必须随着资本主义的现实变化而变化，在这一点上，德里克的讨论是有意义的。

四、一个简短的评论

虽然德里克的"后社会主义"作为一名西方学者的观察，仍然带有对中国实践的误解，但是在反对资本主义全球霸权，塑造有地方特色的社会主义道路上，他的见解恰恰有着真实的意义。至少他证明了：儒学救国是将中国"非现代性"本质化的企图，这是和虚假的地理环境决定论大体相似的错误；自由主义也好不到哪里去，他们试图引进空洞的经济人就能拯救中国只是一种幻觉，这种幻觉是建立在对中国独特历史的拒绝之上的，它完全否定了当代中国建构自己历史的能力，从而也推卸了自己的责任。

中国在当代全球语境中，是一个极为独特的地方性，这个地方性既带有很深的历史沉淀，又与全球境况有着千丝万缕的联系。诚如阿俊·艾帕杜莱如言："'地方性'绝不是一个自始不动的、在任何东西到达之前它已先在的既定事物。地方性的方方面面——物质的、社会的和意识形态的——总是被精心造就、培育和维护。地方并非一个既定的事实，而是一项工程。"①在未完成的现代化性规划中，在当代全球化想象中，地方性不仅是任何规划的落脚点，而且就是这种规划的最后目标。这一点在西方学者那里已经成为一种相当普遍的理想。也正是在这一背景中，德里克对中国寄予了厚望。

地方性作为一种规划是没有问题的。但是，任何规划如果不是一种逃避与隐遁的托辞，而是一种可能未来，那么它都是需要基础的。这个基础就是马克思所强调的"生产力的普遍发展和与此相联系的世界交往"的"各个人的世界历史性的存在，也就是与世界历史直接相联系的各个人的存在"。在这个世界历史前提上，中国除了自觉地融入工业文明之外，没有第二条历史进步的途径，因此，当前的中国更大程度上是在科学社会主义意义上实现马克思所强调的共产主义的经济性质，完成现实社会主义实践当中的第二次革命——生产力的革命。在这一点上，当前中国面对的是一个复杂的历史条件，即多维度的时空前提。

前面我已经强调，德里克在讨论中国问题时，没有直接站在马克思的世界历史立场上。因此，在把中国作为弹性生产时代的社会主义典范的同时又要求修正马克思主义的时空前提，这多少是矛盾的。我们对德里克的观点表示理解，但这并不意味着简单地认同他的结论。就本书而言，在下述两个方面是支持德里克的看法的：

第一，德里克强调警觉全球资本主义对我们是有益的，因为随着全球化和国内改革开放的深入，全球资本主义已经作为非常真实的环境开

---

① ［美］阿俊·艾帕杜莱：《全球化、研究和想象》，载《国际社会科学》(中文版)，第 17 卷，第 2 期，2000 年 5 月。

始对我们产生复杂的影响，它既提供现实的机遇，也带来巨大的挑战。

在经济角度，马克思早就指出：在资本主义生产方式下（按照市场组织起来的经济分配关系下），"社会消费力既不是取决于绝对的生产力，也不是取决于绝对的消费力，而是取决于以对抗性的分配关系为基础的消费力；这种分配关系，使社会上大多数人的消费缩小到只能在相当狭小的界限以内变动的最低限度。这个消费力还受到追求积累的欲望，扩大资本和扩大剩余价值生产规模的欲望的限制"①。可以预言，在分配关系逐步指向对抗的过程中，加入世贸组织以及跨国公司的大举进入必将极大地加剧这种对抗性。因为，在资本主义历史上，还从来没有发生过通过牺牲资本利益来保证劳动者的消费需求的例子。因此，即使从纯粹经济学的观点看，目前资本主义生产方式的全球化对中国老百姓来说也绝非仅仅是"甜点"。无论是先买票后上车还是先上车后买票，票总是要买的。美国华尔街流行的口头禅"天下从来就没有免费的午餐"极其形象地说明了当前"全球化"对包括中国在内的所谓"前第三世界国家"的意义。但是我们大多数还缺乏这样的认识，在中美签署中国加入世贸组织的双边协议的当天，江苏一家地方报纸的头版头条就立即显示出某种全球化的风格，在副标题——"你会买到更便宜的东西，你的生活会更加好，你要学的东西会更多"——之下该报用极其醒目的黑体大字诱惑它的读者："加入世贸组织与你有关。"②而它所有的列举都是"现实"的好处，似乎只要"入世"，中国的问题就全都解决了，这显然是

① 马克思：《资本论》，第 3 卷，273 页，北京，人民出版社，2004。
② 《现代快报》，1999 年 11 月 16 日，第 1 版。

误解。

从文化角度看，斯克莱尔指出：在资本主义世界体系中，文化总是带有消费主义的意识形态功能，因此所有跨国的文化实践同时也是意识形态实践。也即"全球资本主义不允许文化的中立。"他指出：通常所谓反文化有规律地合并、商业化以及做出没有威胁的姿态，事实上通过区别（虚假的分类和选择）的过程，成为全球资本主义体系强大力量的资源。他例证说，庆祝1968年学生运动20周年活动、法国大革命200周年活动都被无情地商业化使用，他甚至拭目以待2017年关于十月革命的消费主义文化意识形态的炒作。① 这里有中国人自己的例子，"黑五类"这个对于特定群体有着不同意义的术语，现在成了一种较受欢迎的大众食品的商标，报纸上也传出厦门某些旅游部门推出扮演日本兵项目来招揽顾客的事件。这些曾经让人不解的事件其实在全球化条件下可以得到十分合理的解释，这就是所谓全球化条件下的商业运作模式，当然它也是如斯克莱尔所言的一种在消费主义文化意识形态之下的商业实践。正如一些精明的社会学家所提醒的那样，全球化可能也是一个深入我们厨房的过程，它造就了大批只喝可口可乐的明星。应该说，这些过程也正在不加批判的全球化支配下在中国发生。而美国人则乐于用这种方式来指导全球其他国家的全球化，无论是比尔·盖茨为中国量身定做的全球化电子技术方案，还是那位所谓投资专家洛威尔·布赖恩为全世界一切想富起来的人们所设计的奔向现代化的最佳方式：投资美国公债。②

---

① Sklair, *Sociology of the Global System*, London：Prentice Hall，1995，p. 49.

② 参见［美］洛威尔·布赖恩等：《无疆界市场》，汪仲等译，269页，上海，上海人民出版社，1999。

事实上，正如有些西方学者指出"现在不能指望美国的、以民众主义和蛊惑性宣传为特点的世界政策能指出一条摆脱全球化陷阱的出路。"中国更不能指望按照这种全球化由美国或以美国为代表的西方国家为你"量身定做"的方案奔向 21 世纪繁荣与富强的道路。最近，在天津出了三个有志青年坚决反对日本老板带有强烈军国主义色彩的《提督的决断》游戏设计，这成为弘扬民族正气的动人事迹。同样，在深圳同样发生了有志青年宁丢饭碗也不向外资老板下跪来维护自己人格国格民族自尊心的动人事情。但是，如果我们不再坚持用自己的民族利益和她的历史来教育我们的青年，我怀疑五十年之后，是不是还会产生如此动人的情节。

当北约的炸弹精确地投在科索沃土地上，投在中国大使馆建筑物上，投在中国外交官和新闻记者身上时，由布热津斯基所言的"共产主义的大溃败"所动员起来并空前高涨的自由主义梦想也被淋上"公正""平等""自由"的倡导者的鲜血，由此"人权"——这个全球价值——变成了没有任何竞争对手的、赤裸裸的嚣张的意识形态。现在，该是我们的理论家和知识分子在全球化背景下考虑"保卫中国"的问题的时候了。当然，这并不意味着简单地反对全球价值，而是强调对为资本主义全球化直接辩护的那一部分意识形态的充分警觉。我们要做的是将全球价值放到更为广阔的世界体系背景下，在说明资本主义体系对世界体系垄断的矛盾性（不合理性）前提上，历史地说明全球体系的特征、描绘作为对现行资本主义全球化进行合理替代的方案。

第二，德里克对所谓"新儒学"设计的以中国"传家宝"来发展资本主义方案的批判是正确的。因为，虽然在当前的解放中内含着反对全球资本主义霸权的要求，但这种解放并不仅仅是用一种前工业文明的文化来替代它，而应该是用一种符合历史前进方向的新文化，即社会主义文明来替代它。这是马克思主义的基本结论，中国近百年的历史也充分证明了这一点。所以，我们强调，在自觉地走向历史进步的过程中，社会主义在中国的意义不仅仅在于成功地解决了中国半殖民地半封建的历史问题，而且更重要的，它是当代中国避免被全球资本主义吞没的最可靠保障。也就是说，只有社会主义才有真正的民族性和地方性。从这种地方性来理解全球资本主义，我们发现，作为一种总体性的历史背景，它是当代中国现代化非常真实的外部条件，中国既不可能脱离它而形成特色，也不可能用特色来替代它。但是，如果因此断言中国现代化就不需要特色而仅仅追随和参与这个进程就够了，也是不负责任的做法。因为，这不仅将中国历史曾经有过的对世界历史的贡献一笔勾销，而且主动地推卸了它在当前应有的责任。这样看来，要特色不要世界历史的中国现代化是一种漫画式的完成，而要世界历史不要特色的中国现代化又会成为一种反讽。在当代资本的力量真正地成为一种全球抽象的历史的条件下，二者都是不可能的，也是要不得的。

在上述背景下，我们再来看今天中国的社会主义市场经济实践，德里克的"弹性生产时代的社会主义"才是可以理解的。经过三十多年的改革开放，我们在社会主义基础的积累方面已经做出了极大的成绩，但在当前仍然需要新的起色。特别是 20 世纪 90 年代之后的复杂的社会历史背景给中国提出许多新的挑战，其中最核心的是：是否能够通过移植市场经济而与资本主义平起平坐，如何在经济上利用人类发展的积极成果跨越局限于特定生产方式的社会制度的桎梏。在当代全球化过程中，这是一个实践问题而不仅仅是一个理论问题。本书不可能给这个问题一个详细的答案，在这里，我简要地陈述一下立场，以期进一步把德里克的讨论引入中国语境。

首先，从根本上讲，在马克思主义指导下的社会主义实践从根本上是批判市场和资本主义的，因此必然反对资本主义的全球化。这一点马克思已经说得很清楚，商品、市场经济造就了两种东西：首先是作为机器附庸的工人，在大工业整体下的"局部工人"，现代工业的发展充分表明，以生产力为标准的优化过程中，去掉的就是人而不是其他的东西。当代西方的社会批判运动反对的就是现代资本主义条件的这种人——在工业生产线中"单向度的人"，在政治伦理生活"边缘的人"，因而是"异化的人"。其次是法人，即资本的人格化。人没有了，人就是客体化的主体。因此，马克思虽然将资本主义视为必然，但他从来没有说过资本主义就会永恒。相反，他反复强调的是，社会主义代替资本主义的必然。因此，他号召国际无产阶级团结起来进行斗争。

其次，现实社会主义运动的历史特征决定，在当代，我们社会主义建设还不能抛弃市场。在没有积累起人类解放所需要的物质基础前，我们必须通过市场手段获得这个基础。因此，我们自觉地走入市场的过程正是和我们的社会主义目标一致的。建立在落后的经济基础之上的中国社会主义是"不够格"的社会主义，它必须充分尊重历史辩证法的客观逻辑，实现自己的发展之路。市场经济恰恰就是这一逻辑之上从第一大社会形态向第二大社会形态过渡的必然。①

———————

① 参见拙文《社会主义市场经济的科学性与历史意义》，载《中共福建省委党校学报（理论学习月刊）》，1999 年第 8 期。

　　最后，从以上两点看，当代中国的社会主义市场经济实践也正是反对资本主义生产方式全球扩散的最真实手段。这就决定了它和欧洲原发的市场经济是有着根本区别的。作为一种经济模式，它完全是马克思主义基本原理同中国社会主义建设的现实条件相结合的产物。①

　　从上述三个性质看，我国的市场经济建设是新的历史时期的一次社会主义的战略转换，它深刻地回到了马克思历史辩证法的立场上，通过市场手段来获得最终抛弃市场的力量。因此，在市场经济建设过程中，面对全球化环境，我们不是被动地"一体化"到资本主义的体系中去，相反是利用全球化所提供的市场力量来实现自己的民族利益和社会主义目标。因此，我们必须坚持社会主义价值，并以此为基础设计我国政策来规避市场所带来的负面影响，深刻地意识到全球化与本民族利益的矛盾，坚持独立自主的外交政策，最终实现社会主义的现代化。

　　从上述立场看，德里克作为一名激进学者，他关于全球资本主义性质的测度以及提出对资本主义的替代方案对于我们今天讨论中国特色的马克思主义理论来说，的确也构成了某种参照。当然，在当代中国的学术界，任何谈论马克思主义的学者都应该具备的一个前提是：我们并非是为了马克思主义来谈论它，而是因为随着资本主义的日益全球化，马克思主义已经成为任何激进研究的绝对视域。更为重要的是，当代中国马克思主义哲学研究的核心也在于测度中国特色社会主义实践的历史环境，在科学地分析它的环境基础上正确地导引出可持续发展的社会主义

　　① 参见拙文《市场经济的历史必然性与中国社会主义的伟大创举》，载《唯实》1999年，第8—9期。

现实政策。因此，中国的马克思主义必须在"现代化""世界"和"未来"三个导向上，坚持社会主义和民族特色两大基本内涵，历史地、具体地理解当代中国实践环境和解决实践战略。从这一意义上讲，德里克强调的"弹性生产时代的马克思主义"恰恰对于中国理论界也是一个提醒。应该说，当代中国马克思主义者既非西方激进学者所选择的文化革命立场持有者，也非我们传统所依赖的政治革命鼓噪者。从根本上说，他们应该既是现实中国经济革命的推动者也是全球资本主义的批判者。这是中国当代社会主义独特的历史任务，而它的前提则是中国特色的社会主义。通过对适应于发达资本主义历史变化的西方激进话语的研究，至少可以使我们获得这样的意识：在重构马克思主义话语时，我们必须首要地清理我们的语境。具体地说，我们在重申马克思主义的立场时，必须看到我们自己所处的历史背景。这一问题，在当代中国恰恰是最为关键的问题之一。也就是说，我们关注西方激进思潮，最根本的理论冲动也是本土关怀——旨在基于全球环境和中国现实问题，建构自己独立的理论话语。

索　引

参考文献

（一）德里克著作和论文

1. *After the Revolution：Waking to Global Capitalism*，Wesleyan University Press，1994.

2. *The Postcolonial Aura：Third World Criticism in the Age of Global Capitalism*，Westview Press，1997.

3. *The Origins of Chinese Communism*，New York：Oxford University Press，1989.

4. *Revolution and History：The Origins of Marxist Historiography in China*，1919-1937 Berkeley 1978.

5. Arif Dirlik(eds)，*What is in a Rim?：Critical Perspectives on the Pacific Region Idea*，Boulder，Colo.：Westview Press，1993.

6. Rob Wilson and Arif Dirlik(ed.)，*Asia/Pacific as Space of Cultural Production*，Durham：Duke University Press，1995.

382 | 后革命氛围与全球资本主义：德里克"弹性生产时代的马克思主义"研究

7. Arif Dirlik and Maurice Meisner（eds），*Marxism and the Chinese Experience*，M. E. Sharp，Inc.，1989.

8. "The Third World,"In Carole Fink（ect. eds），*1968：The World Transformed*. Publications of the German Historical Instittute，1998.

9. "Post-socialism：On Chinese Socialism,"*The Bulletin of Concerned Asian Scholars*，Vol. 21，1989，No. 1.

10. "Reversal，Ironies，Hegemonies：Notes on the Contemporary Historiography of Modern China," *Modern China*，Vol. 22 No. 3，July 1996.

11. "Globalization as the End and Beginning of History：The Contradictory Implications of a New Paradigm," *Rethinking Marxism*，Vol. 12. No. 4. Winter 2000.

12. 《后革命氛围》，王宁等译，中国社会科学出版社 1999 年版。

13. 《后现代主义与中国历史》，载《中国学术》，总第 5 辑，2001 年第 1 期。

14. 《当代中国的市民社会与公共领域》，载《中国社会科学季刊》，1993 年总第 4 期。

15. 《现代主义和反现代主义》，载《中国社会科学季刊》，1993 年总第 5 期。

16. 《世界体系分析和全球资本主义——对现代化理论的一种检讨》，载《战略与管理》，1999 年第 1 期。

17. 《革命之后的史学：中国近代史研究中的当代危机》，载《中国社会科学季刊》（香港），1995 年春季卷，总第 10 期。

18.《似是而非的孔子：全球资本主义与儒学重构》，载《中国社会科学季刊》(香港)，1995 年冬季卷总第 13 期。

(二)其他著作

1. S. Amin，*Capitalism in the Age of Globalization：The Manegement of Contemporary Society*，London：Zed Books，1997.

2. A. Amin，*Post-Fordism：A Reader*，Blackwell，1994.

3. B. Ashcroft，*Key Concepts in Post-Colonial Studies*，Routledge，1998.

4. R. Buebach，et al. *Globalization and its Discontent：The Rise of Postmodern Socialisms*，London：Pluto Press，1996.

5. C. Castoriadis，*The Imaginary Institution of Society*，London：Polity Press，1987.

6. Mike Featherstone，*Global Culture：Nationalism，Globalization，and Modernity*，London：Sage Publications，1990.

7. J. E. Goldthorpe，*The Sociology of Post-colonial Society*，Cambridge University Press，1996.

8. Greider，William，*One World，Ready or Not：The Manic Logic of Global Capitalism*，New York：Simon & Schuster，1997.

9. Hoogvelt，A.，*Globalization and the Postcolonial World：The New Political Economy of Development*，The Johns Hopkins University Press，1997.

10. F. Jameson，*Late Marxism：Adorno，or，the Persistence of the Dialectic*，London：Verso，1990.

11. I. Katznelson, *Marxism and the City*, Oxford: Clarendon Press, 1992.

12. E. Kofman, *Globalization: Theory and Practice*, New York: Pinter, 1996.

13. S. Lash & J. Urry, *The End of Organiaed Capitalism*, London: Polity Press, 1987.

14. H. Lefebvre, *Everyday Life in the Modern World*, Transaction Publishers, 1994.

15. B. Magnus and D. Cullenberg, *Whither Marxism?*, London: Routledge, 1995.

16. A. G. McGrew, *Global Politics: Globalization and the Nation-state*, London: Polity Press, 1992.

17. B. Moore-Gilbert, *Postcolonial Theory*, London: Verso. 1997.

18. Mouffe, *The Return of the Political*, London: Verso, 1994.

19. N. P. Mouzelis, *Post-marxism Alternatives: The Construction of Social Order*, London: Macmillan, 1990.

20. C. Nelson and L. Grossberg, *Marxism and the Interpretion of Culture*, Urbana and Chicago: University of Illinois Press, 1988.

21. Claus Offe, *Disorganized Capitalism: Contemporary Transformations of Work and Politics*, Cambridge: MIT Press, 1985.

22. Sklair, *Sociology of the Global System*, London: Prentice Hall, 1995.

23. Paul M. Sweezy, *Post-Revolutionary Society*, New York: Monthly Review Press, 1980.

24. Alain Touraine, *The Voice and the Eye*, Cambridge: Cambridge University Press, 1981.

25. Immanue Wallerstein，*The Age of Transition*：*Trajectory of the World-system 1945-2025*，London：Zed Books，1996.

26. Immanue Wallerstein，*The Capitalist World-economy*：*Essays*，Cambridge University Press，1979.

27. Immanuel Wallerstein，*The Politics of the World-economy*：*The States*，*the Movements*，*and the Civilizations*，Cambridge University Press，1984.

28. P. Williams & I. Chrisman，*Colonial Discourse and Post-colonial Theory*，New York：Columbia University Press，1994.

29. 《马克思恩格斯选集》，第1—4卷，人民出版社1995年版。

30. 《马克思恩格斯全集》，第2、第3、第4、第13、第23、第24、第25、第42、第46卷，人民出版社第1版。

31. 孙伯鍨：《卢卡奇与马克思》，南京大学出版社1999年版。

32. 张一兵：《历史辩证法的主体向度》，河南人民出版社1995年版。

33. 张一兵：《回到马克思》，江苏人民出版社1999年版。

34. 张一兵：《张一兵自选集》，广西师范大学出版社1999年版。

35. 欧阳谦：《人的主体性和人的解放》，山东文艺出版社1986年版。

36. 汪晖等编，《文化与公共性》，生活·读书·新知三联书店1998年版。

37. 张京媛编：《后殖民理论与文化批评》，北京大学出版社1999年版。

38. 俞可平编：《全球化时代的"马克思主义"》，中央编译出版社1998年版。

39. 俞可平等编：《全球化的悖论》，中央编译出版社1998年版。

40. 罗纲、刘象愚编：《后殖民主义文化理论》，中国社会科学出版社 1999 年版。

41. 杨雪冬等编：《第三条道路与新的理论》，社会科学文献出版社 2000 年版。

42.《二十世界哲学经典文本：西方马克思主义卷》，上海复旦大学出版社 1999 年版。

43.［加］本·阿格尔：《西方马克思主义概论》，慎之等译，中国人民大学出版社 1991 年版。

44. 王宁等编：《全球化与后殖民批评》，中央编译出版社 1998 年版。

45.［埃及］阿明：《不平等的发展》，高铦译，商务印书馆 1990 年版。

46.［德］阿多尔诺：《否定的辩证法》张峰译，重庆出版社 1993 年版。

47.［英］佩里·安德森：《西方马克思主义探讨》，高铦等译，人民出版社 1981 年版。

48.［法］阿尔都塞：《保卫马克思》，杜章智等译，商务印书馆 1984 年版。

49.［美］理查德·J. 巴纳特等：《跨国企业与世界新秩序》，彭志华等译，海南出版社 1999 年版。

50.［德］鲁道夫·巴罗：《抉择：对现实存在的社会主义的批判》，严涛译，人民出版社 1983 年版。

51.［法］罗兰·巴特：《神话———大众文化诠译》，许蔷蔷等译，上海人民出版社 1999 年版。

52.［英］艾勒克·博埃默：《殖民与后殖民文学》，盛宁等译，辽宁教育出版社 1998 年版。

53. ［法］马克·布洛赫：《历史学家的技艺》，张和声等译，上海社会科学院出版社 1992 年版。

54. ［美］洛威尔·布赖恩、黛安娜·法雷尔：《无疆界市场》，汪仲译，上海人民出版社 1999 年版。

55. ［俄］别洛：《自由、权力和所有权》，林英译，吉林人民出版社 1984 年版。

56. ［巴西］多斯桑托斯：《帝国主义与依附》，杨衍永等译，社会科学文献出版社 1999 年版。

57. ［法］德里达：《马克思的幽灵》，何一译，中国人民大学出版社 1999 年版。

58. ［德］汉斯-格奥尔格·伽达默尔：《真理与方法》，洪汉鼎译，上海译文出版社 1999 年版。

59. ［俄］戈尔巴乔夫等：《未来的社会主义》，中央编译出版社 1994 年版。

60. ［美］哈斯等：《"规制主义"——冷战后的美国全球战略》，新华出版社 1999 年版。

61. ［美］华勒斯坦：《历史资本主义》，路爱国等译，社会科学文献出版社 1999 年版。

62. ［德］黑格尔：《历史哲学》，王造时译，上海人民出版社 2000 年版。

63. ［德］黑格尔：《法哲学原理》，商务印书馆 1995 年版。

64. ［英］霍布斯鲍姆：《革命的年代》，王章辉等译，江苏人民出版社 1999 年版。

65. ［美］亨廷顿：《变化社会中的政治秩序》，王冠华等译，生活·读书·新知三联书店 1989 年版。

66. ［英］霍布森：《帝国主义》，纪明译，上海人民出版社 1964 年版。

67. ［德］霍克海默：《批判理论》，李小兵等译，重庆出版社 1989 年版。

68. ［英］吉登斯：《第三条道路》，郑戈译，北京大学出版社 2000 年版。

69. ［美］弗雷德里克·詹姆逊：《时间的种子》，王逢振译，漓江出版社
    1997 年版。

70. ［美］弗雷德里克·詹姆逊：《后现代主义与文化理论》，唐小兵译，
    北京大学出版社 1997 年版。

71. ［美］弗雷德里克·詹姆逊：《语言的牢笼：马克思主义与形式》，钱
    佼汝等译，百花洲文艺出版社 1995 年版。

72. ［美］弗雷德里克·詹姆逊：《马克思主义：后冷战时代的思索》，张
    京媛译，牛津大学出版社 1994 年版。

73. ［美］弗雷德里克·詹姆逊：《政治无意识》，王逢振、陈永国译，中
    国社会科学出版社 1998 年版。

74. ［德］柯尔施：《马克思主义与哲学》，王南湜等译，重庆出版社 1989
    年版。

75. ［美］道格拉斯·凯尔纳等：《后现代理论》，张志斌译，中央编译出
    版社 1999 年版。

76. ［美］柯文：《在中国发现历史》，林同奇译，中华书局 1989 年版。

77. ［捷］科西克：《具体的辩证法》，傅小平译，社会科学文献出版社
    1989 年版。

78. ［法］克罗齐埃：《被封锁的社会》，狄玉明等译，商务印书馆
    1989 年版。

79. ［美］斯科特·拉什和约翰·厄里：《组织化资本主义的终结》，征庚圣等译，江苏人民出版社 2001 年版。

80. ［英］托尼赖特：《新旧社会主义》，褚松燕等译，新华出版社 2000 年版。

81. ［匈］卢卡奇：《历史与阶级意识》，杜章智等译，商务印书馆 1995 年版。

82. ［法］列维-斯特劳斯：《野性的思维》，李幼蒸译，商务印书馆 1987 年版。

83. ［美］罗兰·罗伯逊：《全球化：社会理论和全球文化》，梁光严译，上海人民出版社 2000 年版。

84. ［法］利奥塔：《后现代状况》，岛子译，湖南美术出版社 1996 年版。

85. ［美］丹尼·罗德瑞克：《全球化走得太远了吗?》，熊贤良等译，北京出版社 2000 年版。

86. ［美］马尔库塞等：《工业社会和新左派》，任立译，商务印书馆 1982 年版。

87. ［德］托玛斯·迈尔：《社会民主主义导论》，殷叙彝等译，中央编译出版社 1996 年版。

88. ［比］曼德尔：《晚期资本主义》，马清文译，黑龙江人民出版社 1983 年版。

89. ［德］曼海姆：《意识形态与乌托邦》，黎鸣等译，商务印书馆 2000 年版。

90. ［美］米勒：《重申解构主义》，郭英剑等译，中国社会科学出版社 1999 年版。

91. ［法］墨菲等：《文化霸权与社会主义的战略》，远流公司，1994。

92. ［南斯拉夫］尼科利奇编：《处在 21 世纪前夜的社会主义》，重庆出版社 1989 年版。

93. ［英］罗纳德·欧文：《西欧基督教民主党》，吴章彬等译，上海译文出版社 1987 年版。

94. ［美］乔姆斯基：《新自由主义和全球秩序》，徐海铭译，江苏人民出版社 2000 年版。

95. ［法］弗朗索瓦·沙奈：《资本全球化》，齐建化译，中央编译出版社 2001 年版。

96. ［美］萨义德：《东方学》，王宇根译，生活·读书·新知三联书店 1999 年版。

97. ［英］斯特兰奇，《疯狂的金钱》，杨雪冬译，中国社会科学出版社 2000 年版。

98. ［匈］奥塔·希克：《第三条道路：马克思列宁主义理论与现代工业社会》，张斌译，人民出版社 1982 年版。

99. ［加］谢少波：《作为文化抵抗的政治学》，陈永国等译，中国社会科学出版社 1999 年版。

100. ［英］特里·伊格尔顿：《历史中的政治、哲学、爱欲》，马海良译，中国社会科学出版社 1999 年版。

101. ［英］特里·伊格尔顿，《美学意识形态》，王杰等译，广西师范大学出版社 1997 年版。

后　记

对于我们这些靠理论生存的人来说，博士论文只是一个起点而非终点。我在读博士研究生的时候已经从一名高校管理工作者转型为一名专任教师，所以在博士论文后记中这样表达自己的感受：

理论出现于伟大哲学体系的终结点，然而我们却不能坐等去收获它，而是必须去编织它。不仅对于马克思主义哲学，而且就哲学本身而言，当务之急是编织一个捕捉时代的框架，重新审视全球资本主义条件下的解放议程。这绝不是一个轻松的话题，也不是本书作者所能够完成的任务。因此在博士论文封笔的这一刻，我并没有"学业有成而衣锦还乡"的欣喜，而是极为悲壮地意识到，在理论的不归途中，自己作为一个无名小卒却像伟大的海明威那样，"死于三万杯咖啡"。当前我能做的，也许只是如《泰坦尼克号》主题曲所教训的那样，"心存一丝温情"，在一个因爱泛滥而没有爱的不合时宜的年代里，肩负破烂的行囊，内置一些洋钉、镢头之类的玩意，在暮色之中，沿着大街小巷做后现代式的叫卖。

一晃15年过去了，我虽然初心不改，身份也早已变成了导师，但惭愧的是，那时的豪言壮语在今天则成了大话，哪敢把它拿出来再次献丑。不过，先生指示我把博士论文亦打包到这个丛书中的时候，我明白他的苦心。把我这样已经折旧的弟子与那些新近出炉的学术界"小鲜肉"同台展览，无非是对我的鞭策而已。在先生的众多弟子中，我虽然在空间上不离左右，但步伐上却是落得极远。自己生性贪玩，一味沉浸在自己的兴趣之中，乐不思蜀，结果虽不是两手空空，但也差不多是浪得虚名。每每念及先生的期待，我都会心存惶恐。把陈年旧账翻出来时，我更是惴惴不安。但是，我们无法回避，学术也是一个承诺。回看当年，重温承诺，我希望借此获得前行的力量。

胡大平

2016 年 6 月

图书在版编目（CIP）数据

后革命氛围与全球资本主义：德里克"弹性生产时代的马克思主义"研究/胡大平著. —北京：北京师范大学出版社，2018.8
（当代国外马克思主义哲学研究丛书）
ISBN 978-7-303-22216-2

Ⅰ.①后…　Ⅱ.①胡…　Ⅲ.①西方马克思主义-研究
Ⅳ.①B089.1

中国版本图书馆 CIP 数据核字（2017）第 057338 号

营　销　中　心　电　话　010-58805072　58807651
北师大出版社学术著作与大众读物分社　http://xueda.bnup.com

HOUGEMING FENWEI YU QUANQIU ZIBENZHUYI

出版发行：北京师范大学出版社　www.bnup.com
　　　　　北京市海淀区新街口外大街 19 号
　　　　　邮政编码：100875
印　　刷：北京盛通印刷股份有限公司
经　　销：全国新华书店
开　　本：710 mm×1000 mm　1/16
印　　张：25.5
字　　数：320 千字
版　　次：2018 年 8 月第 1 版
印　　次：2018 年 8 月第 1 次印刷
定　　价：75.00 元

策划编辑：饶　涛　　　　　　责任编辑：韩　拓
美术编辑：王齐云　　　　　　装帧设计：王齐云
责任校对：段立超　陈　民　　责任印制：马　洁